ESTATUTO da Pessoa Idosa

Fábio Goldfinger

ESTATUTO da Pessoa Idosa

3ª EDIÇÃO
revista, atualizada
e ampliada

2025

EDITORA JusPODIVM
www.editorajuspodivm.com.br

EDITORA
*Jus*PODIVM
www.editorajuspodivm.com.br

Rua Canuto Saraiva, 131 – Mooca – CEP: 03113-010 – São Paulo – São Paulo
Tel: (11) 3582.5757
• Contato: https://www.editorajuspodivm.com.br/central-de-relacionamento

Diagramação: Equipe *Jus*PODIVM

Capa: Ana Caquetti

G618e Goldfinger, Fábio
Estatuto da Pessoa Idosa / Fábio Goldfinger – 3.ed., rev., atual. e ampl. - São Paulo: Editora JusPodivm, 2025.
272 p.

ISBN: 978-65-5680-856-7.

1. Direitos Fundamentais. 2. Estatuto da Pessoa Idosa. 3. Interesses Difusos e Coletivos. I. Goldfinger, Fábio. II. Título.

CDD 341.27

BIBLIOTECÁRIA RESPONSÁVEL

Ana Carolina Ribeiro Mois – CRB7 – RJ 007348/0

3.ª ed., *2.ª tir.:* out./2025.

Apresentação

A presente obra trata de diversas disposições legais sobre a pessoa idosa segundo a legislação nacional e os tratados internacionais referentes ao tema.

A obra aborda princípios que regem o Estatuto da Pessoa Idosa e os demais aspectos jurídicos preliminares que baseiam o estudo nessa temática.

Todos os direitos relacionados as pessoas idosas também estão na abordagem dessa obra, bem como as responsabilidades inerentes ao seu descumprimento, seja pelas medidas administrativas, mediante as políticas de atendimento, seja por meio de medidas penais ou crimes previstos na Legislação aqui comentada.

Para a implementação dos direitos das pessoas idosas, ainda, é tratado o acesso à justiça, através dos direitos difusos e coletivos, com toda a sua repercussão jurídica.

Os estudos são direcionados à profissionais, tanto da área jurídica como de áreas afins, acadêmicos, concurseiros e pesquisadores que querem estudar o tema e obter um conhecimento geral sobre o Estatuto da Pessoa Idosa.

Boa Leitura a todos!

Sumário

Capítulo I

Disposições Preliminares

1.1. CONSIDERAÇÕES INICIAIS

1.1.1. *A pessoa idosa nas constituições brasileiras*

No **sistema constitucional** brasileiro passado, no que diz respeito ao direito da pessoa idosa, registra-se:

CONSTITUIÇÃO	ARTIGO	DISPOSIÇÕES
CF/34	Art. 121, § 1º, alínea "h" e Art. 212, § 1º, alínea "a".	• instituição de previdência, mediante contribuição igual da União, do empregador e do empregado, a favor da velhice, da invalidez, da maternidade e nos casos de acidentes de trabalho ou de morte e proibição de diferença de salário para um mesmo trabalho, por motivo de idade, sexo, nacionalidade ou estado civil
CF/37	Art. 137, alínea "m"	• seguros de velhice
CF/46	Art. 157	• aposentadoria por idade
CF/67	Art. 165, inc. XVI e 101	• previdência social, mediante contribuição da União, do empregador e do empregado, para seguro-desemprego, proteção da maternidade e nos casos de doença, velhice, invalidez e morte e aposentadoria compulsória e voluntária

Com a vigência da **Constituição Federal de 1988,** a proteção constitucional às pessoas idosas foi inserida, assegurando-se de uma forma direta o amparo à velhice:

Art. 1º	Princípios fundamentais da cidadania e da dignidade da pessoa humana.
Art. 3º	Promoção do bem de todos.

Art. 5º, inc. LXXIX	Direito à assistência jurídica integral e gratuita aos hipossuficientes.
Art. 7º, inc. XXX	Vedação de diferença salarial e do exercício de funções e de critérios em razão de idade.
Art. 77, § 5º	Na hipótese de empate em votação para Presidente ou Vice-Presidente, o candidato mais idoso será qualificado.
Art. 203, inc. I	Proteção à velhice.
Art. 203, inc. V	Confere um salário mínimo à pessoa idosa que não possuir meios de subsistência.
Art. 229	Filhos maiores têm o dever de ajudar e amparar os pais na velhice, carência ou enfermidade.
Art. 230	A família, a sociedade e o Estado têm o dever de amparar as pessoas idosas, assegurando sua participação na comunidade, defendendo sua dignidade e bem-estar e garantindo-lhes o direito à vida.
Art. 230, § 2º	Transporte coletivo gratuito para os maiores de 65 anos.

▸ Como esse assunto foi cobrado em concurso?

No Concurso para Oficial Judiciário (CONSULPLAN. TJ-MG. 2017) foi perguntado:

O nascimento de João não foi registrado pelo pai, que nunca cumpriu o seu dever de assisti-lo, criá-lo e educá-lo, embora a paternidade tenha sido reconhecida por decisão judicial quando ele ainda era menor. Observados os princípios constitucionais da família, do adolescente e do idoso, está correto afirmar que

a) João está obrigado a ajudar o seu pai na velhice, carência ou enfermidade;

b) no registro de nascimento de João deve constar que a sua filiação paterna foi reconhecida por decisão judicial;

c) a relação entre João e seu pai deve ser entendida como uma entidade familiar;

d) os programas de amparo aos idosos serão executados preferencialmente em asilos públicos.

A alternativa a) foi considerada correta.

1.1.2. *A proteção internacional da pessoa idosa*

No **cenário internacional**, embora existam diversos instrumentos, como os Princípios das Nações Unidas em Favor das Pessoas Idosas (1991), a Proclamação sobre o Envelhecimento (1992), a Declaração Política e o Plano de Ação Internacional de Madri sobre o Envelhecimento (2002), bem como os instrumentos regionais, tais como a Estratégia Regional de Implementação para a América Latina e o Caribe do Plano de Ação Internacional de Madri sobre o Envelhecimento (2003), o Plano de Ação da Organização Pan-Americana da Saúde sobre a Saúde dos Idosos, Incluindo o Envelhecimento Ativo e Saudável (2009), a Declaração de Compromisso de Port of Spain (2009) e a Carta de San José sobre os direitos do idoso da América Latina e do Caribe (2012), **nenhum** destes textos é **juridicamente vinculante.**

Contudo, em 09 de junho de 2015, foi aprovada a **Convenção Internacional sobre a Proteção dos Direitos Humanos dos Idosos,** de abrangência regional, pois firmada no âmbito da Organização dos Estados Americanos (OEA), tratando-se do primeiro instrumento transnacional **juridicamente vinculante** para a proteção e a promoção de direitos das pessoas idosas, que passam a ser reconhecidos como sujeitos de direitos. O Brasil segue como um dos primeiros signatários desta Convenção.

A Convenção tem como **objetivo** promover, proteger e assegurar o reconhecimento e o pleno gozo e exercício, em condições de igualdade, de todos os direitos humanos e liberdades fundamentais da pessoa idosa, a fim de contribuir para sua plena inclusão, integração e participação na sociedade.

A Convenção traz em seu bojo algumas **definições importantes** para os seus fins:

> **"Abandono":** A falta de ação, deliberada ou não, para atender de maneira integral às necessidades de um idoso, que ponha em risco sua vida ou sua integridade física, psíquica ou moral.
>
> **"Cuidados paliativos":** A atenção e o cuidado ativo, integral e interdisciplinar de pacientes cuja enfermidade não responde a um tratamento curativo ou que sofrem dores evitáveis, a fim de melhorar sua qualidade de vida até o fim de seus dias. Implicam uma atenção primordial ao controle da dor, de outros sintomas e dos problemas sociais, psicológicos e espirituais do idoso. Abrangem o paciente,

seu entorno e sua família. Afirmam a vida e consideram a morte como um processo normal; não a aceleram nem a retardam.

"Discriminação": Qualquer distinção, exclusão ou restrição que tenha como objetivo ou efeito anular ou restringir o reconhecimento, gozo ou exercício em igualdade de condições dos direitos humanos e liberdades fundamentais na esfera política, econômica, social, cultural ou em qualquer outra esfera da vida pública e privada.

"Discriminação múltipla": Qualquer distinção, exclusão ou restrição do idoso fundamentada em dois ou mais fatores de discriminação.

"Discriminação por idade na velhice": Qualquer distinção, exclusão ou restrição baseada na idade que tenha como objetivo ou efeito anular ou restringir o reconhecimento, gozo ou exercício em igualdade de condições dos direitos humanos e liberdades fundamentais na esfera política, econômica, social e cultural ou em qualquer outra esfera da vida pública e privada.

"Envelhecimento": Processo gradual que se desenvolve durante o curso de vida e que implica alterações biológicas, fisiológicas, psicossociais e funcionais de várias consequências, as quais se associam com interações dinâmicas e permanentes entre o sujeito e seu meio.

"Envelhecimento ativo e saudável": Processo pelo qual se otimizam as oportunidades de bem-estar físico, mental e social; de participar em atividades sociais, econômicas, culturais, espirituais e cívicas; e de contar com proteção, segurança e atenção, com o objetivo de ampliar a esperança de vida saudável e a qualidade de vida de todos os indivíduos na velhice e permitir-lhes, assim, seguir contribuindo ativamente para suas famílias, amigos, comunidades e nações. O conceito de envelhecimento ativo e saudável se aplica tanto a indivíduos como a grupos de população.

"Maus-tratos": Ação ou omissão, única ou repetida, contra um idoso, a qual produz danos em sua integridade física, psíquica e moral e vulnera o gozo ou exercício de seus direitos humanos e liberdades fundamentais, independentemente de que ocorra em uma relação de confiança.

"Negligência": Erro involuntário ou ação não deliberada, incluindo, entre outros, descuido, omissão, desamparo e desproteção, que causa dano ou sofrimento a um idoso, tanto no âmbito público como privado, quando não foram tomadas as precauções normais necessárias em conformidade com as circunstâncias.

"Idoso": Pessoa com 60 anos ou mais, exceto se a lei interna determinar uma idade base menor ou maior, desde que esta não seja superior a 65 anos. Este conceito inclui, entre outros, o de pessoa idosa.

"Idoso que recebe serviços de cuidado de longo prazo": Pessoa que reside temporária ou permanentemente em um estabelecimento regulado, seja público, privado ou misto, no qual recebe serviços sociossanitários integrais de qualidade, incluindo as residências de longa estadia, que proporcionam esses serviços de atenção por tempo prolongado ao idoso com dependência moderada ou severa que não possa receber cuidados em seu domicílio.

"Serviços sociossanitários integrados": Benefícios e prestações institucionais para atender as necessidades de tipo sanitário e social do idoso, com o objetivo de garantir sua dignidade e bem-estar e promover sua independência e autonomia.

"Unidade doméstica ou domicílio": O grupo de pessoas que vivem em uma mesma habitação, compartilham as refeições principais e satisfazem juntas suas necessidades básicas, sem que seja necessário que existam laços de parentesco entre elas.

"Velhice": Construção social da última etapa do curso de vida.

São **princípios** aplicáveis à referida Convenção:

a) A promoção e defesa dos direitos humanos e liberdades fundamentais do idoso.
b) A valorização do idoso, seu papel na sociedade e sua contribuição ao desenvolvimento.
c) A dignidade, independência, protagonismo e autonomia do idoso.
d) A igualdade e não discriminação.
e) A participação, integração e inclusão plena e efetiva na sociedade.
f) O bem-estar e cuidado.
g) A segurança física, econômica e social.

h) A autorrealização.
i) A equidade e igualdade de gênero e enfoque do curso de vida.
j) A solidariedade e o fortalecimento da proteção familiar e comunitária.
k) O bom tratamento e a atenção preferencial.
l) O enfoque diferencial para o gozo efetivo dos direitos do idoso.
m) O respeito e a valorização da diversidade cultural.
n) A proteção judicial efetiva.
o) A responsabilidade do Estado e a participação da família e da comunidade na integração ativa, plena e produtiva do idoso dentro da sociedade, bem como em seu cuidado e atenção, de acordo com a legislação interna.

A **Convenção Internacional sobre a Proteção dos Direitos Humanos dos Idosos** estabelece direitos às pessoas idosas que deverão ser protegidos:

- **Igualdade e não discriminação por razões de idade:** será proibida a discriminação por idade na velhice.
- **Direito à vida e à dignidade na velhice:** deverão ser adotadas todas as medidas necessárias para garantir à pessoa idosa o gozo efetivo do direito à vida e o direito a viver com dignidade na velhice até o fim de seus dias, em igualdade de condições com outros setores da população.
- **Direito à independência e à autonomia:** será reconhecido o direito da pessoa idosa a tomar decisões, a definir seu plano de vida, a desenvolver uma vida autônoma e independente, conforme suas tradições e crenças, em igualdade de condições, e a dispor de mecanismos para poder exercer seus direitos.
- **Direito à participação e integração comunitária:** a pessoa idosa tem direito à participação ativa, produtiva, plena e efetiva dentro da família, da comunidade e da sociedade para sua integração em todas elas.
- **Direito à segurança e a uma vida sem nenhum tipo de violência:** a pessoa idosa tem direito à segurança e a uma vida sem nenhum tipo de violência, a receber um tratamento digno e a ser respeitado e valorizado, independentemente da raça, cor, sexo, idioma, cultura, religião, opinião política ou de outra índole, origem social, nacional, étnica, indígena e identidade cultural, posição socioe-

conômica, deficiência, orientação sexual, gênero, identidade de gênero, sua contribuição econômica ou qualquer outra condição.

- **Direito a não ser submetido à tortura nem a penas ou tratamentos cruéis, desumanos ou degradantes:** a pessoa idosa tem direito a não ser submetido à tortura e outros tratamentos ou penas cruéis, desumanas ou degradantes.
- **Direito a manifestar consentimento livre e informado no âmbito da saúde:** a pessoa idosa tem o direito irrenunciável a manifestar seu consentimento livre e informado no âmbito da saúde. A negação deste direito constitui uma forma de vulneração dos direitos humanos da pessoa idosa.
- **Direitos da pessoa idosa que recebe serviços de cuidado de longo prazo:** a pessoa idosa tem direito a um sistema integral de cuidados que proporcione proteção e promoção da saúde, cobertura de serviços sociais, segurança alimentar e nutricional, água, vestuário e habitação, permitindo que a pessoa idosa possa decidir permanecer em seu domicílio e manter sua independência e autonomia.
- **Direito à liberdade pessoal:** a pessoa idosa tem direito à liberdade e segurança pessoal, independentemente do âmbito em que se desenvolva.
- **Direito à liberdade de expressão e opinião e ao acesso à informação:** a pessoa idosa tem direito à liberdade de expressão e opinião e ao acesso à informação, em igualdade de condições com outros setores da população e pelos meios de sua escolha.
- **Direito à nacionalidade e à liberdade de circulação:** a pessoa idosa tem direito à liberdade de circulação, à liberdade para escolher sua residência e a possuir uma nacionalidade em igualdade de condições com os outros setores da população, sem discriminação por razões de idade.
- **Direito à privacidade e à intimidade:** a pessoa idosa tem direito à privacidade e à intimidade e a não ser objeto de ingerências arbitrárias ou ilegais em sua vida privada, família, domicílio ou unidade doméstica, ou qualquer âmbito em que se desenvolvam, bem como em sua correspondência ou qualquer outro tipo de comunicação.
- **Direito à seguridade social:** toda pessoa idosa tem direito à seguridade social que o proteja para levar uma vida digna.

- **Direito ao trabalho:** a pessoa idosa tem direito ao trabalho digno e decente e à igualdade de oportunidades e de tratamento em relação aos outros trabalhadores, seja qual for a sua idade.
- **Direito à saúde:** a pessoa idosa tem direito à saúde física e mental, sem nenhum tipo de discriminação.
- **Direito à educação:** a pessoa idosa tem direito à educação em igualdade de condições com outros setores da população e sem discriminação, a participar de programas educativos existentes em todos os níveis e a compartilhar seus conhecimentos e experiências com todas as gerações.
- **Direito à cultura:** a pessoa idosa tem direito à identidade cultural, a participar na vida cultural e artística da comunidade, a desfrutar dos benefícios do progresso científico e tecnológico e de outros produtos da diversidade cultural, bem como a compartilhar seus conhecimentos e experiências com outras gerações, em qualquer dos contextos em que se desenvolva.
- **Direito à recreação, ao lazer e ao esporte:** a pessoa idosa tem direito à recreação, atividade física, lazer e esporte.
- **Direito à propriedade:** toda pessoa idosa tem direito ao uso e gozo de seus bens e a não ser privado deles por motivos de idade. A lei pode subordinar tal uso e gozo ao interesse social.
- **Direito à moradia:** a pessoa idosa tem direito à moradia digna e adequada, e a viver em ambientes seguros, saudáveis, acessíveis e adaptáveis às suas preferências e necessidades.
- **Direito a um meio ambiente saudável:** a pessoa idosa tem direito a viver em um meio ambiente saudável e a contar com serviços públicos básicos.
- **Direito à acessibilidade e à mobilidade pessoal:** a pessoa idosa tem direito à acessibilidade ao entorno físico, social, econômico e cultural e à sua mobilidade pessoal.
- **Direitos políticos:** a pessoa idosa tem direito à participação na vida política e pública em igualdade de condições com as demais pessoas e a não ser discriminado por motivo de idade.
- **Direito de reunião e de associação:** a pessoa idosa tem direito a reunir-se pacificamente e a formar livremente suas próprias

agremiações ou associações, em conformidade com o direito Internacional dos direitos humanos.

Os direitos previstos na Convenção **não restringem ou limitam** os direitos ou benefícios mais amplos reconhecidos pela legislação brasileira.

> O STJ entendeu haver ofensa à liberdade pessoal no caso de policial militar que, fora do exercício de suas funções, algema idoso, causando-lhe danos de ordem moral:
> "(...) 4. O contexto delineado no acórdão recorrido revela que, ao largo da discussão acerca da prática de eventual crime de desacato, houve, por parte do recorrente, uma atuação arbitrária, ao algemar o recorrido, pessoa idosa, no interior do condomínio onde moram, em meio a uma discussão, e ainda lhe causar severas lesões corporais, caracterizando-se, assim, a ofensa à sua liberdade pessoal e, consequentemente, à sua dignidade; causadora, portanto, do dano moral. 5. As Turmas da Seção de Direito Privado têm adotado o método bifásico como parâmetro para valorar a compensação dos danos morais. (...)" (REsp 1675015/DF, Rel. Ministra NANCY ANDRIGHI, TERCEIRA TURMA, julgado em 12/09/2017, DJe 14/09/2017).

1.1.3. *A ONU e a proteção à pessoa idosa*

A ONU, embora **não possua** um instrumento jurídico vinculante que trate de forma específica sobre os direitos humanos das pessoas idosas, por meio de sua Assembleia Geral, em 16 de dezembro de 1991, adotou os **Princípios da ONU para Pessoas Idosas** (Resolução nº 46/91).

> **Princípios das Nações Unidas para as Pessoas Idosas**
> *A Assembleia Geral,*
> *Apreciando* a contribuição dada pelas pessoas idosas às suas sociedades,
> *Reconhecendo* que, na Carta das Nações Unidas, os povos das Nações Unidas se declaram, nomeadamente, decididos a reafirmar a fé nos direitos humanos fundamentais, na dignidade e no valor da pessoa humana, na igualdade de direitos dos homens e das mulheres, assim como das nações, grandes e pequenas, e a promover o progresso social e melhores condições de vida dentro de um conceito mais amplo de liberdade,
> *Observando* o desenvolvimento desses direitos na Declaração Universal dos Direitos do Homem, no Pacto Internacional sobre os Direitos Económicos, Sociais e Culturais, no Pacto Internacional sobre os Direitos Civis e Políticos e em outras declarações com vista a garantir a aplicação de normas universais a grupos concretos,
> *Em conformidade* com o Plano de Acção Internacional sobre os Idosos, adoptado pela Assembleia Mundial sobre os Idosos e endossado pela Assembleia Geral na sua resolução 37/51, de 3 de dezembro de 1982,

Reconhecendo a enorme diversidade na situação das pessoas idosas, não apenas entre os vários países, mas também dentro do mesmo país e entre indivíduos, a qual exige uma série de diferentes respostas políticas,

Consciente de que, em todos os países, as pessoas estão a atingir uma idade avançada em maior número e em melhor estado de saúde do que alguma vez sucedeu,

Consciente dos estudos científicos que contrariam muitos estereótipos sobre declínios inevitáveis e irreversíveis com a idade,

Convencida de que, num mundo caracterizado por um número e uma percentagem crescentes de pessoas idosas, deverão ser dadas oportunidades para que as pessoas idosas capazes, e que o desejem fazer, participem nas actividades em curso da sociedade e contribuam para as mesmas,

Tendo presente que as dificuldades da vida familiar nos países desenvolvidos e em desenvolvimento exigem que os que prestam assistência às pessoas idosas frágeis recebam apoio,

Tendo presentes as normas já estabelecidas pelo Plano de Acção Internacional sobre os Idosos e as convenções, recomendações e resoluções da Organização Internacional do Trabalho, da Organização Mundial de Saúde e de outros organismos das Nações Unidas,

Encoraja os Governos a incorporar os seguintes princípios nos seus programas nacionais, sempre que possível:

Independência

1. Os idosos devem ter acesso a alimentação, água, alojamento, vestuário e cuidados de saúde adequados, através da garantia de rendimentos, do apoio familiar e comunitário e da autoajuda.
2. Os idosos devem ter a possibilidade de trabalhar ou de ter acesso a outras fontes de rendimento.
3. Os idosos devem ter a possibilidade de participar na decisão que determina quando e a que ritmo tem lugar a retirada da vida activa.
4. Os idosos devem ter acesso a programas adequados de educação e formação.
5. Os idosos devem ter a possibilidade de viver em ambientes que sejam seguros e adaptáveis às suas preferências pessoais e capacidades em transformação.
6. Os idosos devem ter a possibilidade de residir no seu domicílio tanto tempo quanto possível.

Participação

7. Os idosos devem permanecer integrados na sociedade, participar activamente na formulação e execução de políticas que afectem directamente o seu bem-estar e partilhar os seus conhecimentos e aptidões com as gerações mais jovens.
8. Os idosos devem ter a possibilidade de procurar e desenvolver oportunidades para prestar serviços à comunidade e para trabalhar como voluntários em tarefas adequadas aos seus interesses e capacidades.
9. Os idosos devem ter a possibilidade de constituir movimentos ou associações de idosos.

Assistência

10. Os idosos devem beneficiar dos cuidados e da protecção da família e da comunidade em conformidade com o sistema de valores culturais de cada sociedade.
11. Os idosos devem ter acesso a cuidados de saúde que os ajudem a manter ou a readquirir um nível óptimo de bem-estar físico, mental e emocional e que previnam ou atrasem o surgimento de doenças.
12. Os idosos devem ter acesso a serviços sociais e jurídicos que reforcem a respectiva autonomia, protecção e assistência.
13. Os idosos devem ter a possibilidade de utilizar meios adequados de assistência em meio institucional que lhes proporcionem protecção, reabilitação e estimulação social e mental numa atmosfera humana e segura.
14. Os idosos devem ter a possibilidade de gozar os direitos humanos e liberdades fundamentais quando residam em qualquer lar ou instituição de assistência ou tratamento, incluindo a garantia do pleno respeito da sua dignidade, convicções, necessidades e privacidade e do direito de tomar decisões acerca do seu cuidado e da qualidade das suas vidas.

Realização pessoal

15. Os idosos devem ter a possibilidade de procurar oportunidades com vista ao pleno desenvolvimento do seu potencial.
16. Os idosos devem ter acesso aos recursos educativos, culturais, espirituais e recreativos da sociedade.

Dignidade

17. Os idosos devem ter a possibilidade de viver com dignidade e segurança, sem serem explorados ou maltratados física ou mentalmente.
18. Os idosos devem ser tratados de forma justa, independentemente da sua idade, género, origem racial ou étnica, deficiência ou outra condição, e ser valorizados independentemente da sua contribuição económica.

Não se trata, como dito, de uma normatização cogente para o Estado, mas sim de vetores que possuem a capacidade de conduzir o Estado às atividades que possam implementar e proteger os direitos das pessoas idosas.

1.2. ESTATUTO DA PESSOA IDOSA E AS DISPOSIÇÕES PRELIMINARES

A Convenção prevê os **Deveres** das partes envolvidas, entre outras disposições que possibilitam a efetivação do referido instrumento jurídico.

No âmbito do direito brasileiro, por fim, em 2004, entrou em vigor a Lei nº 10.741/2003, denominada de **Estatuto da Pessoa Idosa (EPI)**, visando regulamentar todas as questões que envolvam pessoas idosas, tanto no aspecto material, quanto no processual, criando um microssistema de direitos de defesa das pessoas idosas.

Na **legislação infraconstitucional**, a Lei nº 8.842/94 dispõe sobre a Política Nacional do Idoso, cuja função é, entre outras, assegurar os direitos sociais à pessoa idosa. Outras leis, como a LOAS, ainda complementam o tratamento jurídico dado à pessoa idosa.

Além das Leis, o Poder Executivo emanou **diversos Decretos** que regulamentam os dispositivos legais referentes ao Estatuto da Pessoa Idosa, bem como as demais Leis, como o Decreto nº 11.483/23, que dispõe sobre o Conselho Nacional do Direitos da Pessoa Idosa, com competência, entre outras, de manifestar-se sobre as questões demandadas pelo Ministro de Estado da Mulher, da Família e dos Direitos Humanos ou pelo Secretário Nacional de Promoção e Defesa dos Direitos da Pessoa Idosa do Ministério da Mulher, da Família e dos Direitos Humanos.

Na mesma linha já utilizada no Estatuto da Criança e do Adolescente, o Estatuto da Pessoa Idosa incorporou em seu texto a **doutrina da proteção integral**, contemplando dispositivos que visam suprir as deficiências sofridas pelas pessoas idosas nos âmbitos jurídico, político e social.

O Estatuto da Pessoa Idosa (Lei nº 10.741/03), denominado neste trabalho de **EPI**, foi dividido em **seis grandes blocos**:

• DIREITOS FUNDAMENTAIS
• MEDIDAS DE PROTEÇÃO
• POLÍTICA DE ATENDIMENTO À PESSOA IDOSA
• APURAÇÃO JUDICIAL DE IRREGULARIDADES
• ACESSO À JUSTIÇA
• DOS CRIMES

Como já mencionado, o **Estatuto da Pessoa Idosa (EPI)** é uma legislação destinada a regular os direitos assegurados às pessoas idosas. O conceito elaborado pelo legislador, no Estatuto da Pessoa Idosa, para a definição do termo "pessoa idosa" foi baseado em **critério cronológico.** São consideradas, pelo Estatuto, idosas as pessoas com idade **igual ou superior a 60 anos**, conforme preceitua seu art. 1º, *caput*.

▸ Como esse assunto foi cobrado em concurso?

No concurso para Guarda Municipal (IDHTEC - 2023 - Prefeitura de Ilha de Itamaracá - PE - Guarda Municipal), foi perguntado:

Com relação ao estatuto do idoso, assinale a alternativa correta:

a) É instituído o Estatuto da Pessoa Idosa, destinado a regular os direitos assegurados às pessoas com idade igual ou superior a 65 (sessenta e cinco) anos.
b) É instituído o Estatuto da Pessoa Idosa, destinado a regular os direitos assegurados às pessoas com idade igual ou superior a 60 (sessenta) anos.
c) É instituído o Estatuto da Pessoa Idosa, destinado a regular os direitos assegurados às pessoas com idade igual ou superior a 70 (setenta) anos.
d) É instituído o Estatuto da Pessoa Idosa, destinado a regular os direitos assegurados às pessoas com idade igual ou superior a 63 (sessenta e três) anos.
e) É instituído o Estatuto da Pessoa Idosa, destinado a regular os direitos assegurados às pessoas com idade igual ou superior a 55 (cinquenta e cinco) anos.

RESPOSTA: B

Por sua vez, a Lei nº 8.842/94, em seu art. 2º, estabelece que é considerada idosa, para os efeitos da lei, a pessoa **maior** de 60 anos de idade.

A Organização Mundial da Saúde (OMS) considera a idade idosa de acordo com o nível socioeconômico de cada nação, sendo que em países em desenvolvimento, é considerada pessoa idosa aquela que tem 60 anos de idade ou mais, enquanto em países desenvolvidos, a idade se estende para 65 anos.[1] É certo que a maioria dos benefícios se **inicia** aos 65 anos.

▸ **Atenção!**

A gratuidade dos transportes coletivos públicos urbanos e semiurbanos é conferido apenas às pessoas idosas **de idade igual ou superior a 65 anos.**

▸ **Atenção!**

O benefício de prestação continuada (BCP) será conferido à pessoa idosa com **idade igual ou superior a 65 anos**, desde que não possua outros meios de provar a sua subsistência, nem de tê-la provida por sua família, além dos requisitos legais.

---

1. (WHO (2002) Active Ageing – A Police Framework. A Contribution of the World Health Organization to the second United Nations World Assembly on Aging. Madrid, Spain, April, 2002).

À pessoa idosa, segundo o Estatuto, há que se assegurar todos os **direitos fundamentais** inerentes à pessoa humana.

Dispõe o art. 3º do EPI sobre algumas **garantias de prioridade** à pessoa idosa:

* FAMÍLIA * COMUNIDADE * SOCIEDADE * PODER PÚBLICO	Assegurar à pessoa idosa, **com absoluta prioridade**, a efetivação do direito	À VIDA
		À SAÚDE
		À ALIMENTAÇÃO
		À EDUCAÇÃO
		À CULTURA
		AO ESPORTE
		AO LAZER
		AO TRABALHO
		À CIDADANIA
		À LIBERDADE
		À DIGNIDADE
		AO RESPEITO
		À CONVIVÊNCIA FAMILIAR

▸ **Como esse assunto foi cobrado em concurso?**

No concurso para Guarda Municipal (CETREDE - 2025 - Prefeitura de São Benedito - CE - Guarda Municipal), foi perguntado:

O Estatuto do Idoso estabelece medidas de proteção aos idosos no Brasil. Considerando o Estatuto do Idoso, é(são) dever(es) da família, da comunidade, da sociedade e do poder público em relação à pessoa idosa.

I. Cultura.

II. Alimentação.

III. Educação.

IV. Esporte.

Marque a opção que apresenta as afirmativas CORRETAS.

a) I - II - III.

b) I - II - IV.

c) I - III - IV.

d) II - III - IV.

e) I - II - III - IV.
RESPOSTA: E

Segundo o EPI (art. 3°, § 1º), enumerado de forma exemplificativa, **considera-se absoluta prioridade:**

- atendimento preferencial imediato e individualizado junto aos órgãos públicos e privados prestadores de serviços à população;
- preferência na formulação e na execução de políticas sociais públicas específicas;
- destinação privilegiada de recursos públicos nas áreas relacionadas com a proteção à pessoa idosa;
- viabilização de formas alternativas de participação, ocupação e convívio da pessoa idosa com as demais gerações;
- priorização do atendimento da pessoa idosa por sua própria família, em detrimento do atendimento asilar, exceto dos que não a possuam ou careçam de condições de manutenção da própria sobrevivência;
- capacitação e reciclagem dos recursos humanos nas áreas de geriatria e gerontologia e na prestação de serviços às pessoas idosas;
- estabelecimento de mecanismos que favoreçam a divulgação de informações de caráter educativo sobre os aspectos biopsicossociais de envelhecimento;
- garantia de acesso à rede de serviços de saúde e de assistência social locais;
- prioridade no recebimento da restituição do Imposto de Renda.

▸ Como esse assunto foi cobrado em concurso?

No concurso para Promotor de Justiça Substituto (CESPE / CEBRASPE - 2023 - MPE-SC - Promotor de Justiça Substituto), foi perguntado:

Julgue o item a seguir, que dizem respeito a ações afirmativas, à saúde e a direitos da pessoa idosa.

Segundo o Estatuto da Pessoa Idosa, o envelhecimento é um direito personalíssimo, sendo sua proteção um direito social, e a garantia de prioridade da pessoa idosa inclui a prioridade no recebimento da restituição do imposto de renda.

Alternativas

( ) Certo

( ) Errado

RESPOSTA: CERTO

▸ Como esse assunto foi cobrado em concurso?

No concurso para Diretor de Escola (Avança SP - 2023 - Prefeitura de Itapecerica da Serra - SP - Diretor de Escola), foi perguntado:

Entre as garantias de prioridade do idoso previstas na Lei nº 10.741/2003 (Estatuto do Idoso) NÃO se encontra:

a) A viabilização de formas alternativas de participação, ocupação e convívio da pessoa idosa com as demais gerações.

b) A priorização do atendimento da pessoa idosa por sua própria família, em detrimento do atendimento asilar.

c) A prioridade no recebimento da restituição do Imposto de Renda.

d) O estabelecimento de mecanismos que favoreçam a divulgação de informações de caráter educativo sobre os aspectos biopsicossociais de envelhecimento.

e) A destinação prioritária de verbas orçamentárias voltadas a políticas públicas destinadas ao idoso em detrimento daquelas voltadas a outras faixas etárias.

RESPOSTA: E

▸ Como esse assunto foi cobrado em concurso?

No concurso para assistente social (IBADE - 2022 - Prefeitura de Costa Marques - RO) foi perguntado:

Segundo previsto no § 1º do Art. 3º do Estatuto do Idoso, a garantia de prioridade compreende:

a) que a obrigação alimentar é solidária, podendo o idoso optar entre os prestadores.

b) a eliminação de barreiras arquitetônicas e urbanísticas, para garantia de acessibilidade ao idoso.

c) a capacitação e reciclagem dos recursos humanos nas áreas de geriatria e gerontologia, e na prestação de serviços aos idosos.

d) que o envelhecimento é um direito personalíssimo e a sua proteção é um direito social.

e) a discriminação do idoso nos planos de saúde pela cobrança de valores diferenciados em razão da idade.

RESPOSTA: C

▸ Como esse assunto foi cobrado em concurso?

No concurso para Guarda Municipal da Prefeitura de Pariconha – ADM&TEC – 2020 – AL, foi perguntado:

Leia as afirmativas a seguir:

I. A garantia de prioridade prevista no Estatuto do Idoso compreende, entre outros aspectos, a preferência na formulação e na execução de políticas sociais públicas específicas.

II. A garantia de prioridade prevista no Estatuto do Idoso compreende, entre outros aspectos, o estabelecimento de mecanismos que favoreçam a divulgação de informações de caráter educativo sobre os aspectos biopsicossociais de envelhecimento.

Marque a alternativa CORRETA:

a) As duas afirmativas são verdadeiras.

b) A afirmativa I é verdadeira, e a II é falsa.

c) A afirmativa II é verdadeira, e a I é falsa.

d) As duas afirmativas são falsas.

Alternativa correta: a

▸ Como esse assunto foi cobrado em concurso?

No concurso para Guarda Municipal, Prefeitura de Pariconha - ADM&TEC - 2020 - AL, foi perguntado:

Leia as afirmativas a seguir:

I. Confirmado o ato infracional, a autoridade competente pode determinar que o adolescente preste serviços à comunidade.

II. A garantia de prioridade prevista no Estatuto do Idoso compreende, entre outros aspectos, o atendimento preferencial, mas não individualizado, junto aos órgãos públicos prestadores de serviços à população. Essa garantia, no entanto, não se estende aos órgãos privados.

Marque a alternativa CORRETA:

a) As duas afirmativas são verdadeiras.

b) A afirmativa I é verdadeira, e a II é falsa.

c) A afirmativa II é verdadeira, e a I é falsa.

d) As duas afirmativas são falsas.

Alternativa correta: b

A Lei nº 13.498/17 acresceu o parágrafo único ao art. 16 da Lei nº 9.250/95 para conferir ordem ao **recebimento da restituição do imposto de renda**:

> "I - idosos, nos termos definidos pelo inciso IX do § 1º do art. 3º da Lei no 10.741, de 1º de outubro de 2003;
>
> II - contribuintes cuja maior fonte de renda seja o magistério;
>
> III - demais contribuintes."

▸ **Como esse assunto foi cobrado em concurso?**

No concurso para Procurador Municipal de Palmas (COPESE. UFT. Pref. de Palmas - TO. 2016) foi perguntado:

É obrigação da família, da comunidade, da sociedade e do Poder Público assegurar ao idoso, com absoluta prioridade, a efetivação do direito à vida, à saúde, à alimentação, à educação, à cultura, ao esporte, ao lazer, ao trabalho, à cidadania, à liberdade, à dignidade, ao respeito e à convivência familiar e comunitária. De acordo com o Estatuto do Idoso (Lei Federal nº 10.741/2003), a garantia de prioridade compreende, dentre outras obrigações.

I. Destinação privilegiada de recursos públicos nas áreas relacionadas com a proteção ao idoso.

II. Viabilização de formas alternativas de participação, ocupação e convívio do idoso com as demais gerações.

III. Priorização do atendimento do idoso por sua própria família, em detrimento do atendimento asilar, exceto dos que não a possuam ou careçam de condições de manutenção da própria sobrevivência.

IV. Prioridade no recebimento de décimo terceiro salário, PIS/PASEP, e outras verbas semelhantes.

Estão corretos os itens I, II e III.

Ressalte-se que os direitos às pessoas idosas devem ser garantidos com **absoluta prioridade**.

O atendimento prioritário à pessoa idosa deverá ser dispensado em todas as repartições públicas, empresas concessionárias de serviços públicos, instituições financeiras e ainda em órgãos **privados prestadores de serviços públicos**.

Atenção deve ser dada à **prestação de serviços de saúde**, em especial na hipótese do serviço de marcação de hora, pois **não** se pode exigir o atendimento imediato, sob pena de ofender o princípio da razoabilidade. Ainda no que tange às hipóteses de urgência e emergência, a prioridade imediata do atendimento deverá ser definida em razão de critérios médicos e não etários ou puramente formais.

As situações de **urgência** são definidas como "a ocorrência imprevista de agravo à saúde com ou sem risco potencial de vida, cujo portador necessita de assistência médica imediata", enquanto as de **emergência** são definidas como "a constatação médica de condições de agravo à saúde que impliquem risco iminente de vida ou sofrimento intenso, exigindo, portanto, tratamento médico imediato" (Resolução 1451/1995 do Conselho Federal de Medicina, publicada no DOU de 17.03.1995), cabendo, portanto, ao médico, em razão de critérios médicos, verificar se a condição de pessoa idosa deve ser balizada de priorização.

Ainda, o **Decreto nº 5.296/04, no art. 6º, § 2º**, dispõe que: "Entende-se por imediato o atendimento prestado às pessoas referidas no art. 5º, antes de qualquer outra, depois de concluído o atendimento que estiver em andamento, observado o disposto no inciso I do § 1° do art. 3º da Lei nº 10.741, de 1º de outubro de 2003 (Estatuto da Pessoa Idosa)".

Para a formulação e **execução de políticas públicas**, há que se assegurar aquelas que visam à promoção e a proteção dos direitos fundamentais das pessoas idosas. São exemplos de investimento na execução de política social à pessoa idosa os Centros de Convivência e o Programa São Paulo Amigo do Idoso (Decreto n. 58.047/12).

Entre o rol das prioridades dispõe-se que, na elaboração da lei orçamentária, devem ser **assegurados**, de forma prioritária, recursos públicos às pessoas idosas nas áreas relacionadas à sua proteção. Ainda que os recursos públicos sejam escassos, a lei prioriza a sua destinação para o desenvolvimento de ações em favor da pessoa idosa. Assegura-se, portanto, quando da elaboração dos projetos e orçamentos, a necessidade de recursos públicos suficientes para a **implementação de uma rede de amparo à pessoa idosa**, conforme determina a Constituição Federal, como a instalação de Promotorias de Justiças especializadas, Varas, Defensorias e Delegacias do Idoso, capacitação de conselheiros, centros de convivência, casas-lares, atendimento domiciliar multidisciplinar, capacitados em área de geriatria e gerontologia, entre outros.

▸ Como esse assunto foi cobrado em concurso?

No concurso para Promotor de Justiça de São Paulo (MP/SC/2011), foi questionado o que é considerado prioridade dentro do Estatuto do Idoso: "II. A garantia de prioridade ao idoso compreende dois itens apenas: atendimento prioritário e individualizado junto aos órgãos públicos e destinação privilegiada de recursos públicos nas áreas relacionadas com a proteção do idoso". O Item mencionado está errado, pois existem várias prioridades.

Segundo dispõe o EPI, é considerada prioridade à manutenção da pessoa idosa a sua **permanência no núcleo familiar**, pois, apenas de forma excepcional, será permitido o encaminhamento ao asilo ou entidade congênere, caso inexista um grupo familiar ou haja carência de recursos financeiros (Decreto n. 9.921/19, que regulamenta a Política Nacional do Idoso).

▸ **Como esse assunto foi cobrado em concurso?**
No concurso para Defensor Público do Amazonas (DP/AM/2013 - FCC), foi perguntado também sobre em que compreendem as prioridades estabelecidas no Estatuto do Idoso.

As pessoas idosas devem ser atendidas de maneira satisfatória por uma **equipe de geriatria e gerontólogos**, de modo prioritário. A geriatria trata das doenças e condições gerais das pessoas idosas, e o gerontólogo, por sua vez, trata do estudo do processo de envelhecimento.

É considerada, como prioridade, a promoção pelo Poder Público de **campanhas educativas contínuas**, com a finalidade de conscientizar e sensibilizar a sociedade para que respeite e assegure os direitos da pessoa idosa.

Acrescenta-se a prioridade na tramitação de **procedimentos judiciais**, em quaisquer instâncias, para todas que figure como parte ou interessado pessoa com idade igual ou superior a 60 (sessenta) anos (art. 1048, I, do CPC). No mesmo sentido, dispõe o art. 69-A da Lei do Processo Administrativo Federal, que confere prioridade de tramitação nos **procedimentos administrativos** a pessoa com idade igual ou superior a 60 (sessenta) anos.

Além do atendimento prioritário absoluto enumerado acima, o EPI traz diversas outras disposições que dessem **especial dever de cuidado**, como o acesso preferencial aos respectivos locais aos eventos artísticos, culturais, esportivos e de lazer (art. 23), prioridade na aquisição de imóvel para moradia própria (art. 38), prioridade nos procedimentos de embarque e desembarque nos veículos do sistema de transporte coletivo (art. 42), prioridade na tramitação dos processos e procedimentos e na execução dos atos e diligências judiciais de processos, bem como nos procedimentos da Administração Pública, empresas prestadoras de serviços públicos e instituições financeiras (art. 71), atendimento preferencial junto à

Defensoria Pública da União, dos Estados e do Distrito Federal em relação aos Serviços de Assistência Judiciária (art. 71, § 3º).

▸ **Como esse assunto foi cobrado em concurso?**

No concurso para Auxiliar Administrativo, Prefeitura de Ipumirim, AMAUC - SC - 2021, foi perguntado:

"Estão obrigadas a dispensar atendimento prioritário as repartições públicas e empresas concessionárias de serviços públicos, além das instituições financeiras, o que se dará por meio de serviços individualizados que assegurem tratamento diferenciado e atendimento imediato, conforme o disposto no art. 2º, caput e parágrafo único, da Lei nº 10.048/00". Sobre a afirmação legal acima qual grupo de pessoas tem direito ao atendimento prioritário nas repartições públicas?

a) Pessoas com deficiência, pessoas com cabelos brancos, gestantes, lactantes, pessoas com crianças de colo e obesos.

b) Idosos com 60 anos ou mais, pessoas com deficiência, gestantes, lactantes, pessoas com crianças até 10 anos e obesos.

c) Idosos com 60 anos ou mais, pessoas com deficiência, gestantes, lactantes, pessoas com crianças de colo e obesos.

d) Pessoas com deficiência, pessoas com cabelos brancos, gestantes, lactantes, pessoas com crianças de colo e pessoas com a barriga saliente.

e) O serviço público é laico, portanto não faz distinção a prioridade de atendimento.

Alternativa correta: c

É possível haver um conflito de atendimentos prioritários entre pessoas idosas (EPI), crianças e adolescentes (art. 227 da CF)? Quem deverá prevalecer?

À primeira vista, pode-se argumentar que a absoluta prioridade se dará à criança e ao adolescente, tendo em vista que esta possui imposição constitucional (art. 227 da CF). Contudo, há que se ponderar por uma análise do caso a caso, invocando-se o **princípio da razoabilidade** para poder solucionar a questão de maneira mais adequada. É a situação, por exemplo, da destinação de recursos para a implementação de políticas públicas, onde pode existir demanda para crianças e adolescentes e para pessoas idosas, contudo, não há verbas disponíveis para ambos. Como já dito, à primeira vista, em razão do disposto constitucional, a prioridade seria voltada à infância e juventude. Contudo, na pesquisa concreta do caso, realizando uma análise principiológica e em razão baseada em critérios de razoabilidade, pode-se mostrar uma solução mais adequada e justa para o caso concreto que as pessoas idosas recebam a prioridade em detrimento das crianças e adolescentes.

▸ **Atenção!**

A Lei nº 13.466/2017 incluiu o § 2º no art. 3º do Estatuto da Pessoa Idosa, para dispor que entre "as pessoas idosas, é assegurada prioridade especial aos **maiores de oitenta anos**, atendendo-se suas necessidades sempre preferencialmente em relação às demais pessoas idosas".

▸ **Como esse assunto foi cobrado em concurso?**

No concurso para Psicólogo (AMEOSC - 2025 - Prefeitura de Palma Sola - SC - Psicólogo (Saúde, Social e Educação), foi perguntado:

O Estatuto da Pessoa Idosa assegura direitos e garantias às pessoas com idade igual ou superior a 60 anos no Brasil. Considerando suas disposições, analise as afirmativas a seguir:

I.O Estatuto da Pessoa Idosa estabelece que é obrigação da família, da comunidade, da sociedade e do poder público assegurar à pessoa idosa a efetivação do direito à vida, à saúde, à alimentação, à educação, à cultura, ao esporte, ao lazer, ao trabalho, à cidadania, à liberdade, à dignidade, ao respeito e à convivência familiar e comunitária.

II.A Lei assegura prioridade especial às pessoas idosas com mais de 80 anos, atendendo-se suas necessidades sempre preferencialmente em relação aos demais idosos.

III.O Estatuto da Pessoa Idosa considera idosa a pessoa com idade igual ou superior a 65 anos.

Está correto o que se afirma em:

a) I, II e III.

b) I e III, apenas.

c) I e II, apenas.

d) II, apenas.

RESPOSTA: C

▸ **Como esse assunto foi cobrado em concurso?**

No concurso para Assistente Social (Instituto Consulplan - 2023 - Prefeitura de Santana da Vargem - MG - Assistente Social III), foi perguntado:

O Estatuto do Idoso prevê a segurança integral à saúde da pessoa idosa, por intermédio do Sistema Único de Saúde (SUS). Sobre esta garantia, assinale afirmativa correta.

a) À pessoa idosa internada é assegurado o direito a acompanhante, o mesmo não sendo devido em caso de pessoa idosa em observação.

b) Os maiores de oitenta anos terão preferência especial, em todo atendimento de saúde, sobre as demais pessoas idosas, exceto em caso de emergência.

c) É dever do poder público fornecer às pessoas idosas, gratuitamente, medicamentos, especialmente os de uso continuado, assim como próteses e órteses, excetuando outros recursos relativos ao tratamento de habilitação ou reabilitação.

d) É assegurado à pessoa idosa enferma o atendimento domiciliar pela perícia médica do Instituto Nacional do Seguro Social (INSS) e pelo serviço público de saúde, mas não pelo serviço privado de saúde, contratado ou conveniado, mesmo que integre o Sistema Único de Saúde (SUS), para expedição do laudo de saúde necessário ao exercício de seus direitos sociais e de isenção tributária.

RESPOSTA: B.

O art. 3º do EPI possui fundamento no **art. 230 da CF**, devendo ser assegurado à pessoa idosa o dever de amparo, através da família, da comunidade, da sociedade e do Poder Público, sendo todos **responsáveis solidários** na proteção.

O STJ já decidiu que a "proteção da pessoa idosa, especialmente daquelas em situação de risco (hipervulnerável), é obrigação constitucional e legal irrenunciável bem como dever da coletividade, da família e do Estado, que não se insere na órbita da discricionariedade do administrador." (REsp n. 1.680.686/RJ, relator Ministro Herman Benjamin, Segunda Turma, julgado em 21/11/2017, DJe de 7/8/2020).

Está, portanto, instituído o **princípio da solidariedade** na obrigação do cumprimento de todas as disposições estatutárias.

▸ **Como esse assunto foi cobrado em concurso?**

Foi perguntado no concurso de Analista Legislativo (Consultor Legislativo – Câmara dos Deputados/2014 – CESPE): "De acordo com o Estatuto do Idoso, compete ao poder público garantir prioridade na destinação privilegiada de recursos públicos a áreas relacionadas com a proteção ao idoso".

CERTO. De acordo com o art. 3º, parágrafo único, inc. III, do EPI.

Outros dispositivos ainda tratam sobre os direitos das pessoas idosas, tendo entre eles a **Lei nº 8.842/94 que dispõe sobre a política nacional do idoso**.

Tal legislação tem como objetivo assegurar os direitos sociais da pessoa idosa, criando condições para promover sua autonomia, integração e participação efetiva na sociedade. Para que a política nacional da pessoa idosa seja implementada, o **Poder Executivo** deverá regulamentar a Lei acima mencionada.

O Decreto Federal nº 9.921/2019 estabelece as **competências** de órgãos e entidades públicas para a implementação da Política Nacional da pessoa idosa.

É de competência do **Ministério da Mulher, da Família e dos Direitos Humanos** coordenar a Política Nacional da pessoa idosa (art. 4º, I, do Dec. 9.921/2019).

O Decreto n. 11.341/23 que estrutura de forma organizacional o Ministério dos Direitos Humanos e da Cidadania, com competência para as políticas e diretrizes destinadas à promoção dos direitos humanos, incluídos os direitos da pessoa idosa, cria a Secretaria Nacional dos Direitos da Pessoa Idosa: Diretoria de Proteção da Pessoa Idosa (art. 2º, II, a).

À Diretoria de Proteção da Pessoa Idosa compete, nos termos do art. 17 do mencionado Decreto:

> I - coordenar e supervisionar a elaboração dos planos, programas e projetos que compõem a política nacional do idoso e propor medidas para sua implementação e seu desenvolvimento;
>
> II - coordenar a implementação de ações de desenho universal e cuidados específicos;
>
> III - coordenar políticas de envelhecimento ativo e saudável;
>
> IV - coordenar políticas de defesa dos direitos da pessoa idosa em situação de vulnerabilidade;
>
> V - monitorar a elaboração de sistemas de informação e acompanhar a implementação de projetos; e
>
> VI - assistir o Secretário Nacional dos Direitos da Pessoa Idosa em suas atribuições.

Por sua vez, à Diretoria de Proteção da Pessoa Idosa compete:

> I - coordenar e supervisionar a elaboração dos planos, programas e projetos que compõem a política nacional do idoso e propor medidas para sua implementação e seu desenvolvimento;
>
> II - coordenar a implementação de ações de desenho universal e cuidados específicos;
>
> III - coordenar políticas de envelhecimento ativo e saudável;
>
> IV - coordenar políticas de defesa dos direitos da pessoa idosa em situação de vulnerabilidade;
>
> V - monitorar a elaboração de sistemas de informação e acompanhar a implementação de projetos; e
>
> VI - assistir o Secretário Nacional dos Direitos da Pessoa Idosa em suas atribuições.

O art. 3º da Lei nº 8.842/94 elenca **os princípios da política nacional da pessoa idosa**:

> I – a família, a sociedade e o estado têm o dever de assegurar ao idoso todos os direitos da cidadania, garantindo sua participação na comunidade, defendendo sua dignidade, bem-estar e o direito à vida;
>
> II – o processo de envelhecimento diz respeito à sociedade em geral, devendo ser objeto de conhecimento e informação para todos;
>
> III – o idoso não deve sofrer discriminação de qualquer natureza;
>
> IV – o idoso deve ser o principal agente e o destinatário das transformações a serem efetivadas através desta política; 3
>
> V – as diferenças econômicas, sociais, regionais e, particularmente, as contradições entre o meio rural e o urbano do Brasil deverão ser observadas pelos poderes públicos e pela sociedade em geral, na aplicação desta lei.

▸ **Como esse assunto foi cobrado em concurso?**

No Concurso para Psicólogo (AMEOSC - 2022 - Prefeitura de Bandeirante - SC - Psicólogo), foi perguntado:

A Política Nacional do Idoso reger-se-á pelos seguintes princípios:

( ) A família, a sociedade e o estado têm o dever de assegurar ao idoso todos os direitos da cidadania, garantindo sua participação na comunidade, defendendo sua dignidade, bem-estar e o direito à vida.

( ) O processo de envelhecimento diz respeito à família, devendo ser objeto de conhecimento e informação para todos os familiares.

( ) O idoso não deve sofrer discriminação de qualquer natureza.

( ) O idoso deve ser o agente secundário e a família o agente principal das transformações a serem efetivadas através desta política.

( ) As diferenças econômicas, sociais, regionais e, particularmente, as contradições entre o meio rural e o urbano do Brasil deverão ser observadas pelos poderes públicos e pela sociedade em geral, na aplicação desta lei.

Após análise, assinale a alternativa que apresenta a sequência CORRETA dos itens acima, de cima para baixo:

Alternativas

a) F, V, V, V, F.

b) V, F, F, V, F.

c) V, F, V, F, V.

d) V, V, F, F, V.

RESPOSTA: C

Já o art. 4º da Lei nº 8.842/94 estabelece as **diretrizes da política nacional da pessoa idosa**:

> I – viabilização de formas alternativas de participação, ocupação e convívio do idoso, que proporcionem sua integração às demais gerações;
>
> II – participação do idoso, através de suas organizações representativas, na formulação, implementação e avaliação das políticas, planos, programas e projetos a serem desenvolvidos;
>
> III – priorização do atendimento ao idoso através de suas próprias famílias, em detrimento do atendimento asilar, à exceção dos idosos que não possuam condições que garantam sua própria sobrevivência;
>
> IV – descentralização político-administrativa;
>
> V – capacitação e reciclagem dos recursos humanos nas áreas de geriatria e gerontologia e na prestação de serviços;

VI – implementação de sistema de informações que permita a divulgação da política, dos serviços oferecidos, dos planos, programas e projetos em cada nível de governo;

VII – estabelecimento de mecanismos que favoreçam a divulgação de informações de caráter educativo sobre os aspectos biopsicossociais do envelhecimento;

VIII – priorização do atendimento ao idoso em órgãos públicos e privados prestadores de serviços, quando desabrigados e sem família;

IX – apoio a estudos e pesquisas sobre as questões relativas ao envelhecimento.

▸ Como esse assunto foi cobrado em concurso?

Foi perguntado nos concursos para Defensor Público de Roraima (DP/RR/2013 CESPE) e do Acre (DP/AC/2012 – CESPE), sobre as diretrizes previstas na Lei nº 8.842/1994.

▸ Como esse assunto foi cobrado em concurso?

No concurso para Defensor Público (DP/BA/2010 – CESPE) foi questionado o seguinte item, considerado errado: "Deverá ser incentivada, como diretriz da política nacional do idoso, a permanência, em instituições asilares de caráter social, dos idosos portadores de doenças que necessitem de assistência médica ou de enfermagem permanente". Art. 4º, da Lei nº 8.842/1994.

Preceitua o EPI que nenhuma pessoa idosa será objeto de qualquer tipo de **negligência, discriminação, violência, crueldade ou opressão**, e todo atentado aos seus direitos, por ação ou omissão, sujeitando-se os infratores na forma disposta na lei. Impõe o Estatuto a todos o **dever de** prevenir a ameaça ou violação aos direitos da pessoa idosa (art. 4º, *caput*, e § 1º, do EPI).

A Organização das Nações Unidas (ONU) e a Rede Internacional de Prevenção à Violência à Pessoa Idosa (IPEA) instituíram o dia **15 de junho** como o **Dia Mundial de Conscientização da Violência da Pessoa Idosa**, com vistas a conscientizar, mundialmente, a existência de violência contra pessoas idosas, de forma a sensibilizar a sociedade para que lutem contra quaisquer formas de agressão, crueldade ou maus-tratos a pessoas idosas.

Conforme previsão da Convenção Internacional sobre a Proteção dos Direitos Humanos dos Idosos, **a violência contra a pessoa idosa** compreende, entre outros, diversos tipos de abuso, incluindo o financeiro e patrimonial, maus-tratos físicos, sexuais ou psicológicos, exploração do trabalho, expulsão de sua comunidade e toda forma de abandono ou negligência que tenha lugar dentro ou fora do âmbito familiar ou unidade doméstica ou que seja perpetrado ou tolerado pelo Estado ou seus agentes onde quer que ocorra.

Todas as obrigações previstas no EPI **não excluirão** da prevenção outras obrigações decorrentes dos princípios por ela adotados.

A Convenção Internacional sobre a Proteção dos Direitos Humanos dos Idosos (art. 9º) **estipula medidas** a serem adotadas para reparação e prevenção de quaisquer tipos de violência contra pessoas idosas:

▶ Adotar medidas legislativas, administrativas e de outra índole para prevenir, investigar, punir e erradicar os atos de violência contra o idoso, bem como aquelas que propiciem a reparação dos danos provocados por esses atos.
▶ Produzir e divulgar informações com o objetivo de gerar diagnósticos de risco de possíveis situações de violência a fim de desenvolver políticas de prevenção.
▶ Promover a criação e o fortalecimento de serviços de apoio para atender os casos de violência, maus-tratos, abuso, exploração e abandono do idoso. Fomentar o acesso do idoso a esses serviços e à informação sobre eles.
▶ Estabelecer ou fortalecer mecanismos de prevenção da violência, em qualquer de suas manifestações, dentro da família, da unidade doméstica, do lugar onde recebe serviços de cuidado de longo prazo e da sociedade para a efetiva proteção dos direitos do idoso.
▶ Informar e sensibilizar a sociedade em seu conjunto sobre as diversas formas de violência contra o idoso e a maneira de identificá-las e preveni-las
▶ Capacitar e sensibilizar os funcionários públicos, os encarregados de serviços sociais e de saúde, o pessoal encarregado da atenção e cuidado do idoso nos serviços de cuidado de longo prazo ou serviços domiciliares sobre as diversas formas de violência, a fim de dar-lhes um tratamento digno e prevenir negligência e ações ou práticas de violência e maus-tratos.
▶ Desenvolver programas de capacitação dirigidos aos familiares e pessoas que exercem tarefas de cuidado domiciliar, a fim de prevenir situações de violência no domicílio ou unidade doméstica.

▶ Promover mecanismos adequados e eficazes de denúncia em casos de violência contra o idoso, bem como reforçar os mecanismos judiciais e administrativos para atender esses casos.
▶ Promover ativamente a eliminação de todas as práticas que geram violência e que afetam a dignidade e integridade da mulher idosa.

A inobservância das **normas de prevenção** importará em **responsabilidade** à pessoa física ou jurídica nos termos da lei (art. 5º do EPI).

A inobservância acima referida poderá ocasionar **penalidades** civis ou administrativas aos responsáveis, previstas tanto no EPI, como em outras legislações extravagantes.

No art. 55 do EPI há previsão das penalidades a que estão sujeitas as entidades de atendimento à pessoa idosa, sendo que nos arts. 56 a 58 as **infrações administrativas** com as devidas sanções. Nos arts. 59 a 63 é disciplinado o procedimento de apuração administrativa de infrações às normas de proteção à pessoa idosa. Nos arts. 64 a 68, consta o procedimento de apuração judicial de irregularidades em entidades de atendimento. Por fim, há os dispositivos prevendo **condutas penais** (arts. 97 a 108).

As normas de **prevenção** poderão ocorrer nos níveis: primário, secundário e terciário (Adriana Melo Diniz. *in:* AZEVEDO, Vitor Emanuel de Medeiros. *In:* PINHEIRO, Naide Maria (Coord.). *Estatuto do Idoso comentado*, p. 89):

→ **prevenção primária** será materializada em razão das medidas que possuam como objetivo garantir os direitos fundamentais da pessoa idosa, como educação, saúde, moradia, lazer entre outros.

→ **prevenção secundária** será realizada mediante programas de atendimento, auxílio, orientação, afim de que seja evitada a marginalização e a discriminação das pessoas idosas.

→ **prevenção terciária** é aquela a ser aplicada como forma de reparação ao dano causado à pessoa idosa.

Todo **cidadão tem o dever** de comunicar à autoridade competente qualquer forma de violação ao Estatuto da Pessoa Idosa que tenha testemunhado ou de que tenha conhecimento (art. 6º, do EPI).

No mesmo teor, dispõe o **art. 10, § 3º, da Lei nº 8.842/1994**, que: "Todo cidadão tem o dever de denunciar à autoridade competente qualquer forma de negligência ou desrespeito ao idoso.".

O **art. 5º, § 3º, do CPP**, prescreve que nos crimes de ação penal pública:

> "Qualquer pessoa do povo que tiver conhecimento da existência de infração penal em que caiba ação pública poderá, verbalmente ou por escrito, comunicá-la à autoridade policial, e esta, verificada a procedência das informações, mandará instaurar inquérito."

Na hipótese de qualquer pessoa que tiver conhecimento de qualquer violação do EPI, trata-se de uma **faculdade** atribuída, pois não há, em tese, qualquer sanção ao seu descumprimento. Porém, quando no exercício de uma função pública, ao presenciar ou tomar conhecimento da prática de delito contra pessoa idosa que seja de ação penal pública, há o **dever** de comunicação à autoridade competente, sendo que sua omissão poderá caracterizar a contravenção penal descrita no art. 66, I do Decreto-Lei nº 3.688/41 (Contravenção Penal): "Deixar de comunicar à autoridade competente: I - crime de ação pública, de que teve conhecimento no exercício de função pública, desde que a ação penal não dependa de representação;".

É possível a denúncia anônima ou *notitia criminis* inqualificada para noticiar abusos aos direitos da pessoa idosa?

A denúncia anônima servirá para que se procedam as **diligências preliminares** para apurar a veracidade e plausibilidade das notícias que chegaram ao conhecimento das autoridades de forma anônima, vez que o anonimato é vedado constitucionalmente no art. 5º, inc. IV, da CF.

> Segundo a jurisprudência do STJ, a denúncia anônima pode dar início à investigação, desde que corroborada por elementos informativos prévios que denotem a verossimilhança da comunicação. (HC 312.620/RJ, Rel. Ministro ROGERIO SCHIETTI CRUZ, SEXTA TURMA, julgado em 10/05/2016, DJe 19/05/2016 e HC 312.620/RJ, Rel. Ministro ROGERIO SCHIETTI CRUZ, SEXTA TURMA, julgado em 10/05/2016, DJe 19/05/2016).

O art. 2º, § 3º, da Resolução nº 23/2007, do Conselho Nacional do Ministério Público **permite** a representação na forma anônima:

> "O conhecimento por manifestação anônima, justificada, não implicará ausência de providências, desde que obedecidos os mesmos requisitos para as representações em geral, constantes no artigo 2º, inciso II, desta Resolução."

Sobre as denúncias anônimas recebidas pelo Ministério Público, há a previsão da seguinte orientação através da Resolução nº 309/25, art. 7º, §1º, do CNMP:

> Diante do poder-dever da administração pública em controlar a legalidade e moralidade dos seus atos, as informações que, apesar de anônimas, forem de interesse do Ministério Público, serão registradas e será dado conhecimento ao órgão respectivo, quando dotadas de razoabilidade e estiverem acompanhadas de informações ou documentos mínimos ao seu conhecimento.

1.3. DOS PRINCÍPIOS QUE REGEM O ESTATUTO DA PESSOA IDOSA

Segundo menciona Evandro Fabiani Capano (CAPANO, Evandro Fabiani. "Legislação Penal Especial". São Paulo: RT, 2015. p. 42/48), os princípios que formam o Estatuto da Pessoa Idosa são os seguintes:

1.3.1. Princípio da proteção integral

Segundo esse princípio, a proteção à pessoa idosa deve ser a mais integral possível, evitando, assim, que qualquer interpretação a ser realizada sobre o Estatuto da Pessoa Idosa leve a uma proteção deficiente.

Como demonstração da aplicação deste princípio, temos decisão do STF que indeferiu medida liminar, em ADI de Lei Estadual do RJ, que obrigou farmácias e drogarias a concederem descontos a pessoas idosas na compra de medicamentos. Segundo a decisão, "o disposto no art. 230, *caput* da CF, atribui à família, à sociedade e ao Estado o dever de amparar as pessoas idosas, defendendo sua dignidade e bem-estar e garantindo-lhes o direito à vida." (ADI 2435 MC, Relator(a): Min. ELLEN GRACIE, Tribunal Pleno, julgado em 13/03/2002, DJ 31-10-2003 PP-00014 EMENT VOL-02130-02 PP-00215).

1.3.2. Princípio da participação

Por esse princípio, conclui-se que para que seja propiciado o exercício pleno de cidadania à pessoa idosa, são necessários a participação e o envolvimento de toda a sociedade, bem como do Poder Público.

Na esteira desse princípio, a seguinte decisão do TCU consolida o direito da pessoa idosa ao exercício de atividade profissional por concurso público, respeitando as suas condições particulares: "(...) **O**

Estatuto do Idoso, consignado na Lei 10.741, de 1º/10/2003, regulamenta os direitos assegurados às pessoas com idade igual ou superior a 60 (sessenta) anos. A própria Constituição Federal, no art. 230, impõe como dever do Estado o amparo diferenciado às pessoas idosas. Nesse diapasão, o parágrafo único do art. 27 da Lei 10.741/2003, é cristalino ao estabelecer como privilégio ao cidadão brasileiro com 60 anos ou mais a idade como primeiro critério de desempate em concurso público, dando-se preferência ao de idade mais elevada. Assim, quando um idoso participar de concurso público e fizer o mesmo número de pontos de um candidato menor de 60 anos, aquele terá preferência a esse independentemente de quaisquer outros critérios de desempate. O mesmo privilégio deve ser dado para o idoso com idade mais avançada do que outro idoso. (...)" (TCU, Ac. 664/2005, Plenário, j. 25.05.2005, rel. Min. Ubiratan Aguiar).

1.3.3. Princípio da Independência

Pelo princípio da independência assegura-se à pessoa idosa a possibilidade de tomar suas próprias decisões, ou seja, gerir a sua vida de maneira individualizada.

Essa individualidade não exclui a participação da pessoa idosa da coletividade.

Tal princípio garante que a pessoa idosa administre seus bens, seu nome, sua vida e até mesmo a sua personalidade.

1.3.4. Princípio da realização pessoal

O Estatuto da Pessoa Idosa contempla à pessoa idosa meios e prestações positivas, de modo a lhe potencializar total satisfação, com acesso à cultura, educação, religião, jurisdição, entre outros direitos reconhecidos.

A prioridade de tramitação dos processos das pessoas idosas é considerada como um dos desdobramentos do princípio da realização pessoal.

1.3.5. Princípio da dignidade

Em sintonia com o mandamento constitucional, o Estatuto da Pessoa Idosa protege a dignidade da pessoa humana na terceira idade.

Como proteção à dignidade humana da pessoa idosa, estabelece-se a proteção ao direito do recebimento antecipado de crédito humanitário: "(...) Tal preferência se dá em respeito aos princípios da dignidade da pessoa humana e do direito à saúde, garantias fundamentais a todos os cidadãos. (STJ - RMS 49.539/RO, Rel. Ministro HERMAN BENJAMIN, SEGUNDA TURMA, julgado em 15/09/2016, DJe 10/10/2016)". Também se sustenta a aplicação desse princípio para o não pagamento de dívida tributária: **"o princípio da dignidade da pessoa humana, em especial do idoso, deve ser aqui aplicado no sentido de impedir qualquer restrição ao direito de moradia do recorrido. Assim, a exegese proposta coaduna-se com a dignidade humana que tutela o idoso, nos termos do artigo 37 da Lei 10.741/03" (STJ - REsp 873.224,rel. Min. LUIZ FUX, j. 16 de outubro de 2008).**

1.4. A REPARTIÇÃO DE COMPETÊNCIAS E O DIREITO DA PESSOA IDOSA

Nota-se que os dispositivos constitucionais que regem a distribuição de competências, os artigos 21 a 24 da CF/88, em nenhum momento tratam sobre os direitos das pessoas idosas.

Não há no cenário constitucional, de forma expressa, a informação sobre qual seria o Ente Federado que exerce administrativamente a competência para a proteção a pessoa idosa ou ainda para legislar sobre o direito da pessoa idosa, tal como ocorre no caso das pessoas com deficiência, consoante se observa nos arts. 23, inc. II e 24, inc. XIV, ambos da CF/88.

Portanto, para se concluir qual seria o Ente da Federação responsável pelo exercício de competências administrativas e legislativas em relação à pessoa idosa, é necessária uma interpretação constitucional. Assim, ao observar o disposto no art. 230, *caput*, da CF/88, vemos que é **dever do Estado** a proteção da pessoa idosa. Dessa forma, é imperativo concluir que o "Estado" deverá será compreendido entre todos os entes federativos, quais sejam, União, Estados, Distrito Federal e Municípios.

Trata-se, portanto, de competência administrativa **comum** e de competência legislativa **concorrente** em matéria da pessoa idosa.

O **art. 46, *caput*, do EPI** reforça o entendimento de que o esforço para o tratamento do tema relacionado à pessoa idosa deverá ser de todos os entes federados. Esse dispositivo, em específico, será tratado mais à frente.

É certo que tal entendimento não define absolutamente o critério, pois o tema que envolve o direito da pessoa idosa é extenso e revestido de complexidade. Há assuntos como previdência, educação, cultura, entre outros, que podem se revestir na esfera de competências privativas ou exclusivas de alguns dos entes federados.

> Sobre a questão, já decidiu o STF: "(...) A competência para legislar sobre direito econômico é concorrente entre a União, os Estados-membros, o Distrito Federal e os Municípios. (arts. 24, I, e 30, I da CF/88). Precedentes: ADI nº 1950/SP, Min. Rel. Eros Grau, DJe de 02/06/06, e RE 585453, Rel. Min. Dias Toffoli, DJe de 21/09/12. 2. O acesso gratuito de idosos, previsto em legislação municipal, a salas de projeção cinematográfica cumpre diretrizes sociais insertas na Carta Magna, não violando a ordem Constitucional.(...)" (STF - RE 751.345/SP, rel. Min. Luiz Fux. j. em 20, junho de 2014).

1.5. CONSELHO NACIONAL DA PESSOA IDOSA

O cumprimento dos direitos das pessoas idosas, além de ser uma obrigação de toda a sociedade, deve ser zelado pelos **Conselhos Nacional, Estaduais, do Distrito Federal e Municipais do Idoso**, previstos na Lei nº 8.842, de 4 de janeiro de 1994.

Os conselhos nacional, estaduais, do Distrito Federal e municipais do idoso serão órgãos **permanentes, paritários e deliberativos**, compostos por igual número de representantes dos órgãos e entidades públicas e de organizações representativas da sociedade civil ligadas à área (art. 6º, *caput*, da Lei nº 8.842/1994).

Nessa esteira, o art. 7º, *caput*, da Lei nº 8.842/1994, prevê que **são competências** dos conselhos nacional, estaduais, do Distrito Federal e municipais do idoso a supervisão, o acompanhamento, a fiscalização e a avaliação da política nacional da pessoa idosa, no âmbito das respectivas instâncias político-administrativas.

Observa-se que aos Conselhos das pessoas idosas, o EPI trouxe mais uma competência, qual seja, a de **zelar** pelo cumprimento dos direitos das pessoas idosas definidos nesta Lei.

A criação dos referidos Conselhos das pessoas idosas **não retira** a responsabilidade da sociedade, do Estado e da família da obrigação de garantir e zelar o efetivo cumprimento de todos os direitos e garantias fundamentais às pessoas idosas.

▸ **Como esse assunto foi cobrado em concurso?**

Foi perguntado no concurso de Analista Legislativo (Consultor Legislativo – Câmara dos Deputados/2014 – CESPE): "As diretrizes da Política Nacional do Idoso incluem priorizar o atendimento a idosos residentes em instituições asilares de caráter social e permanente que necessitem de assistência médica e cuidados de enfermagem". ERRADO. Art. 4º da Lei nº 8.842/1994.

▸ **Como esse assunto foi cobrado em concurso?**

Foi perguntado no concurso para Defensor Público de Roraima (DP/RR/2013 – CESPE), com base na Lei nº 8.842/1994, que dispõe sobre a Política Nacional do Idoso e que criou o Conselho Nacional do Idoso, sobre as **atribuições do CNI**.

Como já mencionado anteriormente, a Lei nº 8.842/94 dispõe sobre a política nacional da pessoa idosa e cria **o Conselho Nacional da pessoa idosa**.

Será de competência do órgão ministerial responsável pela **assistência e promoção social** a coordenação geral da política nacional da pessoa idosa, com a participação dos conselhos nacionais, estaduais, do Distrito Federal e municipais da pessoa idosa.

A União, através do ministério responsável pela assistência e promoção social, terá a competência de **elaborar a proposta orçamentária** no âmbito da promoção e assistência social e submetê-la ao Conselho Nacional da pessoa idosa.

O art. 1º, do **Decreto Federal nº 11.483/23**, regulamenta o Conselho Nacional dos Direitos da Pessoa Idosa – CNDI.

Segundo o referido Decreto, trata-se de um órgão colegiado **de caráter deliberativo**, integrante da estrutura básica da Secretaria Especial dos Direitos Humanos da Presidência da República, que tem por finalidade elaborar as diretrizes para a formulação e implementação da política nacional do idoso, observadas as linhas de ação e as diretrizes, conforme dispõe a Lei nº 10.741, de 1º de outubro de 2003 – Estatuto da pessoa idosa, bem como acompanhar e avaliar a sua execução.

Segundo o art. 1º, par. único, do Decreto n. 11.483/23, o Conselho Nacional dos Direitos da Pessoa Idosa é órgão permanente, paritário e de caráter deliberativo, integrante da estrutura organizacional do Ministério da Mulher, da Família e dos Direitos Humanos, com a finalidade de colaborar nas questões relativas à política nacional da pessoa idosa.

É de **competência** do Conselho Nacional dos Direitos da Pessoa Idosa – CNDI (art. 2º do Decreto n. 11.483/23):

> I - propor as diretrizes, os objetivos e as prioridades da Política Nacional da Pessoa Idosa;
>
> II - supervisionar, acompanhar, fiscalizar e avaliar a Política Nacional da Pessoa Idosa, na forma do disposto no art. 7º da Lei nº 8.842, de 4 de janeiro de 1994;
>
> III - apoiar os conselhos e os órgãos estaduais, distrital e municipais dos direitos da pessoa idosa e as entidades não governamentais, de modo a efetivar os direitos estabelecidos pela Lei nº 10.741, de 2003;
>
> IV - acompanhar as políticas estaduais, distrital e municipais da pessoa idosa e a atuação dos conselhos estaduais, distrital e municipais dos direitos da pessoa idosa;
>
> V - fiscalizar e propor, quando necessário, modificações nas estruturas públicas e privadas destinadas ao atendimento da pessoa idosa;
>
> VI - apoiar a promoção de campanhas educativas sobre os direitos da pessoa idosa, com a indicação das medidas a serem adotadas nos casos de atentado ou violação desses direitos;
>
> VII - acompanhar a elaboração e a execução da proposta orçamentária da União e recomendar alterações necessárias à consecução de ações para a promoção dos direitos da pessoa idosa;
>
> VIII - elaborar o seu regimento interno, no qual será definida a forma de indicação do seu Presidente e do seu Vice-Presidente;
>
> IX - gerir o Fundo Nacional do Idoso e estabelecer os critérios para sua utilização;
>
> X - acompanhar e avaliar a expedição de orientações e recomendações sobre a aplicação da Lei nº 10.741, de 2003, e dos demais atos normativos relacionados à promoção e defesa dos direitos da pessoa idosa;
>
> XI - promover a cooperação entre a União, os Estados, o Distrito Federal, os Municípios e a sociedade civil na formulação e na execução da Política Nacional da Pessoa Idosa;

XII - propor o desenvolvimento de sistemas de indicadores, em parceria com órgãos e entidades, públicos e privados, nacionais e internacionais, com vistas a estabelecer metas e procedimentos com base nesses índices, para monitorar as atividades relacionadas à Política Nacional da Pessoa Idosa;

XIII - realizar estudos, debates e pesquisas sobre a aplicação e os resultados estratégicos alcançados pelos programas e projetos de promoção e defesa dos direitos da pessoa idosa, desenvolvidos pela Secretaria Nacional dos Direitos da Pessoa Idosa do Ministério dos Direitos Humanos e da Cidadania; e

XIV - estimular a ampliação e o aperfeiçoamento dos mecanismos de participação e controle social, por intermédio de rede nacional de órgãos colegiados regionais, estaduais, distrital e municipais, com vistas a fortalecer a promoção e a defesa dos direitos da pessoa idosa.

A **composição** do Conselho Nacional da pessoa idosa possui paridade entre representantes do Poder Público e da sociedade civil organizada e conta com 37 membros:

I - um do Ministério das Cidades;

II - um do Ministério da Ciência, Tecnologia e Inovação;

III - um do Ministério da Cultura;

IV - um do Ministério do Desenvolvimento Agrário e Agricultura Familiar;

V - um do Ministério do Desenvolvimento e Assistência Social, Família e Combate à Fome;

VI - um do Ministério dos Direitos Humanos e da Cidadania, por meio da Secretaria Nacional dos Direitos da Pessoa Idosa;

VII - um do Ministério da Educação;

VIII - um do Ministério do Esporte;

IX - um do Ministério da Igualdade Racial;

X - um do Ministério da Justiça e Segurança Pública;

XI - um do Ministério das Mulheres;

XII - um do Ministério do Planejamento e Orçamento;

XIII - um do Ministério dos Povos Indígenas;

XIV - um do Ministério da Previdência Social;

XV - um do Ministério das Relações Exteriores;

XVI - um do Ministério da Saúde;

XVII - um do Ministério do Trabalho e Emprego;

XVIII - um do Ministério do Turismo; e

XIX - dezoito entidades da sociedade civil sem fins lucrativos com atuação relacionada à promoção e à defesa dos direitos da pessoa idosa, de âmbito nacional, com filiais em, no mínimo, cinco unidades da Federação, distribuídas, no mínimo, por três regiões do País.

Cada membro do Conselho Nacional dos Direitos da Pessoa Idosa terá um suplente, que o substituirá em suas ausências e em seus impedimentos.

Poderão ser convidados a participar das reuniões do Conselho Nacional dos Direitos da Pessoa Idosa, sem direito a voto, representantes de órgãos públicos e entidades privadas, personalidades e técnicos, sempre que da pauta constar tema de suas áreas de atuação.

A Lei n. 12.213/10, institui o Fundo Nacional do Idoso e autoriza deduzir do imposto de renda devido pelas pessoas físicas e jurídicas as doações efetuadas aos Fundos Municipais, Estaduais e Nacional do Idoso, prevendo em seu art. 2º-A que: "A partir do exercício de 2020, ano-calendário de 2019, a pessoa física poderá optar pela doação aos fundos controlados pelos Conselhos Municipais, Estaduais e Nacional do Idoso de que trata o inciso I do caput do art. 12 da Lei nº 9.250, de 26 de dezembro de 1995, diretamente em sua Declaração de Ajuste Anual do Imposto sobre a Renda da Pessoa Física." (Incluído pela lei nº 13.797, de 2019).

Capítulo II

Dos Direitos Fundamentais

2.1. OS DIREITOS FUNDAMENTAIS NO ESTATUTO DA PESSOA IDOSA

São considerados **direitos fundamentais** previstos no Estatuto da pessoa idosa:

• Direito à vida
• Direito à Liberdade, ao Respeito e à Dignidade
• Direito a Alimentos
• Direito à Saúde
• Direito à Educação, à Cultura, ao Esporte e ao Lazer
• Direito à Profissionalização e ao Trabalho
• Direito à Previdência Social
• Direito à Assistência Social
• Direito à Habitação
• Direito ao Transporte

Basicamente, todos os direitos acima mencionados, previstos no EPI, são também **garantidos** pela Carta Cidadã de 1988. A seguir, verificaremos cada um deles.

2.1.1. *Direito à vida*

O direito à **vida** é previsto constitucionalmente no art. 5º, *caput*, da CF.

O envelhecimento, por sua vez, é considerado como um **direito personalíssimo** e sua proteção um **direito social.**

▸ **Como esse assunto foi cobrado em concurso?**

No concurso para Psicólogo (FGV - 2023 - DPE-RS - Analista - Área de Apoio Especializado - Psicologia), foi perguntado:

Com relação às normativas trazidas pelo Estatuto do Idoso, analise as afirmativas a seguir.

I. O envelhecimento é um direito personalíssimo, e a sua proteção, um direito social.

II. O direito à liberdade do idoso compreende a prática de esportes e de diversões.

III. É vedada a discriminação do idoso nos planos de saúde pela cobrança de valores diferenciados em razão da idade.

Está correto o que se afirma em:

a) somente I;

b) somente II;

c) somente III;

d) somente I e II;

e) I, II e III.

RESPOSTA: E

▸ **Como esse assunto foi cobrado em concurso?**

Foi perguntado no concurso para Defensor Público da Bahia (DP/BA/2010 – CESPE) se o envelhecimento constitui direito personalíssimo, e a sua proteção, direito social, nos termos da legislação vigente.

OBS.: No mesmo sentido a questão no concurso de Promotor de Justiça do Mato Grosso (MP/MT/2012 – UFMT) e no concurso para Procurador Federal 2013/CESPE.

O Estado é **obrigado** a garantir à pessoa idosa a proteção à vida e à saúde, mediante efetivação de políticas sociais públicas que permitam um envelhecimento saudável e em condições dignas.

▸ **Como esse assunto foi cobrado em concurso?**

No concurso para Procurador Jurídico (CONTEMAX - 2023 - Prefeitura de Poço de José de Moura – PB), foi perguntado:

Pelo Estatuto do Idoso, a garantia de prioridade não compreende:

a) priorização do atendimento da pessoa idosa por sua própria família, em detrimento do atendimento asilar, exceto dos que não a possuam ou careçam de condições de manutenção da própria sobrevivência.

b) garantia de acesso à rede de serviços de saúde e de assistência social locais.
c) prioridade no recebimento da restituição do Imposto de Renda.
d) proteção à vida e à saúde, mediante efetivação de políticas sociais públicas que permitam um envelhecimento saudável e em condições de dignidade.
e) estabelecimento de mecanismos que favoreçam a divulgação de informações de caráter educativo sobre os aspectos biopsicossociais de envelhecimento.

RESPOSTA: D

▸ Como esse assunto foi cobrado em concurso?

No concurso para Advogado, IESES – SC – 2021, foi perguntado:

Conforme a Lei nº 10.741, de 01/10/2003, que dispõe sobre o Estatuto do Idoso, assinale a alternativa CORRETA.

Dentre os idosos, é assegurada prioridade especial aos maiores de setenta e cinco anos, atendendo-se suas

a) necessidades sempre preferencialmente em relação aos demais idosos (Art. 3º, §2º)
b) É dever de todos zelar pela dignidade do idoso, colocando-o a salvo de qualquer tratamento desumano, violento, aterrorizante, vexatório ou constrangedor (Art. 10, §3º)
c) É obrigação da família, garantir à pessoa idosa a proteção à vida e à saúde, mediante efetivação de políticas sociais públicas que permitam um envelhecimento saudável e em condições de dignidade (Art. 9º)
d) Se o idoso ou seus familiares não possuírem condições econômicas de prover o seu sustento, impõe-se ao Judiciário esse provimento, utilizando-se de ação judicial para condenar grandes empresas para o sustento daqueles (Art. 14)
e) O Estado tem dever exclusivo de prevenir a ameaça ou violação aos direitos do idoso, respondendo objetivamente por omissão (Art. 4º, §1º)

Alternativa correta: b

2.1.2. *Direito à liberdade, ao respeito e à dignidade*

A **dignidade da pessoa humana** é um dos pilares da República, prevista no art. 1º, inc. III, da CF.

Já a **liberdade** é um direito fundamental previsto no art. 5º, *caput*, da CF.

O **Estado e a sociedade** são obrigados a assegurar à pessoa idosa a liberdade, o respeito e a dignidade, como pessoa humana e sujeito de direitos civis, políticos, individuais e sociais, garantidos na Constituição Federal e nas leis.

O art. 10, § 1º, da Lei nº 8.842/1994, assegura à pessoa idosa o **direito de gerir os atos da vida civil**, no que tange a dispor de seus bens, proventos, pensões e benefícios, salvo nos casos de incapacidade judicialmente comprovada. Nas hipóteses de comprovada incapacidade da pessoa idosa para gerir seus bens, ser-lhe-á nomeado Curador especial em juízo.

Segundo o STJ, em relação a proteção matrimonial conferida à pessoa idosa "não é necessária quando o casamento for precedido de longo relacionamento em união estável, que se iniciou quando os cônjuges não tinham restrição legal à escolha do regime de bens. *Arts. 258, parágrafo único, inciso II, do CC/1916 e 1.641, II, do CC/2002.*" (AgInt no REsp n. 1.892.934/SP, relator Ministro Moura Ribeiro, Terceira Turma, julgado em 13/5/2024, DJe de 15/5/2024).

O STF, ao preservar o direito à liberdade e dignidade da pessoa idosa, decidiu que o regime de separação de bens no casamento ou união estável de pessoas acima de 70 anos não é obrigatório, ao contrário do que estabelece o artigo 1.641, inciso II, do Código Civil. A regra poderá ser decidida em comum acordo entre os cônjuges e firmada por meio de escritura pública em cartório. A imposição da obrigatoriedade dessa regra, para pessoas conscientes de suas escolhas, só em razão da idade, é medida discriminatória e fere a dignidade humana e a Constituição Federal. Essa imposição do regime de separação de bens desvaloriza a autonomia das pessoas idosas e o destino que pretendem dar a seu patrimônio, de forma a tratá-los como mero instrumento patrimonial a serviço dos herdeiros. (ARE 1309642, Relator(a): LUÍS ROBERTO BARROSO, Tribunal Pleno, julgado em 01-02-2024).

▸ Como esse assunto foi cobrado em concurso?

No concurso para Defensor Público da Bahia (DP/BA/2010 – CESPE) foi questionado o seguinte item: É assegurado ao idoso o direito de dispor de seus bens, proventos, pensões e benefícios, salvo seja comprovada judicialmente sua incapacidade ou o idoso ultrapasse 85 anos de idade. O item foi considerado ERRADO. Art. 10, § 1º, da Lei nº 8.842/1994.

O **Direito à liberdade** da pessoa idosa compreende (art. 10, § 1º do EPI):

O DIREITO À LIBERDADE COMPREENDE:	
	- faculdade de ir, vir e estar nos logradouros públicos e espaços comunitários, ressalvadas as restrições legais;
	- opinião e expressão;
	- crença e culto religioso;
	- prática de esportes e de diversões;
	- participação na vida familiar e comunitária;
	- participação na vida política, na forma da lei;
	- faculdade de buscar refúgio, auxílio e orientação.

O direito à acessibilidade urbana não se restringe somente às pessoas com deficiência?

Embora os arts. 244 e 227, § 2º, ambos da CF, indiquem como beneficiários do direito a acessibilidade urbana as pessoas portadoras de deficiência, tal direito também deve se estender às pessoas idosas. Em uma primeira interpretação pode-se pensar que as pessoas idosas não precisam da acessibilidade urbana para sua locomoção. Contudo, **não é possível** retirar a pessoa idosa do contingente de pessoas que necessitam de avanços na acessibilidade urbana, como quebra de barreiras arquitetônicas, urbanísticas e dos transportes. Por isso, o art. 3º, inc. IX, da Lei da Inclusão da Pessoa Portadora de Deficiência, inclui a pessoa idosa como pessoa com mobilidade reduzida, para os fins da referida lei. A Lei nº 10.098/00, que estabelece normas gerais e critérios básicos para a promoção da acessibilidade das pessoas portadoras de deficiência ou com mobilidade reduzida e dá outras providências, mediante a supressão de barreiras e de obstáculos nas vias e espaços públicos, no mobiliário urbano, na construção e reforma de edifícios e nos meios de transporte e de comunicação, considera **a pessoa idosa** como pessoa com mobilidade reduzida para os fins da mencionada lei (art. 2º, inc. IV).

> ▸ **Atenção!**
>
> A acessibilidade das pessoas portadoras de deficiência ou com mobilidade reduzida deverá ser observada tanto em **edifício público** quanto em **privados**.

▸ **Como esse assunto foi cobrado em concurso?**

No concurso para Promotor de Justiça Substituto (IBGP - 2024 - MPE-MG - Promotor de Justiça Substituto), foi perguntado:

A pessoa com deficiência é aquela que tem impedimento de longo prazo de natureza física, mental, intelectual ou sensorial, o qual, em interação com uma ou mais barreiras, pode obstruir sua participação plena e efetiva na sociedade em igualdade de condições com as demais pessoas.Na defesa dos interesses das pessoas com deficiência, é **INCORRETO** afirmar que:

a) A associação, cujo estatuto institucional tem por finalidade a atuação em políticas públicas de interesse social, possui legitimidade ativa para propor demanda que tutela o fornecimento de transporte público especial municipal para os munícipes com deficiência ou mobilidade reduzida.

b) A ausência de condições dignas de acessibilidade de pessoa com deficiência ao interior da aeronave configura má prestação do serviço e enseja a propositura de ação para impor responsabilidade à empresa aérea para reparação dos danos causados.

c) A previsão da existência de equipamentos e arquitetura de acesso deve constar obrigatoriamente nos projetos arquitetônicos e de equipamentos e mobiliário antes de sua implementação. Não se pode exigir, por processo coletivo, que as estruturas e imóveis outrora erigidos sem considerar a necessidade de prover o acesso às pessoas com deficiência devam sofrer adaptações, com absoluta prioridade.

d) O Poder Judiciário, em casos excepcionais e configurada a inércia ou morosidade da Administração, pode determinar a implementação pelo Estado de políticas públicas para assegurar o exercício de direitos constitucionalmente reconhecidos como essenciais, como o acesso de adolescente deficiente ao prédio escolar, sem que isso configure violação ao princípio da separação dos poderes.

e) É de competência concorrente do Poder Legislativo Municipal, nos termos do art. 24, XIV, da Constituição Federal, determinar a construção de rampas da via pública até a calçada e desta ao interior dos estabelecimentos bancários, para facilitar o acesso de idosos e de deficientes físicos.

RESPOSTA: C.

▸ **Como esse assunto foi cobrado em concurso?**

No concurso de Procurador Município da cidade de São Paulo (Prefeitura São Paulo - SP/2014 - VUNESP), foi perguntado, no que tange ao direito à liberdade, ao respeito e à dignidade assegurados ao idoso, se a Lei Federal nº 10.741/03 (Estatuto do Idoso) ao estabelecer a faculdade de buscar refúgio, auxílio e orientação, inserem-se nos aspectos da compreensão do direito à liberdade. O item foi considerado correto.

O **direito ao respeito** consiste na inviolabilidade da integridade física, psíquica e moral, abrangendo a preservação da imagem, da identidade, da autonomia, dos valores, ideias e crenças, dos espaços e dos objetos pessoais.

▸ **Como esse assunto foi cobrado em concurso?**

No concurso para Juiz do Estado do Amazonas (CESPE – TJ-AM. 2016) foi perguntado se no âmbito dos direitos fundamentais da pessoa idosa, o respeito abrange a preservação do direito às ideias e crenças. A alternativa está correta.

A liberdade de crença da pessoa idosa engloba os aspectos positivos e negativos, sendo que o **aspecto positivo** é a liberdade de escolher a religião (aderir ou mudar), e o **aspecto negativo** é a liberdade de não seguir religião nenhuma.

Deve ainda ser incluído nos "espaços e objetos pessoais" dos idosos, o direito constitucional da **inviolabilidade** da intimidade, vida privada, honra, imagem e da casa (art. 5º, incs. X e XI da CF).

É **dever de todos** zelar pela dignidade da pessoa idosa, colocando-o a salvo de qualquer tratamento desumano, violento, aterrorizante, vexatório ou constrangedor.

A denominada Lei Padre Júlio Lancellotti veda o emprego de técnicas construtivas hostis em espaços livres de uso público, dando ao inciso XX, do art. 22, do Estatuto da Cidade, a seguinte diretriz: a promoção de conforto, abrigo, descanso, bem-estar e acessibilidade na fruição dos espaços livres de uso público, de seu mobiliário e de suas interfaces com os espaços de uso privado, vedado o emprego de materiais, estruturas, equipamentos e técnicas construtivas hostis que tenham como objetivo ou resultado o afastamento de pessoas em situação de rua, idosos, jovens e outros segmentos da população.

▸ **Como esse assunto foi cobrado em concurso?**

Foi perguntado no concurso para Promotor de Justiça de Rondônia (MPE-RO/2010 – CESPE), se de acordo com o Estatuto do Idoso, é obrigação do Estado e da sociedade assegurar à pessoa idosa a liberdade, o respeito e a dignidade, como pessoa humana e sujeito de direitos, o direito ao respeito consiste na inviolabilidade da integridade física, psíquica e moral, abrangendo a preservação da imagem, da identidade, da autonomia, de valores, ideias e crenças, dos espaços e dos objetos pessoais. CORRETO

▸ **Como esse assunto foi cobrado em concurso?**

No concurso para Guardas Metropolitanas, Prefeitura de Cabedelo, EDUCA - 2020 - PB, foi perguntado:

De acordo com o art. 10 da Lei n 10.741/03, "é obrigação do Estado e da sociedade, assegurar à pessoa idosa a liberdade, o respeito e a dignidade, como pessoa humana e sujeito de direitos civis, políticos, individuais e sociais, garantidos na Constituição e nas leis".

O direito à liberdade compreende, entre outros, os seguintes aspectos:

I. Faculdade de ir, vir e estar nos logradouros públicos e espaços comunitários, ressalvadas as restrições legais;
II. Opinião e expressão.
III. Crença e culto religioso.
IV. Prática de esportes e de diversões.
V. Participação na vida familiar e comunitária.
VI. Participação na vida política, na forma da lei.
VII. Faculdade de buscar refúgio, auxílio e orientação.

Estão CORRETAS:

a) III, IV, V, VI, VII.
b) I, II, III, IV, V, VI, VII.
c) I, IV, V, VI, VII.
d) I, II, III, IV, V,
e) I, II, IV, V, VI, VII.

Alternativa correta: b

2.1.3. Dos alimentos

A obrigação de prestar alimentos é, sem dúvidas, necessária e imprescindível a qualquer ser humano, conferida, geralmente, aos seres humanos em formação, cessada, em regra, na fase adulta.

Porém, em situações excepcionais e em outras circunstâncias, como a **idade avançada (velhice)**, a prestação de alimentos pode se tornar de igual maneira necessária.

Assim o **art. 229, *caput***, da CF dispõe:

Os pais têm o **dever** de assistir, criar e educar os filhos menores, e os filhos maiores têm o **dever** de ajudar e amparar os pais na velhice, carência ou enfermidade.

O EPI prevê que os **alimentos às pessoas idosas** devem ser prestados de acordo com a lei civil (art. 11 do EPI).

Portanto, de acordo com o estabelecido no art. 11 do EPI, os **critérios** para a fixação da prestação alimentícia deverão ser estabelecidos de acordo com os arts. 1.694 e 1.710 do Código Civil, além da Lei nº 5.478/68.

Na hipótese da obrigação alimentar prevista no EPI, o fundamento ampara-se no **vínculo do parentesco familiar**, de forma a materializar o princípio da dignidade da pessoa humana.

Por isso, afirma-se que a obrigação alimentar prevista no EPI é **solidária**, podendo a pessoa idosa optar entre os prestadores.

▸ Como esse assunto foi cobrado em concurso?

No concurso para Promotor de Justiça do Estado de São Paulo (MPE/SP – 2010), foi perguntado em prova discursiva: Qual é o tratamento dispensado no Estatuto do Idoso (Lei n. 10.741/2003), em relação à obrigação alimentar, quando o alimentando for pessoa com idade igual ou superior a 60 (sessenta) anos?

▸ Como esse assunto foi cobrado em concurso?

No concurso para Promotor de Justiça de Entrância Inicial, MPE-CE, CESPE – 2020, foi perguntado:

De acordo com as disposições do Estatuto do Idoso, a obrigação alimentar devida ao idoso é

a) dos seus descendentes e, subsidiariamente, do seu cônjuge ou companheiro, não podendo o idoso optar pelo prestador.

b) do seu cônjuge ou companheiro e, subsidiariamente, dos seus descendentes, não podendo o idoso optar entre eles.

c) dos seus descendentes ou do seu cônjuge ou companheiro, que serão designados em juízo.

d) solidária, não podendo o idoso optar pelo prestador, que será designado em juízo.

e) solidária, podendo o idoso optar pelo prestador.

Alternativa correta: e

Observa-se, portanto, que a natureza jurídica **solidária** da obrigação alimentar do EPI decorre da doutrina da proteção integral prevista no próprio Estatuto.

> Segundo já decidiu o STJ, o Estatuto do Idoso é **norma especial** e prevalece sobre as disposições específicas do Código Civil, reafirmando o entendimento de que a solidariedade da obrigação alimentar devida ao idoso lhe garante a opção entre os prestadores (art. 12) (REsp 775.565/SP, Rel. Ministra NANCY ANDRIGHI, TERCEIRA TURMA, julgado em 13/06/2006, DJ 26/06/2006, p. 143).

Na hipótese de a pessoa idosa optar por um dos prestadores, questiona-se a **obrigatoriedade do litisconsórcio passivo**. Há divergências. Uma primeira corrente sustenta a obrigatoriedade de todos os prestadores no polo passivo da ação de alimentos, sob pena de extinção. De outro norte, há quem sustente tratar-se de **litisconsórcio passivo facultativo**, podendo a pessoa idosa propor a demanda contra qualquer um dos coobrigados ou ainda contra todos, arcando com as consequências da escolha, entendimento este preponderante.

> O STJ já decidiu que em ação de alimentos proposta por netos contra avô paterno, **não há litisconsórcio necessário** com os avós maternos (REsp 261.772/SP, Rel. Ministro SÁLVIO DE FIGUEIREDO TEIXEIRA, QUARTA TURMA, julgado em 05/10/2000, DJ 20/11/2000, p. 302).

Em razão da natureza jurídica solidária, bem como da facultatividade do litisconsórcio passivo entre os alimentantes, **não** será admitida a **intervenção de terceiros** em ação proposta com fundamento no EPI.

Assim, sustenta-se que caso o pedido decorra da **linha reta** do parentesco não **haverá limitação**, contudo, caso seja da **linha colateral**, há limitação de parentesco até o **segundo grau**, consoante disposto no art. 1.697 do Código Civil.

Porém, há entendimento diverso quando se trata da limitação de parentesco na linha colateral, no sentido de que a obrigação alimentar na linha transversal deverá atingir os **parentes até de quarto grau**, sendo tal tese sustentada na ordem de vocação hereditária, prevista no art. 1.829 do Código Civil, na ausência de descendente, ascendente ou de cônjuge (DIAS, Maria Berenice, *in:* Comentários ao Estatuto do Idoso. Lauro Luiz Gomes Ribeiro (*et al*); coordenadores Maria Garcia, Flávia Almeida Leite Carla Matuck Borba Seraphim. São Paulo: Saraiva, 2016. p. 65).

O STJ já decidiu **negando** a obrigação alimentar de colaterais de 3º grau (REsp 1032846/RS, Rel. Ministra NANCY ANDRIGHI, TERCEIRA TURMA, julgado em 18/12/2008, DJe 16/06/2009).

Como o art. 12 do EPI privilegia a **celeridade processual**, quando qualquer dos filhos for chamado à lide, após ele ser compelido a realizar o pagamento, este poderá ingressar com a ação regressiva contra os demais irmãos desobrigados, de acordo com a quota-parte que caberia a cada um na ação de alimentos.

Na falta de alimentos junto a parentes, o **Estado** deverá conceder a prestação alimentícia, conforme art. 14 do EPI.

▸ **Como esse assunto foi cobrado em concurso?**

Foi perguntado no concurso para Defensor Público de Sergipe (DP/SE/2012 - CESPE), considerando as regras estabelecidas no Estatuto do Idoso acerca do direito à saúde e a alimentos, se, como a obrigação alimentar é solidária, é facultado ao idoso escolher aquele que assumirá, entre os prestadores, a obrigação. O item foi considerado correto.

Há **diferenças** entre a obrigação alimentar do EPI e a prevista no Código Civil:

REGRA DO CÓDIGO CIVIL	REGRA DO EPI
Art. 1.698 do CC	**Art. 12**
- obrigação subsidiária	- obrigação solidária
- há uma ordem de parentes ou familiares que devem ser chamados para assumir a obrigação de prestar alimentos	- o idoso poderá fazer opção entre quais parentes ou familiares serão chamados para prestar os alimentos

▸ **Ver quadro acima.**

No concurso para Promotor de Justiça de São Paulo (MP//SP/2013 - VUNESP), foi perguntado, tendo em vista a Lei nº 10.741, de 1º de outubro de 2003, que dispõe sobre o Estatuto do Idoso e dá outras providências se ao contrário do que prevê o Código Civil quanto ao dever de prestar alimentos entre parentes passivamente legitimados, haverá solidariedade entre eles quando o credor for idoso. Correto

As **transações** relativas a alimentos poderão ser celebradas perante o Promotor de Justiça ou Defensor Público, que as referendará, e passarão a ter efeito de título executivo extrajudicial nos termos da lei processual civil.

A pessoa idosa, para que sua subsistência seja provida, poderá optar pela **via judicial** ou pela **via administrativa.** Na hipótese de ação judicial, o procedimento obedecerá a Lei nº 5.478/68. Já na via administrativa, a atuação resume-se a celebração da transação.

▸ Atenção!

O que se discute na transação é ***quantum debeatur,*** pois os alimentos são indisponíveis, podendo ser revistos a qualquer momento, em razão do binômio necessidade-possibilidade.

As ações alimentares tramitarão na **Vara da Pessoa Idosa** (art. 80 do EPI) ou, na ausência, nas Varas de Família.

É possível, ainda, que seja decretada a **prisão civil do devedor** de alimentos à pessoa idosa.

Porém, o STJ já entendeu que a "execução em ação de alimentos pode acontecer sem o uso de prisão civil como técnica coercitiva quando o devedor for pessoa idosa e o credor for maior de idade que exerce atividade profissional." (HC n. 875.013/RN, relator Ministro Moura Ribeiro, Terceira Turma, julgado em 20/2/2024, DJe de 23/2/2024).

▸ Como esse assunto foi cobrado em concurso?

No concurso para Promotor de Justiça Substituto

1 - (BGP - 2024 - MPE-MG - Promotor de Justiça Substituto) - A Lei nº 14.423, de 22 de julho de 2022, alterou o Estatuto do Idoso (Lei nº 10.741 de 1º de outubro de 2003, que regula os direitos das pessoas com 60 anos ou mais), substituindo as expressões "idoso" e "idosos" por "pessoa idosa" e "pessoas idosas".

Na defesa judicial das pessoas idosas, é INCORRETO afirmar que:

a) É absoluta a competência do foro do domicílio do idoso nas causas, individuais ou coletivas, que versam sobre serviços de saúde, assistência social ou atendimento especializado à pessoa idosa com deficiência, limitação incapacitante ou doença infectocontagiosa, ressalvadas a competência da Justiça Federal e a competência originária dos tribunais superiores.

b) Sendo o consumidor pessoa idosa (hipervulnerável), a responsabilidade da instituição financeira por falha na prestação de serviços bancários deve ser imputada com base no Estatuto da Pessoa Idosa e na Convenção Interamericana sobre a Proteção dos Direitos Humanos dos Idosos.

c) O Estado é parte legítima para compor lide coletiva para imposição de obrigação de fazer consistente em criar instituições de longa permanecia (abrigos públicos), para acolher idosos em situação de hipervulnerabilidade.

d) A proteção da pessoa idosa, especialmente daquelas em situação de risco (hipervulnerável), é obrigação constitucional e legal irrenunciável, bem como dever da coletividade, da família e do Estado, que não se insere na órbita da discricionariedade do administrado.

e) As transações relativas a alimentos prestados a pessoa idosa, cuja obrigação é solidária na forma da lei civil, poderá ser celebrada perante o Ministério Público ou a Defensoria Pública, submetida a homologação judicial.

RESPOSTA: E.

▸ Como esse assunto foi cobrado em concurso?

No Concurso para Promotor de Justiça do Estado de SC (MPE-SC. 2016) foi perguntado se, de acordo com o Estatuto do Idoso, as transações relativas a alimentos poderão ser celebradas perante o Promotor de Justiça ou Defensor Público, que as submeterá à homologação judicial. E nos casos em que o idoso ou seus familiares não possuírem condições econômicas de prover o seu sustento, impõe-se ao Poder Público esse provimento, no âmbito da assistência social.

O item foi considerado falso.

▸ Como esse assunto foi cobrado em concurso?

No concurso de Defensor Público da Paraíba (DP//PB/2014 - FCC), foi questionado, se as transações relativas a alimentos poderão ser celebradas perante o Defensor Público, que as referendará, e passarão a ter efeito de título executivo extrajudicial nos termos da lei processual civil. OBS: Questão similar no concurso para Defensor Público do Amazonas (DP/AM – FCC – 2013) e no concurso para Defensor Público do DF (2013). CORRETA

▸ Como esse assunto foi cobrado em concurso?

Foi perguntado no concurso público para Defensor Público da Bahia (DP/BA/2010 - CESPE): As transações relativas a alimentos em favor do idoso poderão ser celebradas perante o promotor de justiça ou defensor público, que as referendarão, passando elas a ter efeito de título executivo extrajudicial nos termos da lei processual civil. CERTO. Art. 13, *caput*, do E.I. OBS: Questão similar no concurso para Defensor Público do Amazonas (DP/AM/2011 - Instituto cidades).

O Poder Público é obrigado a prover o sustento da pessoa idosa, no âmbito da assistência social, caso seus familiares **não possuam** condições econômicas.

No mesmo teor, dispõe o Decreto nº 9.921/2019 que a pessoa idosa que não tenha meios de prover a sua própria subsistência, que não tenha família ou cuja família não tenha condições de prover a sua manutenção, terá assegurada a assistência asilar pela União, pelos Estados, pelo Distrito Federal e pelos Municípios, na forma prevista em lei (art. 18, parágrafo único).

▸ **Como esse assunto foi cobrado em concurso?**

No concurso para Defensor Público em Roraima (Cespe - Defensor Público - RR/2013) foi perguntado: Com base no Decreto Federal nº 1.948/1996, que regulamenta a Lei nº 8.842/1994 no que tange à Política Nacional do Idoso foi questionado se o idoso que não tenha meios de prover a sua própria subsistência, que não tenha família ou cuja família não tenha condições de prover a sua manutenção terá assegurada a assistência asilar prestada pela União, pelos estados, pelo DF e pelos municípios, na forma da lei. CORRETO

2.1.4. *Direito à saúde*

O **direito à saúde** é, primeiramente, assegurado constitucionalmente, consoante disposto no art. 196, *caput,* da CF:

> "A saúde é direito de todos e dever do Estado, garantido mediante políticas sociais e econômicas que visem à redução do risco de doença e de outros agravos e ao acesso universal e igualitário às ações e serviços para sua promoção, proteção e recuperação."

Além dos arts. 197 a 199 da CF que permitem, de forma paralela a atuação do Estado, a execução de ações e serviços de saúde por pessoa física ou jurídica de direito privado, outros dispositivos constitucionais também fazem referência.

Detalhando a política de saúde pública prevista na CF, foram editadas, entre outras, a **Lei nº 8.080/90 e Lei nº 8.142/90**.

Na linha da CF, o EPI também assegura à **atenção integral à saúde do idoso**, por intermédio do Sistema Único de Saúde - SUS, garantindo-lhe o acesso universal e igualitário, em conjunto articulado e contínuo das ações e serviços, para a prevenção, promoção, proteção e recuperação da saúde, incluindo a atenção especial às doenças que afetam preferencialmente às pessoas idosas (art. 15, *caput*, do EPI).

A articulação intersetorial, para fins de garantir a atenção integral à saúde das pessoas idosas, está estabelecida pelo Ministério da Saúde, nas "Orientações Técnicas para a Elaboração e Implantação da Linha de Cuidado para a Atenção Integral à Pessoa Idosa no SUS", elaborado pela equipe da Coordenação Nacional de Saúde da Pessoa Idosa, ao prever que:

> "A atenção integral à saúde das pessoas idosas é, necessariamente, intersetorial, uma vez que o setor saúde é apenas um dos aspectos que compõem o cuidado, considerando a necessidade de ações em todos os campos que promovam e protejam o envelhecimento saudável. Algumas questões notoriamente implicadas na autonomia e na qualidade de vida das pessoas idosas apontam a necessidade de uma relação mais estreita dos serviços de saúde com os serviços socioassistenciais vinculados à rede do SUAS para viabilizar o acesso aos cuidados de longa duração, a tecnologias assistivas, à reabilitação em saúde, reabilitação profissional e a benefícios previdenciários e socioassistenciais. (...)
>
> A organização de uma política intersetorial de cuidados abrangente que inclua serviços comunitários intermediários de suporte e a ampliação dos serviços domiciliares para as pessoas idosas, com respaldo às famílias, ainda é uma lacuna e exige a atenção dos gestores das políticas sociais em todos os níveis federativos."

> O STF já decidiu que é obrigação de todas as esferas federativas o dever de prestar serviços de saúde, portanto, trata-se de **obrigação solidária** entre a União, Estados, Distrito Federal e Municípios. Assim, o polo passivo pode ser composto por qualquer um deles, isoladamente, ou conjuntamente. (RE 855178 RG, Relator (a): Min. LUIZ FUX, julgado em 05/03/2015, PROCESSO ELETRÔNICO REPERCUSSÃO GERAL - MÉRITO DJe-050 DIVULG 13-03-2015 PUBLIC 16-03-2015)

O **art. 2º, § 1º, da Lei nº 8.080/90** já possuía a previsão de acesso universal e igualitário à saúde de maneira geral.

Em razão da necessidade de uma política de saúde específica para às pessoas idosas, foi criada a Política Nacional de Saúde do Idoso (PNSI), instituída pela **Portaria GM/MS nº 2.528/06 (essa Portaria foi revogada, mas os seus preceitos foram incorporados pelo anexo XI da Portaria de Consolidação do Ministério da Saúde 02, de 28 de setembro de 2017)**. Estabeleceu a mencionada portaria que seja promovida a elaboração ou a readequação de programas, projetos e atividades em conformidade com as diretrizes e responsabilidades nela estabelecidas.

A **finalidade** da mencionada Portaria é:

> "recuperar, manter e promover a autonomia e a independência dos indivíduos idosos, direcionando medidas coletivas e individuais de saúde para esse fim, em consonância com os princípios e diretrizes do Sistema Único de Saúde. É alvo dessa política todo cidadão e cidadã brasileiros com 60 anos ou mais de idade."

A **Prevenção** é a manutenção da saúde da pessoa idosa, que será efetiva da seguinte forma:

Efetivação para a manutenção e a prevenção da saúde do idoso	
	- cadastramento da população idosa em base territorial;
	- atendimento geriátrico e gerontológico em ambulatórios;
	- unidades geriátricas de referência, com pessoal especializado nas áreas de geriatria e gerontologia social;
	- atendimento domiciliar, incluindo a internação, para a população que dele necessitar e esteja impossibilitada de se locomover, inclusive para idosos abrigados e acolhidos por instituições públicas, filantrópicas ou sem fins lucrativos e eventualmente conveniadas com o Poder Público, nos meios urbano e rural;
	- reabilitação orientada pela geriatria e gerontologia, para redução de sequelas decorrentes do agravo da saúde.

▸ Como esse assunto foi cobrado em concurso?

No concurso para Agente Comunitário (VUNESP - 2025 - Prefeitura de Itapevi - SP - Agente Comunitário de Saúde), foi perguntado:

Segundo o Estatuto do Idoso, a prevenção e a manutenção da saúde da pessoa idosa serão efetivadas por meio de

a) unidades geriátricas de referência, com pessoal especializado nas áreas de geriatria e gerontologia social.

b) cadastramento da população idosa em base etária.

c) atendimento geriátrico e gerontológico em hospitais especializados.

d) reabilitação orientada pelo clínico geral da Unidade Básica de Saúde.

e) atendimento domiciliar, excluindo internação, para a população que dele necessitar e esteja impossibilitada de se locomover.

RESPOSTA: A.

▸ **Como esse assunto foi cobrado em concurso?**

No concurso para Promotor de Justiça Substituto, CESPE / CEBRASPE – 2021 – MPE-AP, foi perguntado:

01. De acordo com o Estatuto do Idoso, a prevenção e a manutenção da saúde da população idosa serão efetivadas, entre outras ações, por meio de

a) prática de esportes.

b) cadastramento em base territorial.

c) integração à vida comunitária.

d) participação em grupos de apoio.

e) realização de atividades ocupacionais.

Alternativa correta: b

▸ **Como esse assunto foi cobrado em concurso?**

No concurso para Promotor de Justiça da Bahia (MP//BA/2015 – CEFET) –, foi elaborada a seguinte assertiva: O direito à saúde do idoso engloba atendimento domiciliar, incluindo a internação para os que dele necessitarem e estejam impossibilitados de se locomover, inclusive para os abrigados e acolhidos por instituições públicas, filantrópicas ou sem fins lucrativos e eventualmente conveniadas com o Poder Público, tanto no meio urbano, quanto rural, incumbindo ao Poder Público fornecer, gratuitamente, medicamentos, especialmente os de uso continuado, assim como próteses, órteses e outros recursos relativos ao tratamento, habilitação ou reabilitação dos senis. A assertiva está correta.

▸ **Como esse assunto foi cobrado em concurso?**

No concurso para Promotor de Justiça do Sergipe (MPE/SE/2010 – CESPE), foi questionado se a atenção integral à saúde dos idosos implica um conjunto articulado e continuo de ações e serviços, para prevenção, promoção, proteção e recuperação da saúde, incluindo atenção especial às doenças que os afetem preferencialmente. De acordo com o Estatuto do Idoso, a prevenção e a manutenção da saúde dos idosos efetivam-se pelo atendimento domiciliar, incluindo a internação, para a população que necessitar e esteja impossibilitada de se locomover, inclusive para idosos abrigados e acolhidos por instituições públicas, filantrópicas ou sem fins lucrativos e eventualmente conveniadas com o poder público, tanto no meio urbano quanto no rural.

Ao Poder Público incumbe a obrigação de fornecer às pessoas idosas, **gratuitamente, medicamentos,** especialmente os de uso continuado, assim como **próteses,** órteses e outros recursos relativos ao tratamento, habilitação ou reabilitação.

▸ **Como esse assunto foi cobrado em concurso?**

No concurso para Promotor de Justiça do Espírito Santo (MP/ES/2013 – VUNESP), foi perguntado se é direito do idoso, conforme a Lei nº 10.741/2003, obter do Poder Público, gratuitamente, medicamentos, especialmente os de uso continuado, assim como próteses, órteses e outros recursos relativos ao tratamento, habilitação ou reabilitação. O item foi considerado correto.

▸ **Como esse assunto foi cobrado em concurso?**

No concurso para Analista Judiciário – Psicologia, TJ-PA, CESPE / CEBRASPE – 2020, foi perguntado:

Considerando o disposto no Estatuto do Idoso (Lei n.º 10.741/2003 e suas alterações), assinale a opção correta.

a) Idosos com idade acima de oitenta anos têm preferência especial sobre outros idosos no atendimento de saúde, mesmo que estes últimos estejam em situação de emergência.
b) Saúde física debilitada constitui o principal fator de risco para episódios de violência contra idosos.
c) Os asilos são instituições de longa permanência que apresentam baixa incidência de casos de violência contra idosos.
d) No acolhimento ao idoso em situação de violência, o psicólogo deve mostrar-se gentil, atento ao relato sobre a violação de direito, mesmo que isso resulte na interrupção da intervenção planejada.
e) No momento do acolhimento ao idoso, o psicólogo deve iniciar sua intervenção fazendo perguntas fechadas, de modo a evitar o sofrimento do idoso e, assim, obter um relatório pontual.

Alternativa correta: d

▸ **Atenção!**

É vedada a **discriminação da pessoa idosa** nos planos de saúde pela cobrança de valores diferenciados em razão da idade.

Segundo o **STJ**, é **possível o reajuste** do **plano de saúde** em razão de mudança de faixa etária, **desde que:**

a) haja previsão contratual;
b) não haja aplicação de percentuais desarrazoados;
c) preenchidos os requisitos previstos na Lei nº 9.656/1998;
d) observe do princípio da boa-fé objetiva, que veda reajustes absurdos e aleatórios que onerem em demasia o segurado (REsp 866.840-SP, Rel. originário Min. Luis Felipe Salomão, Rel. para acórdão Min. Raul Araújo, julgado em 7/6/2011).

STJ - É válida a cláusula, prevista em contrato de seguro-saúde, que autoriza o **aumento das mensalidades** do seguro quando o usuário completar sessenta anos de idade, desde que haja respeito aos limites e requisitos estabelecidos na Lei 9.656/1998 e, ainda, que não se apliquem **índices** de reajuste desarrazoados ou aleatórios, que onerem em demasia o segurado. (REsp 1.381.606-DF, Rel. originária Min. Nancy Andrighi, Rel. para acórdão Min. João Otávio De Noronha, julgado em 7/10/2014).

STJ - Sobre o mesmo tema, segundo já decidiu o STJ, não há afronta ao art. 15, § 3º, do Estatuto do Idoso, que **veda a discriminação** consistente na cobrança de valores diferenciados em razão da idade. Caso o reajuste esteja previsto contratualmente e guarde proporção com a demanda, preenchidos os requisitos estabelecidos na Lei n. 9.656/1998, o aumento será legal (AgRg no REsp 1315668/SP, Rel. Ministra NANCY ANDRIGHI, Rel. p/Acórdão Ministro JOÃO OTÁVIO DE NORONHA, TERCEIRA TURMA, julgado em 24/03/2015, DJe 14/04/2015).

STJ - Ainda sobre o tema referente aos reajustes dos planos de saúde, o STJ já decidiu "para que as contraprestações financeiras dos idosos não ficassem extremamente dispendiosas, o ordenamento jurídico pátrio acolheu o princípio da solidariedade intergeracional, a forçar que os de mais tenra idade suportassem parte dos custos gerados pelos mais velhos, originando, assim, subsídios cruzados (mecanismo do *community rating* modificado). 5. As mensalidades dos mais jovens, apesar de proporcionalmente mais caras, não podem ser majoradas demasiadamente, sob pena de o negócio perder a atratividade para eles, o que colocaria em colapso todo o sistema de saúde suplementar em virtude do fenômeno da seleção adversa (ou antisseleção). 6. A norma do art. 15, § 3º, da Lei nº 10.741/2003, que veda "a discriminação do idoso nos planos de saúde pela cobrança de valores diferenciados em razão da idade", apenas inibe o reajuste que consubstanciar discriminação desproporcional ao idoso, ou seja, aquele sem pertinência alguma com o incremento do risco assistencial acobertado pelo contrato. (REsp 1568244/RJ, Rel. Ministro RICARDO VILLAS BÔAS CUEVA, SEGUNDA SEÇÃO, julgado em 14/12/2016, DJe 19/12/2016).

▸ Como esse assunto foi cobrado em concurso?

No Concurso para Defensor Público da União (CESPE - DPU/2017) foi perguntado se o STJ entende que, em decorrência do mandamento constitucional de proteção ao idoso e do princípio da solidariedade entre gerações, são irregulares os contratos de plano de saúde que preveem reajustes de mensalidade em razão da mudança de faixa etária do beneficiário.

O Item foi considerado falso.

A temática de **planos de saúde *versus* direito da pessoa idosa** é recorrente nos Tribunais, sendo, inclusive, alvo de Súmula no TJ/SP:

Súmula 91 do TJ/SP: Ainda que a avença tenha sido firmada antes da sua vigência, é descabido, nos termos do disposto no art. 15, § 3º, do *Estatuto do Idoso*, o reajuste da mensalidade de plano de saúde por mudança de faixa etária.

O STJ já decidiu que é "assegurada à pessoa idosa beneficiária de plano de saúde coletivo, empresarial ou por adesão, a sucessão da titularidade após a morte do titular, em respeito aos princípios da confiança e da dignidade da pessoa humana. - *Súmula Normativa n. 13 da ANS.*" (AgInt no AREsp n. 2.666.216/SP, relator Ministro Humberto Martins, Terceira Turma, julgado em 18/11/2024, DJe de 22/11/2024.)

▸ **Como esse assunto foi cobrado em concurso?**

No concurso de Defensor Público de Mato Grosso do Sul (DP/MS/Vunesp - 2014), foi perguntado se é proibida a discriminação dos idosos nos planos de saúde, consistente na cobrança de valores diferenciados em razão da idade. Correta.

▸ **Como esse assunto foi cobrado em concurso?**

Foi perguntado no concurso para Juiz Federal Substituto (TRF - 2ª região/2013 - CESPE), se de acordo com o Código Civil, o Estatuto do Idoso e a jurisprudência do STJ, segundo os ditames do Estatuto do Idoso e de acordo com o entendimento do STJ, é vedado às seguradoras de planos de saúde o aumento desarrazoado das mensalidades dos planos pelo simples fato de mudança de faixa etária. CORRETO

▸ **Como esse assunto foi cobrado em concurso?**

Foi perguntado no concurso para Defensor Público do Sergipe (DP/SE/2012 - CESPE) se, segundo a jurisprudência, o dispositivo legal que veda a discriminação do idoso nos planos de saúde pela cobrança de valores diferenciados em razão da idade não implica presunção de ilegalidade e abusividade de toda e qualquer cláusula contratual que estabeleça o reajuste de mensalidade de plano de saúde com base na mudança da faixa etária do idoso. O item foi considerado correto.

▸ Como esse assunto foi cobrado em concurso?

No Exame da OAB (FGV – Exame XIX – OAB/2016) foi perguntado:

Amadeu, aposentado, aderiu ao plano de saúde coletivo ofertado pelo sindicato ao qual esteve vinculado por força de sua atividade laborativa por mais de 30 anos. Ao completar 60 anos, o valor da mensalidade sofreu aumento significativo (cerca de 400%), o que foi questionado por Amadeu, a quem os funcionários do sindicato explicaram que o aumento decorreu da mudança de faixa etária do aposentado.

Foi considerado correta a letra a): O aumento do preço é abusivo e a norma consumerista deve ser aplicada ao caso, mesmo em se tratando de plano de saúde coletivo e, principalmente, que envolva interessado com amparo legal no Estatuto do Idoso.

No que tange ao seguro de vida, o STJ já decidiu que "a cláusula que estipula a majoração do prêmio segundo a faixa etária do consumidor somente é abusiva quando o segurado completar 60 anos e tiver mais de 10 anos de vínculo contratual, contados da vigência da Lei n. 9.656/1998, se a pactuação lhe for anterior." (AgInt no AREsp n. 1.766.958/GO, relator Ministro Moura Ribeiro, Terceira Turma, julgado em 26/9/2022, DJe de 28/9/2022).

O EPI prevê que a pessoa idosa **não poderá** ser obrigado a comparecer ao órgão público caso enfermo, ocasião em que deverá ser observado o seguinte:

• quando o interessado for o Poder Público, o contato será na residência da pessoa idosa;
• quando o interessado for a pessoa idosa, será representado por procurador legalmente constituído.

▸ Como esse assunto foi cobrado em concurso?

No concurso para Técnico Judiciário - Especialidade Agente da Polícia Judicial (FCC - 2023 - TRT - 18ª Região (GO), foi perguntado:

Sendo de interesse do Poder Público o comparecimento de pessoa idosa de 82 anos, enferma, à sede do ente público, conforme previsto no Estatuto da Pessoa Idosa (Lei nº 10.741/2003, com redação dada pela Lei nº 14.423/2022), exigir o comparecimento de tal pessoa idosa enferma pelo Poder Público é

a) permitido, desde que seja disponibilizado deslocamento em UTI móvel para assegurar os necessários cuidados médicos com o deslocamento da pessoa idosa enferma.

b) permitido, em razão da supremacia do interesse público em relação ao particular.

c) vedado, pois o correto seria que o Poder Público exigisse que a pessoa idosa enferma se fizesse representar por procurador legalmente constituído.

d) vedado, pois, sendo de interesse do poder público, o ente público providenciará os meios para designação de procurador às suas expensas, sendo proibido o contato com a pessoa idosa em sua residência.

e) vedado, pois, quando de interesse do poder público, é admitido que o agente promova o contato necessário com a pessoa idosa em sua residência.

RESPOSTA: E

▸ Como esse assunto foi cobrado em concurso?

No Concurso para Procurador Jurídico (VUNESP – Pref. de Várzea Paulista – SP/2016) foi perguntado se é vedado exigir o comparecimento do idoso enfermo perante os órgãos públicos.

A alternativa foi considerada correta.

O EPI assegura, ainda, à pessoa idosa enferma, o **atendimento domiciliar** pela perícia médica do Instituto Nacional do Seguro Social – INSS, pelo serviço público de saúde ou pelo serviço privado de saúde, contratado ou conveniado, que integre o Sistema Único de Saúde – SUS, para **expedição de laudo de saúde necessário** ao exercício de seus direitos sociais e de isenção tributária.

▸ Atenção!

A Lei nº 13.466/2017 acresceu o § 7º ao art. 15 do Estatuto da Pessoa Idosa para dispor que: "Em todo atendimento de saúde, os **maiores de oitenta anos** terão preferência especial sobre as demais pessoas idosas, exceto em caso de emergência.".

▸ Como esse assunto foi cobrado em concurso?

No concurso para, para Psicólogo (IBFC - 2023 - SAEB-BA - Psicólogo), foi perguntado:

O Estatuto do Idoso (Lei nº10741/2003) em seu Art. 15 (Capítulo IV, Do Direito à Saúde) afirma que: "É assegurada a atenção integral à saúde da pessoa idosa, por intermédio do Sistema Único de Saúde (SUS)." Assinale a alternativa correta sobre a efetivação da prevenção e da manutenção da saúde da pessoa idosa, a partir da redação dada pela Lei nº 14.423/2022:

a) O não cadastramento da população idosa em base territorial

b) Atendimento domiciliar, incluindo a internação, para a população que dele necessitar e esteja impossibilitada de se locomover

c) O não atendimento geriátrico e gerontológico em ambulatórios

d) A impossibilidade de reabilitação orientada pela geriatria e gerontologia, para redução ou sequelas decorrentes do agravo da saúde

RESPOSTA: B.

▸ **Como esse assunto foi cobrado em concurso?**

No Concurso para Procurador Jurídico (VUNESP – Pref. de Alumínio – SP/2016) foi perguntado se: e) é assegurado ao idoso enfermo o atendimento domiciliar pela perícia médica do Instituto Nacional do Seguro Social – INSS para expedição do laudo de saúde necessário ao exercício de seus direitos sociais.

A alternativa foi considerada correta.

A **Lei nº 7.713/88, em seu art. 6º, inc. XIV e XV,** que trata da isenção do Imposto de Renda da Pessoa Física, já previa a perícia domiciliar. O EPI explicitou que a pessoa idosa enferma terá direito a perícia domiciliar para o exercício de seus direitos previdenciários ou assistenciais e tributários.

▸ **Como esse assunto foi cobrado em concurso?**

No concurso de Defensor Público da Paraíba (DP/PB/2014 – FCC) foi perguntado: Quanto ao direito à saúde do idoso, se o tratamento domiciliar, seja oferecido pelo SUS ou pelo plano de saúde, é garantido ao idoso como forma de prevenção e manutenção de sua saúde. CORRETO

Também é assegurado à pessoa idosa internada ou em observação o **direito a acompanhante,** devendo o órgão de saúde proporcionar as condições adequadas para a sua permanência em tempo integral, segundo o **critério médico** (art. 16 do EPI).

O direito a acompanhante será **autorizado** através de **decisão** do **profissional de saúde** responsável pelo tratamento. Caso **não** seja possível, a justificativa deverá ser feita por **escrito.**

No mesmo sentido do artigo acima mencionado, temos o **art. 19, inc. VII, "b",** da Resolução Normativa nº 465/2021 da Agência Nacional de Saúde:

> "despesas, incluindo alimentação e acomodação, relativas ao acompanhante, salvo contraindicação justificada do mé-

> dico ou do cirurgião-dentista assistente, nos seguintes casos: (...)
>
> b) idosos a partir dos 60 anos de idade; e"

O direito ao acompanhante **não é absoluto**, devendo a possibilidade de presença do acompanhante ser compatibilizada com a saúde da pessoa idosa, por isso a necessidade de critério médico para a decisão. A **Portaria nº 3.432/MS/GM/98**, que trata das UTIs, prevê que são garantidas as visitas diárias dos familiares à beira do leito, não fazendo referência ao acompanhante permanente ou por tempo determinado. O **art. 1º da Portaria MS/GM nº 280/99** determina que é "obrigatório nos hospitais públicos, contratados ou conveniados com o Sistema Único de Saúde - SUS, a viabilização de meios que permitam a presença do acompanhante de pacientes maiores de 60 (sessenta) anos de idade, quando internados." Por sua vez, o **art. 2º da Portaria MS/GM nº 280/99**, dispõe que: "ficam excetuadas da obrigatoriedade definida no Art. 1º, as internações em Unidade de Tratamento Intensivo, ou nas situações clínicas em que tecnicamente esteja contraindicada a presença de acompanhante, o que deverá ser formalmente justificado pelo médico assistente.".

A referida Portaria foi revogada pela Portaria de Consolidação 02, de 28 de setembro de 2017, do Ministério da Saúde (art. 2º, do anexo 2 do anexo XI), entretanto, houve a manutenção da previsão do direito ao acompanhante nos mesmos termos.

Contudo, se houver contraindicação médica, esta deverá estar justificada por escrito, pois, de acordo com o disposto acima, tal direito não se manterá.

É exceção prevista no regulamento legal, conforme já mencionado acima, a internação em Unidade de Tratamento Intensivo (art. 2º, do anexo 2 do anexo XI, da Portaria de Consolidação 2/17 do Ministério da Saúde). Outro exemplo é o perigo de contágio da doença da pessoa idosa, indicando a necessidade de isolamento em razão de protocolo médico, como foi o caso do Novo Coronavírus.

A Unidade de Saúde não pode exigir a presença de um acompanhante sob pena de não autorizar a internação, não se confundindo o direito de um acompanhante com a necessidade de um acompanhante, pois um independe do outro. Assim, caso uma pessoa idosa não possua um acompanhante por omissão da família, tais fatos devem ser comunicados às autoridades competentes, sem deixar de prestar o serviço à pessoa idosa que tenha direito.

O EPI assegura à pessoa idosa que estiver no domínio de suas faculdades mentais, **optar pelo tratamento de saúde** que lhe reputar mais favorável (art. 17, *caput*, do EPI).

▸ **Como esse assunto foi cobrado em concurso?**

Foi perguntado no concurso de Promotor de Justiça do Tocantins (MP/TO/2012 - CESPE) se entre os direitos reconhecidos legalmente ao idoso no domínio de suas faculdades mentais inclui-se o de ele optar pelo tratamento de saúde que julgar mais favorável. O item está correto.

Caso a pessoa idosa **não esteja no domínio de suas faculdades mentais**, a opção do tratamento de saúde será feita da seguinte forma (art. 17, parágrafo único, do EPI):

• pelo curador, quando a pessoa idosa for interditado;
• pelos familiares, quando a pessoa idosa não tiver curador ou este não puder fazer contato em tempo hábil;
• pelo médico, quando ocorrer iminente risco de vida e não houver tempo hábil para consulta a curador ou familiar e, caso não haja curador ou familiar conhecido, o médico deverá comunicar o fato ao Ministério Público.

Estas acima são as pessoas que possuem autorização, de **forma subsidiária**, para manifestar a vontade da pessoa idosa incapaz de exercer os atos da vida civil. De acordo com o art. 115 do Código Civil, os poderes para representação poderão decorrer pelo próprio interessado ou pela lei. Na hipótese de pessoa idosa, decorre da representação por lei.

O EPI determina que a **opção para o tratamento de saúde** mais favorável caberá em primeiro lugar, ao **curador,** caso já esteja a pessoa idosa interditado; depois aos **familiares**, se o idoso não possuir curador e não houver tempo hábil para a consulta de um; ao **médico** na situação risco iminente de morte e em razão do curto prazo de tempo em que não seja possível consultar o curador ou os familiares; e, por último, também o próprio **médico**, quando ausente curador ou familiar.

▸ **Atenção!**

Na hipótese de o médico se colocar no lugar de curador ou familiar, é obrigatória a **comunicação** da situação ao Ministério Público.

▸ **Como esse assunto foi cobrado em concurso?**

No concurso para Promotor de Justiça Substituto, FUNDEP (Gestão de Concursos) - 2021 - MPE-MG, foi perguntado:

04. Tratando-se de direito de idosos, segundo o ordenamento jurídico pátrio, analise as assertivas abaixo e marque a alternativa CORRETA:

I. Ao idoso que não esteja no domínio de suas faculdades mentais é assegurado o direito ao tratamento de saúde que lhe for mais favorável, cuja opção poderá ser feita pelo próprio médico, quando não houver curador ou familiar conhecido, caso em que deverá comunicar o fato ao Ministério Público.

II. As transações relativas a alimentos aos idosos poderão ser celebradas perante o Promotor de Justiça, que as referendará, e passarão a ter efeito de título executivo extrajudicial nos termos da lei processual civil.

III. Nos programas habitacionais, públicos ou subsidiados com recursos públicos, o idoso goza de prioridade na aquisição de imóvel para moradia própria, com reserva de pelo menos 2% (dois por cento) das unidades residenciais.

IV. É vedada a discriminação do idoso nos planos de saúde pela cobrança de valores diferenciados em razão da idade.

a) Apenas as assertivas I, II e IV estão corretas.

b) Apenas as assertivas I, III e IV estão corretas.

c) Apenas as assertivas II, III e IV estão corretas.

d) As assertivas I, II, III e IV estão corretas.

Alternativa correta: a

As instituições de saúde devem atender aos **critérios mínimos** para o atendimento às necessidades da pessoa idosa, promovendo o treinamento e a capacitação dos profissionais, assim como a orientação a cuidadores, familiares e grupos de autoajuda, conforme preceitua o art. 18, *caput*, do EPI.

▸ **Como esse assunto foi cobrado em concurso?**

No concurso para Promotor de Justiça Substituto (MPE-RS - 2023 - MPE-RS - Promotor de Justiça), foi perguntado:

Segundo dispositivos previstos no Estatuto da Pessoa Idosa (Lei no 10.741, de 10 /10/2003), assinale com V (verdadeiro) ou com F (falso) as seguintes afirmações.

( ) É assegurada a atenção integral à saúde da pessoa idosa por intermédio do Sistema Único de Saúde (SUS), garantindo, aos maiores de 80 (oitenta) anos, preferência especial sobre as demais pessoas idosas, exceto em casos de emergência.

( ) A pessoa idosa tem direito à moradia digna, no seio de sua família natural ou substituta, ou desacompanhada de seus familiares, quando assim o desejar, ou, ainda, em instituição pública ou privada sendo que a instituição dedicada ao atendimento à pessoa idosa fica obrigada a manter identificação externa visível, sob pena de interdição, além de atender toda a legislação pertinente.

( ) Os casos de suspeita ou confirmação de violência praticados contra pessoas idosas serão notificados compulsoriamente pelos serviços de saúde públicos e privados à autoridade sanitária, devendo ser comunicados, em caráter obrigatório, a uma das seguintes autoridades: autoridade policial, Ministério Público, Conselho Municipal da Pessoa Idosa, Conselho Estadual da Pessoa Idosa ou Conselho Nacional da Pessoa Idosa.

( ) O poder público apoiará a criação de universidade aberta para as pessoas a partir dos 65 anos, incentivando a publicação de livros e periódicos, de conteúdo e padrão a eles adequados, que facilitem a leitura, considerada a natural redução da capacidade visual.

( ) As instituições de saúde devem atender aos critérios mínimos para o atendimento às necessidades da pessoa idosa, promovendo o treinamento e a capacitação dos profissionais, assim como a orientação a cuidadores, familiares e grupo de autoajuda.

A sequência correta de preenchimento dos parênteses, de cima para baixo, é

a) F - F - V - F - F.

b) V - V - V - F - V.

c) F - V - F - V - F.

d) V - F - F - V - V.

e) V - V - V - F - F.

RESPOSTA: B.

O EPI não aponta com clareza quais são os critérios que seriam necessários para dar efetividade a este dispositivo legal, razão pela qual se deve atentar aos diversos **dispositivos normativos** existentes junto ao Ministério da Saúde, às Secretarias Estaduais de Saúde, bem como às Secretarias Municipais de Saúde, como por exemplo, o **art. 5º, do Decreto Federal nº 7.508/11**, que, regulamentando a Lei nº 8.080/90, instituiu as Regiões de Saúde e estabeleceu os requisitos mínimos de ações e serviços de saúde, que são: I - atenção primária; II - urgência e emergência; III - atenção psicossocial; IV - atenção ambulatorial especializada e hospitalar; e V - vigilância em saúde, que no seu âmbito compreendem as Redes de Atenção de Saúde (conjunto de ações e serviços de saúde articulados em níveis de complexidade crescente, com a finalidade de garantir a integralidade da assistência à saúde). Podem ser mencionadas também as Portarias nº 2.488/11 do Ministério da Saúde e nº 2.528/06 (**essa Portaria foi revogada, mas os seus preceitos foram incorporados pelo anexo XI da Portaria de Consolidação do Ministério da Saúde 02, de 28 de setembro de 2017**) que aprovam a política nacional de saúde da pessoa idosa.

Pode-se mencionar a **Portaria nº 249/02** do Ministério da Saúde, que define critérios de cadastramento e funcionamento dos **Centros de Referência em Assistência à Saúde do Idoso** e estabelece, em linhas gerais, os mecanismos e fluxos assistenciais a serem adotados pelas Redes Estaduais de Assistência à Saúde do Idoso, dentre os quais:

> I - Ser hospital geral, com número de leitos instalados e cadastrados pelo Sistema Único de Saúde igual ou maior que cem (100) leitos;
>
> II - Garantir o direito de acompanhante aos idosos, quando em regime de internação hospitalar, em conformidade com o estabelecido na Portaria GM/MS nº 280, de 07 de abril de 1999 e Portaria GM/MS nº 830, de 24 de junho de 1999;
>
> III - Desenvolver trabalho de identificação da clientela idosa vinculada à unidade - conforme estabelecido no Anexo II desta Portaria;
>
> IV - Desenvolver programa de orientação do acompanhante do idoso no período de internação, orientando-o de como pode melhorar o apoio que dá à pessoa idosa que está acompanhando, em relação à sua dependência, buscando preservar ao máximo sua autonomia. Após a alta hospitalar deve receber apoio constante, através de um programa desenvolvido pela equipe de saúde quanto aos cuidados do idoso;
>
> V - Desenvolver programas de desospitalização de idosos;
>
> VI - Desenvolver programas de promoção, prevenção, proteção e recuperação da saúde da pessoa idosa, com cronograma anual de acompanhamento;
>
> VII - Estar articulado, com as equipes dos Programas de Atenção Básica e Saúde da Família, onde estiverem implantados;

> VIII – Organizar grupos de apoio ao idoso, preferencialmente em parceria com outras instituições da sociedade civil organizada, que tenham como objetivo promover ações de melhoria da qualidade de vida.

Os serviços de saúde públicos e privados deverão **notificar compulsoriamente** à autoridade sanitária os casos de suspeita ou confirmação de violência praticada contra pessoas idosas, bem como, de acordo com a sistemática do EPI, deverão **obrigatoriamente** comunicar a quaisquer dos seguintes órgãos:

a) autoridade policial;

b) Ministério Público;

c) Conselho Municipal da pessoa idosa;

d) Conselho Estadual da pessoa idosa;

e) Conselho Nacional da pessoa idosa.

▸ **Como esse assunto foi cobrado em concurso?**

No concurso para Escrivão de Polícia Civil (IBFC - 2022 - PC-BA), foi perguntado: Casos de suspeita ou confirmação de violência praticada contra idosos devem ser notificados compulsoriamente pelos serviços de saúde públicos e privados à autoridade sanitária, bem como devem ser obrigatoriamente comunicados por eles, dentre outros, aos seguintes órgãos:

a) Defensoria Pública e Conselho Municipal do Idoso

b) Autoridade Policial e Guarda Civil Metropolitana

c) Ministério Público e Conselho Estadual do Idoso

d) Poder Judiciário e Conselho Nacional do Idoso

e) Prefeitura Municipal e Serviço de Assistência Social

RESPOSTA: C

▸ **Como esse assunto foi cobrado em concurso?**

No Concurso para Guarda Legislativo (Câmara de Natal-RN – Guarda Legislativo – 2016) foi perguntado se os casos de suspeita ou confirmação de violência praticada contra idosos serão objeto de notificação compulsória, pelos serviços de saúde públicos e privados, à autoridade sanitária, bem como serão obrigatoriamente comunicados por eles aos órgãos enumerados em lei.

A alternativa foi considerada a correta.

▸ **Como esse assunto foi cobrado em concurso?**

No Concurso para Promotor de Justiça (MP-PR/2017) foi perguntado:

Nos termos da Lei nº 10.741/03 (Estatuto do Idoso), assinale a alternativa incorreta

a) Os casos de suspeita ou confirmação de violência praticada contra idosos serão objeto de notificação compulsória pelos serviços de saúde públicos e privados à autoridade sanitária, bem como serão obrigatoriamente comunicados por eles à autoridade policial e ao Ministério Público, sendo vedada a comunicação exclusiva ao Conselho Municipal do Idoso;

b) As transações relativas a alimentos poderão ser celebradas perante o Promotor de Justiça ou Defensor Público, que as referendará, e passarão a ter efeito de título executivo extrajudicial nos termos da lei processual civil;

c) Os descontos nos ingressos para eventos artísticos, culturais, esportivos e de lazer, que têm por objetivo proporcionar a participação dos idosos nas referidas atividades, poderão ser acima de 50% (cinquenta por cento);

d) Os meios de comunicação devem manter espaços ou horários especiais voltados aos idosos, com finalidade informativa, educativa, artística e cultural, e ao público sobre o processo de envelhecimento;

e) O acolhimento de idosos em situação de risco social, por adulto ou núcleo familiar, caracteriza a dependência econômica, para os efeitos legais.

A alternativa a) foi considerada correta.

A Lei nº 11.551/2007 instituiu o **Programa Disque Idoso**, com a finalidade de atendimento a denúncias de maus-tratos e violência contra os idosos a partir de 60 (sessenta) anos.

▸ **Como esse assunto foi cobrado em concurso?**

No concurso para Promotor de Justiça da Bahia (MP/BA/2015 – CEFET) foi perguntado o seguinte: Os casos de suspeita ou confirmação de violência praticada contra idosos serão objeto de notificação compulsória pelos serviços de saúde públicos e privados à autoridade sanitária, bem como serão comunicados por eles a quaisquer dos seguintes órgãos: a) autoridade policial; b) Ministério Público; c) Conselho Municipal do Idoso; d) Conselho Estadual do Idoso; e e) Conselho Nacional do Idoso.

A assertiva foi considerada correta.

Note-se que não há obrigatoriedade para que a **Defensoria Pública** seja comunicada, embora possa ser recomendável.

▸ **Como esse assunto foi cobrado em concurso?**

Foi perguntado, no concurso de Promotor de Justiça do Espírito Santo (MPE-ES/2010 - CESPE) se uma médica, ao atender um senhor com 84 anos de idade, no pronto-socorro de um hospital público, observou uma série de ferimentos e hematomas espalhados pelo corpo do idoso, o que a fez suspeitar de que este vinha sendo vítima de maus-tratos, **esta deverá,** comunicar, obrigatoriamente, a suspeita de maus-tratos a qualquer um dos órgãos legalmente indicados para recebê-la, quais sejam: o MP, a autoridade policial ou os conselhos municipal ou estadual do idoso ou, ainda, o Conselho Nacional do Idoso. CORRETA

OBS.: Questão similar foi feita no concurso de Analista Legislativo (Consultor Legislativo - Câmara dos Deputados/2014 - CESPE).

A **notificação compulsória** dos casos de suspeita ou violência praticada contra a pessoa idosa deverá obedecer, no que couber, ao disposto na **Lei nº 6.259/75.**

Como menciona o EPI, essa notificação será aplicada, no que couber, ao previsto na **Lei nº 6.259/75,** que dispõe sobre a organização das ações de Vigilância Epidemiológica sobre o Programa Nacional de Imunizações e estabelece **normas relativas à notificação compulsória** de doenças, além de outras providências. Por esta razão, a notificação compulsória do médico trata-se de obrigação nos casos mencionados no referido artigo, em razão da aplicação integrada da **Lei nº 6.259/75,** em especial do **art. 8º, *caput*** ("É dever de todo cidadão comunicar à autoridade sanitária local a ocorrência de fato, comprovado ou presumível, de caso de doença transmissível, sendo obrigatória a médicos e outros profissionais de saúde no exercício da profissão, bem como aos responsáveis por organizações e estabelecimentos públicos e particulares de saúde e ensino a notificação de casos suspeitos ou confirmados das doenças relacionadas em conformidade com o artigo 7º").

O RDC Nº 502/21 **(ANVISA),** em seu art. 54, determina que a equipe de saúde responsável pelos residentes deverá notificar à vigilância epidemiológica a suspeita de doença de notificação compulsória, de acordo com a legislação vigente, e no art. 55, estabelece que a instituição deverá notificar imediatamente à autoridade sanitária local, a ocorrência dos eventos sentinelas, como queda com lesão e a tentativa de suicídio.

Para efeitos do Estatuto da Pessoa Idosa, **considera-se violência** contra a Pessoa Idosa qualquer ação ou omissão praticada em local público ou privado que lhe cause morte, dano ou sofrimento físico ou psicológico (art. 19, § 1º, do EPI).

> **▸ Como esse assunto foi cobrado em concurso?**
> Foi perguntado no concurso de Defensor Público do Amazonas - FCC - 2013, como o Estatuto do Idoso define a violência contra o idoso (art. 19, § 1º, do Estatuto do Idoso).

2.1.4.1. *A pessoa idosa e a prática da boa morte*

Situação complexa ocorre quando a pessoa idosa se **autonegligencia,** ou seja, através de sua própria conduta, a pessoa idosa ameaça sua própria saúde e bem-estar, recusando-se a prover os cuidados necessários a si mesmo. A pessoa idosa lúcida e capaz pode optar por viver dessa forma, o que, em tese, poderá impedir a atuação de órgãos da rede de proteção à pessoa idosa, em concordância aos princípios da proporcionalidade e da mínima intervenção do Estado nas relações particulares.

Pode a pessoa idosa optar por não realizar qualquer tratamento médico? Estará dispondo, dessa forma, aos direitos fundamentais da saúde e da vida? Legitima-se no Brasil a prática da *boa morte*?

A Resolução nº 1.805/06 do Conselho Federal de Medicina regulamentou a **ortotanásia,** assim prevendo:

> **"Art. 1º** É permitido ao médico limitar ou suspender procedimentos e tratamentos que prolonguem a vida do doente em fase terminal, de enfermidade grave e incurável, respeitada a vontade da pessoa ou de seu representante legal.
>
> **§ 1º** O médico tem a obrigação de esclarecer ao doente ou a seu representante legal as modalidades terapêuticas adequadas para cada situação.
>
> **§ 2º** A decisão referida no *caput* deve ser fundamentada e registrada no prontuário.
>
> **§ 3º** É assegurado ao doente ou a seu representante legal o direito de solicitar uma segunda opinião médica."

Sobre a questão, o **art. 41 e seu parágrafo único do Código de Ética Médica** dispõem:

> "Abreviar a vida do paciente, ainda que a pedido deste ou de seu representante legal.
>
> Parágrafo único. Nos casos de doença incurável e terminal, deve o médico oferecer todos os cuidados paliativos disponíveis sem empreender ações diagnósticas ou terapêuticas inúteis ou obstinadas, levando sempre em consideração a vontade expressa do paciente ou, na sua impossibilidade, a de seu representante legal".

Ainda sobre a ortotanásia, a Resolução nº 1.995/2012, emanada pelo Conselho Federal de Medicina, regulamentou as diretivas antecipadas de vontade (conhecidas como **testamento vital**), consistindo no conjunto de desejos, prévia e expressamente manifestados pelo paciente, sobre cuidados e tratamentos que quer, ou não, receber no momento em que estiver incapacitado de expressar, livre e autonomamente, sua vontade.

Não se pode confundir eutanásia com ortotanásia e distanásia. Regis Prado esclarece que a "ortotanásia tem certa relação com eutanásia passiva, mas apresenta significado distinto desta e oposto da distanásia. O termo ortotanásia (do grego *orthos*, correto, e *thanatus*, morte) indica a morte certa, justa, em seu momento oportuno. Destarte, corresponde à supressão de cuidados de reanimação em pacientes em estado de coma profundo e irreversível, em estado terminal ou vegetativo. De outra parte, a distanásia (do grego, *dys*, mau, anômalo, e *thanatus*, morte) refere-se ao prolongamento do curso natural da morte - e não da vida - por todos os meios existentes, apesar de aquela ser inevitável, sem ponderar os benefícios ou prejuízos (sofrimento) que podem advir ao paciente" (Tratado de Direito Penal Brasileiro, v. 4, p. 66).

O tema provoca discussão em razão do **paciente ser pessoa idosa**, pois é natural que a aproximação do final da vida acentue a preocupação com a morte. Assim, nessas situações, busca-se o bem-estar e a qualidade de vida da pessoa idosa, sobrepondo-se a um eventual tratamento inapropriado.

2.1.4.2. *Direito à saúde da pessoa idosa deficiente*

As pessoas idosas com **deficiência** ou com **limitação incapacitante** terão atendimento especializado, conforme disposto na lei (art. 15, § 4º, do EPI).

▸ **Como esse assunto foi cobrado em concurso?**

No concurso para Psicológo (IBFC - 2024 - Prefeitura de Fortaleza - CE - Psicólogo), foi perguntado:

A Lei n. 14.423, de 22 de julho de 2022: "Altera a Lei n. 10.741 de 1 de outubro de 2003, para substituir, em toda a Lei, as expressões "idoso" e "idosos" pelas expressões "pessoa idosa" e "pessoas idosas", respectivamente". Diante do exposto, assinale a alternativa correta.

a) As pessoas idosas portadoras de deficiência ou com limitação incapacitante, terão atendimento especializado, nos termos da lei

b) A pessoa idosa internada ou em observação não é assegurado o direito a acompanhante

c) Não estando a pessoa idosa em condições de optar pelo tratamento de saúde, esta opção nunca poderá ser feita pelo curador, por exemplo

d) As instituições de saúde não devem atender aos critérios mínimos para o atendimento às necessidades da pessoa idosa

e) Os casos de suspeita ou confirmação de maus-tratos contra a pessoa idosa, nunca devem ser comunicados pelos profissionais de saúde a quaisquer órgãos

RESPOSTA: A

O **art. 25, "b", da Convenção Internacional sobre os Direitos da Pessoa com Deficiência** (aprovada pelo Decreto Legislativo nº 186/08 e promulgada pelo Decreto Presidencial nº 6.949/09), estabelece que:

> "Saúde
>
> Os Estados Partes reconhecem que as pessoas com deficiência têm o direito de gozar do estado de saúde mais elevado possível, sem discriminação baseada na deficiência. Os Estados-Partes tomarão todas as medidas apropriadas para assegurar às pessoas com deficiência o acesso a serviços de saúde, incluindo os serviços de reabilitação, que levarão em conta as especificidades de gênero. Em especial, os Estados Partes: (...)
>
> b) Propiciarão serviços de saúde que as pessoas com deficiência necessitam especificamente por causa de sua

> deficiência, inclusive diagnóstico e intervenção precoces, bem como serviços projetados para reduzir ao máximo e prevenir deficiências adicionais, **inclusive entre crianças e idosos;"** (grifo do autor).

O **conceito de deficiência** pode ser extraído do disposto no art. 3º do Decreto nº 3.298/99, que regulamentou a Lei nº 7.853/89:

> "I - deficiência - toda perda ou anormalidade de uma estrutura ou função psicológica, fisiológica ou anatômica que gere incapacidade para o desempenho de atividade, dentro do padrão considerado normal para o ser humano;
>
> II - deficiência permanente - aquela que ocorreu ou se estabilizou durante um período de tempo suficiente para não permitir recuperação ou ter probabilidade de que se altere, apesar de novos tratamentos; e
>
> III - incapacidade - uma redução efetiva e acentuada da capacidade de integração social, com necessidade de equipamentos, adaptações, meios ou recursos especiais para que a pessoa portadora de deficiência possa receber ou transmitir informações necessárias ao seu bem-estar pessoal e ao desempenho de função ou atividade a ser exercida.".

O conceito de pessoa com deficiência recebeu uma conotação mais ampla na **Convenção de Guatemala** (Convenção Internacional Sobre os Direitos das Pessoas com Deficiência), ratificada pelo Brasil através do Decreto nº 3.956/01, conforme o preâmbulo "e":

> "*Reconhecendo* que a deficiência é um conceito em evolução e que a deficiência resulta da interação entre pessoas com deficiência e as barreiras devidas às atitudes e ao ambiente que impedem a plena e efetiva participação dessas pessoas na sociedade em igualdade de oportunidades com as demais pessoas,".

Deve-se, por determinação, se fazer distinção entre deficiência e **limitação incapacitante**, mesmo que a limitação possa ser compreendida dentro do contexto de definição da deficiência, Assim, a limitação incapacitante, na lição de MARGARIDA ARAÚJO SEABRA DE MOURA, "é a limitação decorrente de enfermidades características do envelhecer que, sem se constituir uma deficiência propriamente - por não estar diagnosticada como tal -, implica algum impedimento, como por exemplo, a hipótese de artrose, Mal de Parkinson, dentre outras." (AZEVEDO, Vitor Emanuel de Medeiros. *In:* PINHEIRO, Naide Maria (Coord.). *Estatuto do Idoso comentado*, p. 256).

Não se faz necessária, embora não exista, uma **legislação específica sobre a saúde do idoso com deficiência**, pois todas as legislações acima mencionadas referem-se a todas as faixas etárias, sem qualquer ressalva, ou seja, as legislações acima incluem a pessoa idosa deficiente.

2.1.5. *Educação, cultura, esporte e lazer*

O art. 20 do EPI prevê outros **direitos** à pessoa idosa:

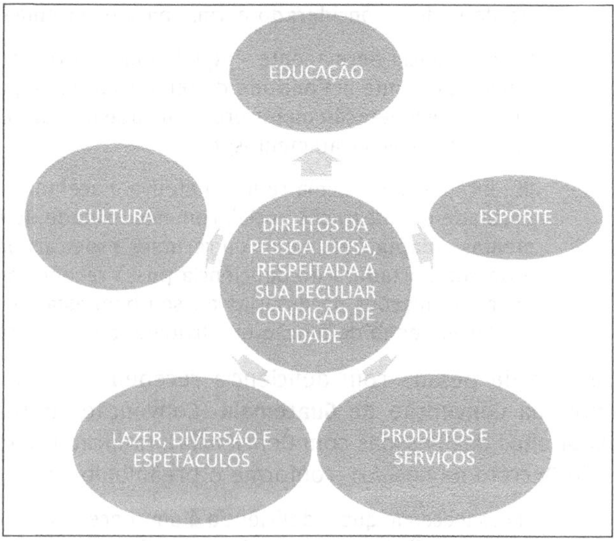

▸ **Como esse assunto foi cobrado em concurso?**

No concurso de Defensor Público do Tocantins (DP/TO/2013 - CESPE) foi perguntado, com base no Estatuto do Idoso, se é dever do Estado e da sociedade assegurar à pessoa idosa o direito à liberdade, que compreende, entre outros aspectos, a prática de esportes e de diversões, respeitadas as peculiaridades e condições em decorrência da idade.

O item está correto.

O Estado possui o **dever** de fomentar o esporte, previsto constitucionalmente como direito de cada um, conforme reza o art. 217 da CF:

> "É dever do Estado fomentar práticas desportivas formais e não formais, como direito de cada um, observados: (...)"

> ▸ **Atenção!**
> Não há no EPI **qualquer vedação** legal para que os idosos pratiquem **esportes radicais.**

Embora a Carta Cidadã não traga de forma expressa o **direito da educação** voltada ao idoso, há a garantia do direito à educação a todos, conforme prevê o **art. 205, *caput*, da CF**:

> "A educação, direito de todos e dever do Estado e da família, será promovida e incentivada com a colaboração da sociedade, visando ao pleno desenvolvimento da pessoa, seu preparo para o exercício da cidadania e sua qualificação para o trabalho."

Já o EPI, em seu art. 21, **garante** o direito a educação à pessoa idosa, alinhando-se ao Texto Constitucional.

O Poder Público deverá criar **oportunidades de acesso** para as pessoas idosas à educação, adequando currículos, metodologias e material didático aos programas educacionais a eles destinados.

> ▸ **Como esse assunto foi cobrado em concurso?**
> No concurso para Instrutor Desportivo (FEPESE - 2022 - Prefeitura de Chapecó - SC - Instrutor Desportivo • Judô), foi perguntado:
> Analise as afirmativas abaixo de acordo com o Estatuto do idoso.
> 1. Na admissão do idoso em qualquer trabalho ou emprego, é vedada a discriminação e a fixação de limite máximo de idade é permitida, inclusive para concursos.
> 2. É destinado a regular os direitos assegurados às pessoas com idade igual ou superior a 60 anos.
> 3. O idoso tem direito ao exercício de atividade profissional, respeitadas suas condições físicas, intelectuais e psíquicas.
> 4. O Poder Público criará oportunidades de acesso do idoso à educação, adequando currículos, metodologias e material didático aos programas educacionais a ele destinados.
>
> Assinale a alternativa que indica todas as afirmativas corretas.
> a) São corretas apenas as afirmativas 1 e 3.
> b) São corretas apenas as afirmativas 2 e 4.
> c) São corretas apenas as afirmativas 1, 2 e 3.
> d) São corretas apenas as afirmativas 1, 2 e 4.
> e) São corretas apenas as afirmativas 2, 3 e 4.
> RESPOSTA: E

Nos currículos mínimos dos diversos níveis de ensino formal serão **inseridos conteúdos voltados ao processo de envelhecimento**, ao respeito e à valorização do idoso, de forma a eliminar o preconceito e a produzir conhecimentos sobre a matéria.

A Lei nº 13.535/17 alterou o EPI em seu art. 25, determinando que as instituições de educação superior devem ofertar às pessoas idosas, na perspectiva da educação ao longo da vida, cursos e programas de extensão, presenciais ou a distância, constituídos por atividades formais e não formais. O art. 25, parágrafo único, estabelece que o poder público apoiará a criação de universidade aberta para as pessoas idosas e incentivará a publicação de livros e periódicos de conteúdo e padrão editorial adequados à pessoa idosa, que facilitem a leitura, considerada a natural redução da capacidade visual.

A Lei n. 9.394/96 estabelece, por sua vez, que o ensino será ministrado com base em princípios, dentre eles a garantia do direito à educação e à aprendizagem ao longo da vida.

O **direito à cultura** deve ser garantido pelo Estado, consoante o disposto no art. 215 da CF:

> "O Estado garantirá a todos o pleno exercício dos direitos culturais e acesso às fontes da cultura nacional, e apoiará e incentivará a valorização e a difusão das manifestações culturais."

Por sua vez, o **art. 23 do EPI** estabelece a previsão normativa sobre o referido direito:

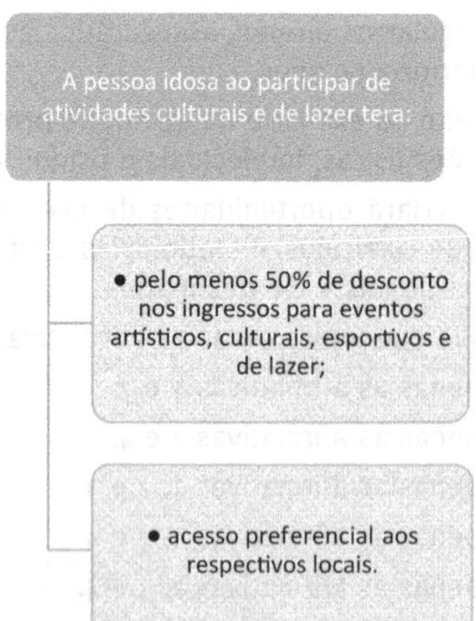

▸ **Como esse assunto foi cobrado em concurso?**

No concurso para Promotor de Justiça da Bahia (MP/BA/2015 - CEFET) foi perguntada a seguinte assertiva: A participação dos idosos em atividades culturais e de lazer será proporcionada mediante descontos de pelo menos cinquenta e 5% (cinco por cento) nos ingressos para eventos artísticos, culturais, esportivos e de lazer, bem como o acesso preferencial aos respectivos locais.

A assertiva foi considerada errada.

O **acesso preferencial à pessoa idosa** deve ser compreendido à luz da análise do art. 114, do EPI, art. 1º da Lei nº 10.048/00 e art. 6º do Decreto nº 5.296/04, compreendendo a facilitação de compra de ingressos e também ao acesso ao local (livre circulação com segurança e autonomia), quando houver eventos ou atividades culturais, esportivas e de lazer.

Os **meios de comunicação** manterão espaços ou horários especiais voltados às pessoas idosas, com finalidade informativa, educativa, artística e cultural e, ao público em geral, informativos sobre o processo de envelhecimento.

O Decreto n. 10.133/19 instituiu o Programa Viver – Envelhecimento Ativo e Saudável, sob a coordenação do Ministério da Mulher, da Família e dos Direitos Humanos.

O Programa Viver tem os seguintes objetivos: I – proporcionar a inclusão digital e social, para possibilitar a participação do idoso em atividades de saúde, tecnologia digital, educação, e a mobilidade física, com a melhoria da sua qualidade de vida; e II – contribuir para a promoção do direito ao envelhecimento ativo e saudável, por meio das diretrizes dispostas na Lei nº 10.741, de 1º de outubro de 2003 - Estatuto da Pessoa Idosa e na Lei nº 8.842, de 4 de janeiro de 1994.

O Programa será desenvolvido por meio de promoção da: I – tecnologia digital, com vistas à inclusão digital do idoso por intermédio de cursos que o capacitem para o bom uso dos recursos tecnológicos, como redes sociais, informática básica e **smartphones,** dentre outros; II – educação, com vistas à inclusão do idoso, por intermédio da realização de cursos de alfabetização e de outros cursos e palestras que otimizem a sua convivência familiar e comunitária, com temas como educação financeira e orientações acerca dos direitos do idoso, dentre outros a serem desenvolvidos conforme a demanda e peculiaridade de cada localidade; III – saúde, por intermédio da realização de palestras e de outras ações, com vistas à promoção da saúde do idoso e à prevenção de enfermidades; e IV – mobilidade física, por intermédio do estímulo da prática de atividade física pelo idoso.

2.1.6. Da profissionalização e do trabalho

O **direito ao trabalho** está elencado na Carta Magna como um direito social (art. 6º da CF).

A Resolução nº 46/91, da Organização das Nações Unidas – ONU, já mencionada no início da obra, estabeleceu **princípios básicos** que devem ser adotados em relação à pessoa idosa, a ser destacados:

> "(...) 2-) Ter oportunidade de trabalhar ou ter acesso a outras formas de geração de rendimentos.
>
> 3-) Poder determinar em que momento deve se afastar do mercado de trabalho.
>
> 4-) Ter acesso à educação permanente e a programas de qualificação e requalificação profissional.
>
> (...)
>
> 8-) Aproveitar as oportunidades para prestar serviços a comunidade, trabalhando como voluntário, de acordo com seus interesses e capacidades."

Por sua vez, o **art. 26 do EPI** garante à pessoa idosa tanto o direito ao trabalho quanto o direito à profissionalização.

A pessoa idosa tem direito ao **exercício de atividade profissional**, respeitadas suas condições físicas, intelectuais e psíquicas.

A expressão atividade profissional deve alcançar **quaisquer modalidades** de trabalho, seja ele de natureza privada ou pública, subordinado ou autônomo, urbano, rural, avulso, intelectual, técnico, temporário, voluntário, religioso ou integral.

Na admissão de qualquer trabalho ou emprego pela pessoa idosa, não é permitida a **discriminação e a fixação de limite máximo de idade**, inclusive para concursos, ressalvados os casos em que a **natureza do cargo o exigir**.

▸ **Como esse assunto foi cobrado em concurso?**

No concurso para Procurador de Contas do MP (CESPE / CEBRASPE - 2022 - MPC-SC), foi perguntado:

Acerca das prioridades atribuídas à pessoa idosa, julgue o item a seguir.

Em se tratando de admissão da pessoa idosa em qualquer trabalho ou emprego, são vedadas a discriminação e a fixação de limite máximo de idade, independentemente da natureza do cargo a ser ocupado.

Alternativas

( ) Certo

( ) Errado

RESPOSTA: ERRADO.

A vedação de natureza discriminatória possui previsão **constitucional** no art. 7º, inc. XXX, da CF:

> "proibição de diferença de salários, de exercício de funções e de critério de admissão por motivo de sexo, idade, cor ou estado civil;"

Sobre o tema o STF editou a **Súmula 683:**

> "O limite de idade para a inscrição em concurso público só se legitima em face do art. 7º, XXX, da Constituição, quando possa ser justificado pela natureza das atribuições do cargo a ser preenchido."

Por sua, vez o **art. 1º, da Lei 9.029/95**, que proíbe práticas discriminatórias na relação jurídica de trabalho, estabelece que:

> "É proibida a adoção de qualquer prática discriminatória e limitativa para efeito de acesso à relação de trabalho, ou de sua manutenção, por motivo de sexo, origem, raça, cor, estado civil, situação familiar, deficiência, reabilitação profissional, idade, entre outros, ressalvadas, nesse caso, as hipóteses de proteção à criança e ao adolescente previstas no inciso XXXIII do art. 7º da Constituição Federal."

Portanto, a garantia do trabalho da pessoa idosa deve ser **compatibilizada** com as tarefas e atividades a serem desenvolvidas e com as condições físicas, intelectuais e psíquicas próprias da pessoa idosa. Por tal razão, o trabalho da pessoa idosa não poderá ser penoso, insalubre ou desempenhado com alta carga de pressão psicológica, sob pena de atentar contra os direitos dos trabalhadores pessoas idosas.

▸ Como esse assunto foi cobrado em concurso?

No concurso de assistente social (IBADE - 2022 - IPREV - Assistente Social), foi perguntado:

Segundo o que prevê a Lei nº 10.741 de 1 de outubro de 2003, o idoso tem direito ao exercício de atividade profissional, devendo ser respeitados (as):

a) os limites previstos em lei relativos à jornada máxima de 40 horas semanais.

b) seus dons artísticos e laborais preservados com o envelhecimento.

c) os horários de realização do trabalho, sendo vetado o horário noturno.

d) suas condições físicas, intelectuais e psíquicas.

e) as normas da Organização Internacional do Trabalho em vigor.

RESPOSTA: D

A condição de pessoa idosa não pode servir como impedimento para o exercício de algum trabalho ou ingresso em **concurso público,** salvo se, em razão da natureza de suas atividades, exigirem dispêndio de energia que só será encontrada em algumas faixas etárias.

Já decidiu o STF que é possível existir um fator discriminatório, tanto no setor privado, como no setor público, desde que haja justificativa e proporcionalidade relacionados com a atividade a ser desenvolvida, ou seja, o que se veda é que seja estabelecida uma **discriminação infundada.** (RMS 21046, Relator(a): Min. SEPÚLVEDA PERTENCE, Tribunal Pleno, julgado em 14/12/1990, DJ 14-11-1991 PP-16356 EMENT VOL-01642-01 PP-00063 RTJ VOL-00135-02 PP-00528).

O TRT da 21ª Região (RN) decidiu em ação civil pública proposta pelo MPT, em uma questão que envolveu a **demissão em massa** de trabalhadores, que há discriminação se as demissões direcionam, sem critérios, a grupos de empregados mais idosos (TRT 21ª Região - Rio Grande do Norte - Proc. RO 27-5786-99, Rel. Juíza Maria de Lourdes Alves Leite, DJ-RN 5/2/2003).

▸ Cuidado!

A discriminação não se dará somente na admissão do trabalho, mas também durante todo o seu **desenvolvimento,** bem como no **término** da relação trabalhista ou estatutária.

A Convenção n. 111 da Organização Internacional do Trabalho - OIT, incorporada no ordenamento jurídico pátrio através do Decreto Legislativo nº 104/64 e ratificada pelo Decreto nº 62.150/68, definiu no **art. 1º, itens 1 e 2,** o que se entende por discriminação em matéria de emprego ou ocupação:

> 1. Para os fins da presente convenção o termo "discriminação" compreende:
>   a) toda distinção, exclusão ou preferência fundada na raça, cor, sexo, religião, opinião política, ascendência nacional ou origem social, que tenha por efeito destruir ou alterar a igualdade de oportunidade ou de tratamento em matéria de emprego ou profissão;
>   b) qualquer outra distinção, exclusão ou preferência que tenha por efeito destruir ou alterar a igualdade de oportunidades ou tratamento em matéria de emprego ou profissão que poderá ser especificada pelo Membro interessado depois de consultadas as organizações representativas de empregadores e trabalhadores, quando estas existam, e outros organismos adequados.
> 2. As distinções, exclusões ou preferências fundadas em qualificações exigidas para um determinado emprego não são consideradas como discriminação.

Ainda há outros documentos internacionais que tratam do direito da pessoa idosa ao trabalho, com a função de fundamentar a elaboração e implementação de políticas públicas direcionadas às pessoas idosas:

a) **Recomendação nº 162 da OIT, de 1980,** tratando de trabalhadores pessoa idosa e de caminhos a serem construídos para políticas públicas e institucionais de órgãos e empresas;
b) **Marco Político de Envelhecimento Ativo (Madri/2002) e a revisão da Política de Envelhecimento Ativo de 2005, da OMS,** apontando estratégias regionais de proteção aos direitos humanos da pessoa idosa, como o emprego e o envelhecimento, de forma a garantir a oportunidade de emprego digno às pessoas idosas que desejam trabalhar, bem como medidas de oportunidades de emprego para todas as pessoas idosas;
c) **Agenda 2030 para o Desenvolvimento Sustentável: Objetivos do Desenvolvimento Sustentável (ODS),** adotada em 2015 pela ONU, possuindo como um de seus objetivos a implementação da igualdade e não discriminação, eliminando os espaços que impedem o pleno gozo de direitos, especialmente para pessoas em maiores condições de desvantagens como a pessoa idosa.

A OMS, em agosto de 2020, em sua Assembleia Mundial da Saúde, elegeu a Década do Envelhecimento Saudável 2021-2030, endossada pela ONU, na Assembleia Geral de dezembro de 2020. As ações mais importantes são: ter suas necessidades básicas atendidas; aprender, crescer e tomar decisões; circular com segurança; construir e manter relacionamentos; e contribuir para as suas famílias, comunidades e sociedades.

Já decidiu o TST que se a dispensa do trabalho ocorrer por questões discriminatórias, a dispensa é **nula de pleno direito**, não gerando efeito, tendo como consequência jurídica a continuidade da relação de emprego, efetiva através da reintegração. (TST, ED-RR 462888-56.1998.5.09.5555, 5º T. Rel. Juiz Convocado André Luiz Moraes de Oliveira, julgamento em 10.09.2003).

Ainda o TRT da 9ª Região, já decidiu que dispensa discriminatória em razão da idade, além da reintegração, enseja a indenização por **danos morais** (TRT – 9º Região, RO 05749-2001-014-09-00-6, Rel. Juiz Célio Horst Waldraff)

O Estatuto da Pessoa Idosa assegura que o primeiro critério de **desempate** em **concurso público** será a idade, dando-se preferência ao de idade mais elevada.

▸ **Como esse assunto foi cobrado em concurso?**

No concurso para Técnico Judiciário - Agente da Polícia Judicial (FCC - 2022 - TRT - 5ª Região (BA)), foi perguntado:

A Lei nº 10.741, de 1 de outubro de 2003 (Estatuto da pessoa Idosa) prevê que a pessoa idosa tem direito aos direitos fundamentais inerentes à pessoa humana. Na admissão de pessoa idosa em qualquer trabalho ou emprego, são vedadas a discriminação e a fixação de limite máximo de idade, inclusive para concursos, ressalvados os casos em que a natureza do cargo o exigir. Josué, de 66 anos, concorre a um cargo de Auxiliar Administrativo de uma Autarquia Estadual, no qual há a destinação de 5 vagas, sendo que ele obteve o empate na nota geral em 5o lugar com outro candidato, Ciro, de 34 anos. O Concurso consiste em Prova Objetiva de Conhecimentos Gerais, Redação e Prova Objetiva de Conhecimentos Específicos. Nesta hipótese, considerando-se as normas vigentes no Estatuto do Idoso e o caso concreto, de acordo com o Estatuto da pessoa idosa o primeiro critério de desempate será a

a) idade, dando-se preferência ao candidato de idade menos elevada.

b) maior nota na prova objetiva de conhecimentos específicos.

c) maior nota na prova objetiva de conhecimentos gerais.

d) maior nota na redação.

e) idade, dando-se preferência ao candidato de idade mais elevada.

RESPOSTA: E

▸ **Como esse assunto foi cobrado em concurso?**

No concurso para Procurador de Contas do Ministério Público (CESPE / CEBRASPE - 2022 - MPC-SC), foi perguntado:

Acerca das prioridades atribuídas à pessoa idosa, julgue o item a seguir.

A idade será considerada como critério preferencial para o caso de ocorrência de empate em concurso público.

Alternativas

( ) Certo

( ) Errado

RESPOSTA: B

O ordenamento jurídico pátrio prevê outra situação de preferência à pessoa idosa, como **critério de desempate**, no art. 110 do Código Eleitoral: "Em caso de empate, haver-se-á por eleito o candidato mais idoso".

▸ Como esse assunto foi cobrado em concurso?

No concurso para Defensor Público da Bahia (MP/BA/2010 – Cespe) foi perguntada a seguinte assertiva: O primeiro critério de desempate em concurso público deve ser o de idade, dando-se preferência ao candidato de idade mais elevada. Assertiva foi considerada correta. O art. 27, parágrafo único, do E.I.

▸ Cuidado!

O STF já decidiu que o Estatuto da Pessoa Idosa, por ser lei geral, **não se aplica** como critério de desempate no concurso público de remoção para outorga de delegação notarial e de registro, porque existe lei estadual específica reguladora do certame, a tratar das regras aplicáveis em caso de empate. (MS 33046/PR, rel. Min. Luiz Fux, 10.3.2015).

Estímulos e criação de **programas**:

O Poder Público criará e estimulará programas de:	- profissionalização especializada para as pessoas idosas, aproveitando seus potenciais e habilidades para atividades regulares e remuneradas;
	- preparação dos trabalhadores para a aposentadoria, com antecedência mínima de 1 (um) ano, por meio de estímulo a novos projetos sociais, conforme seus interesses, e de esclarecimento sobre os direitos sociais e de cidadania;
	- estímulo às empresas privadas para admissão de pessoas idosas ao trabalho.

▸ **Como esse assunto foi cobrado em concurso?**

No concurso para Assistente social (Avança SP - 2022 - Prefeitura de Laranjal Paulista - SP - Assistente Social), foi perguntado:

O Estatuto da Pessoa Idosa - Lei 10.741 de 1 de outubro de 2003 assevera, sobre o direito da profissionalização e do trabalho:

a) o Poder Público criará e estimulará programas de profissionalização especializada para as pessoas idosas, aproveitando seus potenciais e habilidades para atividades regulares e remuneradas.

b) os benefícios de aposentadoria e pensão do Regime Geral da Previdência Social observarão, na sua concessão, critérios de cálculo que aniquilem o valor real dos salários sobre os quais incidiram contribuição, nos termos da legislação vigente.

c) a perda da condição de segurado será considerada para a concessão da aposentadoria por idade, desde que a pessoa conte com, no mínimo, o tempo de contribuição correspondente ao exigido para efeito de carência na data de requerimento do benefício.

d) na admissão da pessoa idosa em qualquer trabalho ou emprego é permitidas a fixação de limite máximo de idade.

e) a pessoa idosa tem direito ao exercício de atividade profissional, respeitadas suas condições físicas, intelectuais e reprodutivas.

RESPOSTA: A

▸ **Como esse assunto foi cobrado em concurso?**

Foi perguntado no concurso público de Defensor Público do Maranhão (DP/MA/2011 – CESPE), com base no Estatuto do Idoso, se na admissão do idoso em qualquer trabalho ou emprego, é vedada a discriminação e a fixação de limite máximo de idade, ressalvados os casos em que a natureza do cargo o exigir. CORRETO.

O disposto no art. 28, inc. II, do EPI, **difere** do art. 10, inc. IV, c, da Lei 8.842/94. No EPI, o tempo de preparação é de um ano, enquanto que na outra norma o prazo de preparação antes de efetivar-se a aposentadoria seria de 2 anos. No EPI, a preparação envolve o estímulo a novos projetos sociais, conforme seus interesses, e de esclarecimento sobre os direitos sociais e de cidadania. No outro ordenamento, indicava-se apenas a preparação para a aposentadoria nos setores público e privado.

2.1.7. *Direito à previdência social*

O **art. 6º da CF** preconiza a previdência social como direito social, além do **art. 7º** reconhecer a aposentadoria como direito do trabalhador (inc. XXIV).

Todo regime de aposentadoria está previsto na Constituição Federal, sendo que o sistema previdenciário foi alterado pela Emenda Constitucional nº 103/2019.

O art. 201, par. 7º, da CF, prevê que: "É assegurada aposentadoria no regime geral de previdência social, nos termos da lei, obedecidas as seguintes condições: I – 65 (sessenta e cinco) anos de idade, se homem, e 62 (sessenta e dois) anos de idade, se mulher, observado tempo mínimo de contribuição; II – 60 (sessenta) anos de idade, se homem, e 55 (cinquenta e cinco) anos de idade, se mulher, para os trabalhadores rurais e para os que exerçam suas atividades em regime de economia familiar, nestes incluídos o produtor rural, o garimpeiro e o pescador artesanal.".

Os benefícios de aposentadoria e pensão do Regime Geral da Previdência Social observarão, na sua concessão, critérios de cálculo que preservem o **valor real dos salários** sobre os quais incidiram contribuição, nos termos da legislação vigente.

Os valores dos benefícios em manutenção serão **reajustados** na mesma data de reajuste do salário mínimo, ***pro rata***, de acordo com suas respectivas datas de início ou do seu último reajustamento, com base em percentual definido em regulamento, observados os critérios estabelecidos pela Lei 8.213/91.

A **perda da condição de segurado** não será considerada para a concessão da aposentadoria por idade, desde que a pessoa conte com, no mínimo, o tempo de contribuição correspondente ao exigido para efeito de carência na data de requerimento do benefício.

O cálculo do valor do benefício da **aposentadoria por idade** observará o disposto no ***caput*** e § 2º do art. 3º da Lei nº 9.876/99, ou, não havendo salários de contribuição recolhidos a partir da competência de julho de 1994, o disposto no art. 35 da Lei nº 8.213/91.

Segundo o EPI, o pagamento de parcelas relativas a benefícios efetuado com atraso por responsabilidade da Previdência Social, será **atualizado** pelo mesmo índice utilizado para os reajustamentos dos benefícios do Regime Geral de Previdência Social, verificado no período compreendido entre o mês que deveria ter sido pago e o mês do efetivo pagamento (art. 31 do EPI).

O Dia Mundial do Trabalho, 1º de Maio, é a **data-base** dos aposentados e pensionistas, conforme prevê o art. 32 do EPI.

2.1.8. *Direito à assistência social*

A seguridade social possui definição no **art. 194 da CF:**

> A **seguridade social** compreende um conjunto integrado de ações de iniciativa dos Poderes Públicos e da sociedade, destinadas a assegurar os direitos relativos à saúde, à previdência e à assistência social.

Por sua vez, a **assistência social** está organizada sob as diretrizes da descentralização político-administrativa, além da participação popular, conforme **art. 204, incisos I e II da CF**.

Já a **Lei nº 8.742/93** (Lei da Assistência Social – LOAS) regulamentou as disposições constitucionais referentes à assistência social.

Como regra geral, a assistência social tem por **objetivos**:

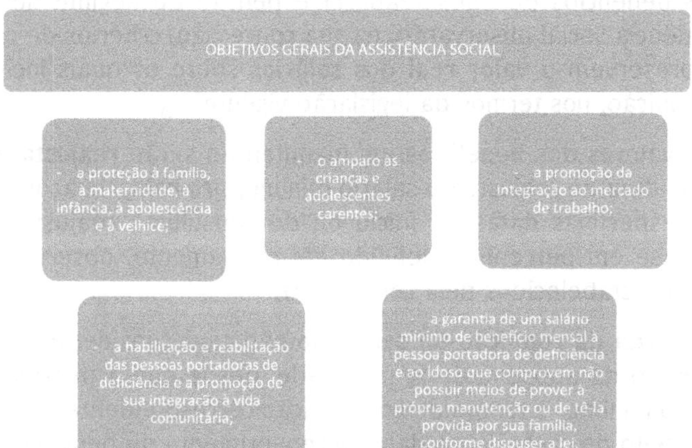

> ▸ **Atenção!**
>
> A assistência social será prestada **independente** de contribuição à seguridade social.

A LOAS (Lei 8.742/93), ainda, em seu art. 2º, incisos II e III, estabelece como **objetivos da assistência social**:

- a vigilância socioassistencial, que visa a analisar territorialmente a capacidade protetiva das famílias e nela a ocorrência de vulnerabilidades, ameaças, vitimizações e danos;
- a defesa de direitos, que visa a garantir o pleno acesso aos direitos no conjunto das provisões socioassistenciais.

Organiza-se a assistência social pelos seguintes **tipos de proteção**:

> I - **proteção social básica:** conjunto de serviços, programas, projetos e benefícios da assistência social que visa a prevenir situações de vulnerabilidade e risco social por meio do desenvolvimento de potencialidades e aquisições e do fortalecimento de vínculos familiares e comunitários;
>
> II - **proteção social especial:** conjunto de serviços, programas e projetos que tem por objetivo contribuir para a reconstrução de vínculos familiares e comunitários, a defesa de direito, o fortalecimento das potencialidades e aquisições e a proteção de famílias e indivíduos para o enfrentamento das situações de violação de direitos.

No EPI, a configuração da **assistência social** às pessoas idosas é a seguinte:

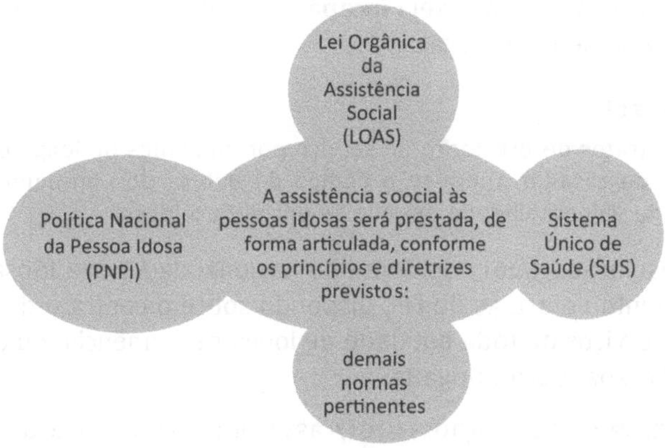

A assistência social será gerida pelo **Sistema Único de Assistência Social** (SUAS), o qual integra todos os entes federativos através dos Conselhos de Assistência Social e das entidades e organizações de assistência social.

O art. 195 da CF prevê que as ações assistenciais serão realizadas com os recursos do **orçamento da seguridade social**, ressalvada a possibilidade de criação de outras fontes.

As entidades de longa permanência, ou casas-lares, serão obrigadas a **firmar contrato de prestação de serviços** com a pessoa idosa abrigada.

A participação do custeio da entidade filantrópica **não poderá exceder a 70% (setenta por cento)** de qualquer benefício previdenciário ou de assistência social percebido pelo idoso, valor a ser estabelecido pelo Conselho Municipal da Pessoa Idosa ou o Conselho Municipal da Assistência Social.

> **▸ Como esse assunto foi cobrado em concurso?**
>
> No concurso para Promotor de Justiça da Bahia (MP/BA/2015 - CEFET), foi elaborada a seguinte assertiva: Todas as entidades de longa permanência, ou casas-lares, são obrigadas a firmar contrato de prestação de serviços com a pessoa idosa abrigada e, para as de natureza filantrópica, é facultada a cobrança de participação do idoso no custeio da entidade. Contudo, o Conselho Municipal do Idoso ou o Conselho Municipal da Assistência Social estabelecerá percentual que não poderá exceder a 70% (setenta por cento) de qualquer benefício previdenciário ou de assistência social percebido pelo idoso. A assertiva foi considerada como correta.

Caso a pessoa idosa seja **incapaz**, o contrato será firmado junto ao seu representante legal.

> **▸ Atenção!**
>
> Aos contratos de prestação de serviço por entidades de longa permanência ou casa-lar aplica-se o Código de Defesa do Consumidor, em razão da vulnerabilidade em que se encontra o idoso.

A Resolução 33/2017 do Conselho Nacional da Pessoa Idosa (CNDI) regulamentou o art. 35 do EPI, dispondo sobre o contrato de prestação de serviços de toda entidade de longa permanência, ou casa-lar, com a pessoa idosa abrigada.

O art. 2º da Resolução 33/2017 assegura a autonomia da pessoa idosa em permanecer ou não em uma casa-lar ou entidade do gênero, ressaltando que deve "ser respeitada a sua autonomia para exercer essa opção, assegurando absoluta ausência de coação ou quaisquer tipos de constrangimento, bem como a garantia de acesso da pessoa idosa e/ou de seu representante legal às informações necessárias para uma adesão consciente e segura.".

Na hipótese de participação financeira da pessoa idosa, caso não haja normatização pelo Conselho Municipal da pessoa idosa ou ainda pelo Conselho Municipal de Assistência Social, deve-se observar os princípios estabelecidos pelo art. 3º da Resolução 33/2017, dentre eles, o de garantir que no mínimo "30%, deve ser destinado à própria pessoa idosa, a qual, a seu critério, lhe dará o destino que bem lhe aprouver, garantindo-se-lhe o direito de liberdade, dignidade e cidadania".

▸ Como esse assunto foi cobrado em concurso?

No concurso de Analista Legislativo (Consultor Legislativo - Câmara dos Deputados/2014 - Cespe) foi elaborada a seguinte assertiva: Conforme o Estatuto do Idoso, as entidades de longa permanência devem firmar contrato de prestação de serviços com a pessoa idosa abrigada, ou com o seu representante legal, caso o idoso seja considerado incapaz. A assertiva foi considerada correta. Art. 35 do E.I.

No caso de entidades filantrópicas, ou casas-lares, é **facultada** a cobrança de participação da pessoa idosa no custeio da entidade.

▸ Atenção!

O EPI autoriza a cobrança facultativa **apenas** na denominada casa-lar.

O art. 3º, parágrafo único, V, do EPI, garante a **priorização** do atendimento da pessoa idosa por sua própria família, em prejuízo do atendimento asilar. **Excetuam-se** as situações em que as pessoas idosas não possuam ou careçam de condições de manutenção de sua própria subsistência.

Assim, há duas modalidades de atendimento à pessoa idosa: **asilar e não asilar.**

Por **modalidade asilar** se compreende o atendimento, em regime de internato, à pessoa idosa sem vínculo familiar ou sem condições de prover à própria subsistência de modo a satisfazer as suas necessidades de moradia, alimentação, saúde e convivência social. Ocorrem nos casos em que há **inexistência** do grupo familiar, abandono, carência de recursos financeiros próprios ou da própria família.

▸ Como esse assunto foi cobrado em concurso?

No concurso para Defensor Público da Bahia (MP/BA/2010 - CESPE), foi elaborada a seguinte assertiva: Entende-se por modalidade asilar o atendimento, em regime de internato, ao idoso sem vínculo familiar ou sem condições de prover a própria subsistência, de modo a satisfazer as suas necessidades de moradia, alimentação, saúde e convivência social. A assertiva foi considerada correta. Art. 3º, *caput*, Decreto nº 1.948/96.

Nas instituições asilares de caráter social é **proibida** a permanência de portadores de doenças que necessitem de assistência médica ou de enfermagem permanente (art. 4º, parágrafo único da Lei nº 8.842/1994).

No mesmo sentido, o **art. 19 do Decreto Federal nº 9.921/2019**, por sua vez, esclarece que: "Fica proibida a permanência em instituições asilares, de caráter social, de pessoas idosas que tenham doenças que exijam assistência médica permanente ou assistência de enfermagem intensiva, cuja falta possa agravar ou pôr em risco a sua vida ou a vida de terceiros.". Em complementação, o parágrafo único do mencionado artigo dispõe que: "A permanência ou não do idoso doente em instituições asilares, de caráter social, dependerá de **avaliação médica prestada pelo serviço de saúde local.**". (grifo do autor).

▸ Como esse assunto foi cobrado em concurso?

No concurso para Defensor Público do Acre (DP/AC/2012 - CESPE) foi perguntado, a respeito da PNI, se a lei não permite a permanência, em instituições asilares de caráter social, de idoso portador de doença que exija assistência médica contínua. O item foi considerado correto.

Por **modalidade não asilar** de atendimento, segundo previsão do Decreto **nº 9.921/2019** (art. 17), entendem-se:

I - Centro de Convivência: local destinado à permanência diurna do idoso, onde são desenvolvidas atividades físicas, laborativas, recreativas, culturais, associativas e de educação para a cidadania;
II - Centro de Cuidados Diurno: Hospital-Dia e Centro-Dia - local destinado à permanência diurna do idoso dependente ou que possua deficiência temporária e necessite de assistência médica ou de assistência multiprofissional;
III - Casa-Lar: residência, em sistema participativo, cedida por instituições públicas ou privadas, destinada a idosos detentores de renda insuficiente para sua manutenção e sem família;
IV - Oficina Abrigada de Trabalho: local destinado ao desenvolvimento, pelo idoso, de atividades produtivas, proporcionando-lhe oportunidade de elevar sua renda, sendo regida por normas específicas;
V - atendimento domiciliar: serviço prestado no lar da pessoa idosa dependente e que vive sozinha, por profissionais da área da saúde ou pessoas da própria comunidade, com a finalidade de suprir as suas necessidades da vida diária;
VI - outras formas de atendimento: iniciativas surgidas na própria comunidade, que visem à promoção e à integração da pessoa idosa na família e na sociedade.

Para todos os efeitos legais, se a pessoa idosa for acolhida em situação de risco social, por adulto ou núcleo familiar, estará caracterizada a **dependência econômica** (exemplo: dedução de imposto de renda da família que acolhe a pessoa idosa). Trata-se de previsão do art. 36 do EPI.

▸ Como esse assunto foi cobrado em concurso?

No concurso para Assistente Social (Quadrix - 2023 - IIER - SP - Agente Técnico de Assistência à Saúde - Assistente Social) foi perguntado:

Considerando a Política Nacional da Pessoa Idosa e o Estatuto da Pessoa Idosa, importantes marcos normativos para a defesa e a garantia de direitos desse público, assinale a alternativa correta.

a) É priorizada a permanência de idosos portadores de doenças que necessitem de assistência médica ou de enfermagem permanente em instituições asilares de caráter social.

b) Na admissão da pessoa idosa em qualquer trabalho ou emprego, deverá ocorrer a fixação de limite máximo de idade, inclusive para concursos.

c) Nenhuma instituição dedicada ao atendimento à pessoa idosa poderá manter identificação externa visível, para preservação da imagem e respeito ao público atendido.

d) Aos maiores de sessenta anos de idade fica assegurada a gratuidade dos transportes coletivos públicos urbanos.

e) O acolhimento de pessoas idosas em situação de risco social, por adulto ou núcleo familiar, caracteriza a dependência econômica, para os efeitos legais.

RESPOSTA: E

De acordo com a redação do aludido dispositivo, pode-se questionar se a pessoa idosa acolhida em situação de risco social passa a ser dependente econômico para fins previdenciários, estabelecendo um possível conflito aparente de normas. Contudo, a questão resolve-se pelo critério da especialidade. A previsão do Estatuto da Pessoa Idosa é genérica, enquanto que a lei de benefícios da previdência social é especial.

▸ Como esse assunto foi cobrado em concurso?

No concurso para Defensor Público do Espírito Santo (DP/ES/2012 – CESPE), foi perguntado se a modalidade de atendimento apoio à pessoa idosa inclui a residência em república, importante alternativa de residência para idosos independentes. Portaria nº 73/2001. O item foi considerado correto.

▸ **Como esse assunto foi cobrado em concurso?**

No concurso para Defensor Público do Paraná (DP/PR/2015 - CESPE), foi perguntado o seguinte item: Ao idoso que receba alta hospitalar e não atenda aos critérios de elegibilidade para a assistência domiciliar será fornecida residência temporária, na modalidade de serviço de regime de internação temporária de atendimento ao idoso dependente que requeira cuidados biopsicossociais sistematizados. O item foi considerado correto.

2.1.8.1. Benefício de Prestação Continuada (BCP) à pessoa idosa

O EPI prevê no art. 34 o denominado **Benefício de Prestação Continuada** (BCP).

O EPI dispõe que às pessoas idosas **a partir de 65 (sessenta e cinco) anos,** que não possuam meios para prover sua subsistência, nem de tê-la provida por sua família, é **assegurado o benefício mensal de 1 (um) salário mínimo,** nos termos da Lei Orgânica da Assistência Social - LOAS (art. 34, *caput,* do EPI).

Tal benefício de prestação continuada possui previsão também no **art. 203 da CF** e no **art. 20 da LOAS:**

> "O benefício de prestação continuada é a garantia de um salário mínimo mensal à pessoa com deficiência e ao idoso com 65 (sessenta e cinco) anos ou mais que comprovem não possuir meios de prover a própria manutenção nem de tê-la provida por sua família."

Segundo a LOAS, a **família** é composta pelo requerente, o cônjuge ou companheiro, os pais e, na ausência de um deles, a madrasta ou o padrasto, os irmãos solteiros, os filhos e enteados solteiros e os menores tutelados, desde que vivam sob o mesmo teto.

Para os efeitos da lei é considerado incapaz de prover a manutenção da pessoa com deficiência ou idosa a família cuja renda mensal ***per capita*** seja inferior a 1/4 (um quarto) do salário mínimo.

O BCP **não pode ser acumulado** pelo beneficiário com qualquer outro no âmbito da seguridade social ou de outro regime, salvo os da assistência médica e da pensão especial de natureza indenizatória.

A LOAS ainda esclarece que a condição de acolhimento em **instituições de longa permanência** não prejudica o direito da pessoa idosa ou da pessoa com deficiência ao benefício de prestação continuada.

Por sua vez, o **Decreto nº 6.214/07**, alterado pelo **Decreto nº 8.805/16**, regulamenta o benefício de prestação continuada da assistência social devido à pessoa com deficiência e à pessoa idosa de que trata a Lei nº 8.742, de 7 de dezembro de 1993, e a Lei nº 10.741, de 1º de outubro de 2003.

De acordo com o mencionado Decreto, para o reconhecimento do benefício, **considera-se pessoa idosa** aquele com idade de sessenta e cinco anos ou mais (art. 4º, inc. I).

Para se **habilitar** e fazer jus ao benefício da pessoa idosa deverá comprovar:

> I - contar com sessenta e cinco anos de idade ou mais;
>
> II - renda mensal bruta familiar, dividida pelo número de seus integrantes, inferior a um quarto do salário mínimo; e
>
> III - não possuir outro benefício no âmbito da Seguridade Social ou de outro regime, inclusive o seguro-desemprego, salvo o de assistência médica e a pensão especial de natureza indenizatória.

A comprovação da condição prevista de não possuir outro benefício no âmbito da Seguridade Social ou de outro regime poderá ser feita mediante **declaração da pessoa idosa** ou, no caso de sua incapacidade para os atos da vida civil, do seu **curador**.

Para a **comprovação** da idade da pessoa idosa, os seguintes documentos poderão ser apresentados:

> I - certidão de nascimento;
>
> II - certidão de casamento;
>
> III - certificado de reservista;
>
> IV - carteira de identidade; ou
>
> V - carteira de trabalho e previdência social.

Na hipótese de idoso **brasileiro naturalizado** deverão ainda ser juntados os seguintes documentos:

> I - título declaratório de nacionalidade brasileira; e
>
> II - carteira de identidade ou carteira de trabalho e previdência social.

▸ **Lembrando!**

O Benefício de Prestação Continuada será concedido ao brasileiro, **naturalizado ou nato**, que comprove domicílio e residência no Brasil e atenda os demais requisitos previstos no EPI, na LOAS e no Regulamento.

Há quem entenda que pessoas estrangeiras não tenham direito ao BCP, porém, já decidiu o STF, no RE 587970, pela concessão do benefício de prestação continuada, previsto no art. 203, V, da CF, a uma italiana residente no Brasil há 57 anos.

Pode ser concedido o Benefício de Prestação Continuada **independente da interdição judicial** da pessoa idosa ou da pessoa com deficiência.

Na hipótese de descumprimento das Leis e do Regulamento, qualquer pessoa física ou jurídica de direito público ou privado, especialmente os Conselhos de Direitos, os Conselhos de Assistência Social e as Organizações Representativas de pessoas com deficiência e de idosos, poderá provocar a **iniciativa das autoridades** do Ministério do Desenvolvimento Social e Combate à Fome, do Ministério da Previdência Social, do INSS, do Ministério Público e órgãos de controle social, fornecendo-lhes informações sobre irregularidades na aplicação e concessão do benefício.

▸ **Como esse assunto foi cobrado em concurso?**

No Concurso de Auditor de Controle (CESPE. TCE-PA. 2016) foi perguntado se: Aos idosos, com sessenta anos de idade ou mais, que não possuam meios para prover sua subsistência é assegurado o benefício de um salário mínimo mensal, independentemente da condição econômica de sua família, ficando os membros da família responsáveis solidariamente pelas necessidades do idoso que ultrapassem o patamar de um salário mínimo.

O item foi considerado falso.

▸ **Como esse assunto foi cobrado em concurso?**

No concurso para Defensor Público da Bahia (DPBA/2010 – CESPE): foi elaborada a seguinte assertiva: Considere a seguinte situação hipotética: João e Maria, maiores de setenta anos de idade, carentes, moram juntos e não possuem meios para prover sua subsistência nem podem tê-la provida por sua família. A Maria foi assegurado o benefício mensal de um salário mínimo, nos termos da Lei Orgânica da Assistência Social. Nessa situação, João fica impedido de receber o mesmo benefício, dado o não atendimento, pelo casal, do requisito da renda familiar per capita. A assertiva foi considerada errada. Art. 34, *caput*, do E.I.

▸ **Como esse assunto foi cobrado em concurso?**

Foi perguntado no concurso de Promotor de Justiça de Goiás (MP/GO/2012) se é direito da pessoa idosa o benefício mensal de 1 salário mínimo para aqueles que, com idade igual ou superior a 60 anos, não tenham meios para prover sua subsistência por si ou por sua família. ERRADO

O benefício acima referido, já concedido a qualquer membro da família, **não** será computado para os fins do cálculo da renda familiar ***per capita*** a que se refere a LOAS (art. 34, parágrafo único do EPI).

▸ **Como esse assunto foi cobrado em concurso?**

No concurso para Promotor de Justiça Substituto (MPE-PR - 2023 - MPE-PR - Promotor Substituto), foi perguntado:

No que diz respeito ao Direito do Idoso, é correto afirmar que:

a) O benefício de prestação continuada (BPC) é a garantia de um salário-mínimo mensal ao idoso com 75 (setenta e cinco) anos ou mais que comprove não possuir meios de prover a própria manutenção nem de tê-la provida por sua família e deve ser revisto a cada 2 (dois) anos para avaliação da continuidade das condições que lhe deram origem, cessando o pagamento do benefício em caso de morte do beneficiário. Para os efeitos do benefício de prestação continuada, a família é composta pelo requerente, o cônjuge ou companheiro, os pais e, na ausência de um deles, a madrasta ou o padrasto, os irmãos solteiros, os filhos e enteados solteiros e os menores tutelados, independentemente de viverem sob o mesmo teto.

b) A adoção do critério cronológico pelo Estatuto do Idoso, estabelecendo os 60 (sessenta) anos de idade, alterou a regra da redução, de metade, dos prazos de prescrição da pretensão punitiva prevista no Código Penal para a pessoa maior de 70 (setenta) anos na data da sentença condenatória.

c) A condição de acolhimento em instituições de longa permanência (ILP) prejudica o direito do idoso ao benefício de prestação continuada e o beneficiário em gozo de benefício de prestação continuada concedido judicial ou administrativamente poderá ser convocado para avaliação das condições que ensejaram sua concessão ou manutenção.

d) O benefício de prestação continuada ou o benefício previdenciário no valor de até 1 (um) salário-mínimo concedido a idoso acima de 65 (sessenta e cinco) anos de idade deverá ser computado, para fins de indeferimento do benefício de prestação continuada a outro idoso da mesma família.

e) O Estatuto do Idoso dispõe que o benefício assistencial já concedido a qualquer membro da família não será computado para fins do cálculo da renda familiar per capita a que se refere a Lei Orgânica da Assistência Social (LOAS).

RESPOSTA: E.

O BCP concedido à pessoa idosa não pode ser contabilizado no cálculo da renda familiar para fins do benefício assistencial a ser deferido à pessoa com deficiência, razão pela qual o STF reconheceu a **inconstitucionalidade parcial por omissão** do parágrafo único do art. 34, parágrafo único do EPI, em razão da discriminação indevida (RE 580963 RG, Relator (a): Min. GILMAR MENDES, julgado em 16/09/2010, PROCESSO ELETRÔNICO DJe-190 DIVULG 07-10-2010 PUBLIC 08-10-2010 RT v. 100, n. 904, 2011, p. 131-133).

STF – O Min. Gilmar Mendes aludiu que a Corte deveria revisitar a controvérsia, tendo em conta discrepâncias, haja vista a existência de ação direta de inconstitucionalidade com efeito vinculante e, ao mesmo tempo, pronunciamentos em reclamações, julgadas de alguma forma improcedentes, com a validação de decisões contrárias ao que naquela decidido. Enfatizou que a questão seria relevante sob dois prismas: 1º) a evolução ocorrida; e 2º) a concessão de outros benefícios com a adoção de critérios distintos de 1/4 do salário mínimo. O Min. Luiz Fux considerou que, nos casos em que a renda per capita superasse até 5% do limite legal em comento, os juízes teriam flexibilidade para conceder a benesse, compreendido como grupo familiar os integrantes que contribuíssem para a sobrevivência doméstica. No tocante ao parágrafo único do art. 34 do Estatuto do Idoso, o Min. Gilmar Mendes reputou violado o princípio da isonomia. Realçou que, no referido estatuto, abrira-se exceção para o recebimento de dois benefícios assistenciais de idoso, mas não permitira a percepção conjunta de benefício de idoso com o de deficiente ou de qualquer outro previdenciário. Asseverou que o legislador incorrera em equívoco, pois, em situação absolutamente idêntica, deveria ser possível a exclusão do cômputo do benefício, independentemente de sua origem. (RE 567985/MT, rel. orig. Min. Marco Aurélio, red. p/o acórdão Min. Gilmar Mendes, 17 e 18.4.2013)

STJ – O benefício previdenciário de valor mínimo recebido por pessoa acima de 65 anos não deve ser considerado na composição da renda familiar, para fins de concessão do benefício assistencial a outro membro da família, conforme preconiza o art. 34, parágrafo único, da Lei n. 10.741/2003 (Estatuto do Idoso). Precedentes citados: Pet 7.203-PE, DJe 11/10/2011, AREsp 232.991-SC, DJe 25/9/2012; AgRg no Ag 1.394.595-SP, DJe 9/5/2012, e AgRg no REsp 1.247.868-RS, DJe 13/10/2011. (AgRg no AREsp 215.158-CE, Rel. Min. Mauro Campbell Marques, julgado em 18/10/2012).

▸ **Como esse assunto foi cobrado em concurso?**

No concurso de Assessor Jurídico Ministerial (MPE – RN/2014), foi questionado se aos idosos, a partir de 60 (sessenta) anos, que não possuam meios para prover sua subsistência, nem de tê-la provida por sua família, é assegurado o benefício mensal de 1 (um) salário mínimo, nos termos da Lei Orgânica da Assistência Social. ERRADO

2.1.9. *Direito à habitação*

A moradia é condição essencial para a garantia da dignidade da pessoa humana e para uma vida saudável, razão pela qual o art. 6º, da CF, prevê de forma expressa o direito à moradia como um **direito social**.

O **art. XXV, nº 1, da Declaração Universal dos Direitos do Homem e do Cidadão** estabelece que:

> I) Todo o homem tem direito a um padrão de vida capaz de assegurar a si e a sua família saúde e bem-estar, inclusive alimentação, vestuário, habitação, cuidados médicos e os serviços sociais indispensáveis, e direito à segurança em caso de desemprego, doença, invalidez, viuvez, velhice ou outros casos de perda de meios de subsistência em circunstâncias fora de seu controle.

Por sua vez, o **Protocolo de Direitos Sociais Econômicos e Culturais** (Protocolo de San Salvador), em seu **art. 17**, traça disposições de proteção às pessoas idosas:

> Toda pessoa tem direito à proteção especial na velhice. Nesse sentido, os Estados-Partes comprometem-se a adotar de maneira progressiva as medidas necessárias a fim de pôr em prática este direito e, especialmente, a:
>
> a. Proporcionar instalações adequadas, bem como alimentação e assistência médica especializada, às pessoas de idade avançada que careçam delas e não estejam em condições de provê-las por seus próprios meios;
>
> b. Executar programas trabalhistas específicos destinados a dar a pessoas idosas a possibilidade de realizar atividade produtiva adequada às suas capacidades, respeitando sua vocação ou desejos;
>
> c. Promover a formação de organizações sociais destinadas a melhorar a qualidade de vida das pessoas idosas.

A Convenção Interamericana dos Direitos Humanos da Pessoa Idosa, embora assinada e aprovada pelos Estados-Membros da Organização dos Estados Americanos (OEA) no dia 15 de junho de 2015, ainda não ratificada pelo Brasil, trata expressamente do direito à moradia no art. 24, ao prever que:

> "O idoso tem direito à moradia digna e adequada, e a viver em ambientes seguros, saudáveis, acessíveis e adaptáveis a suas preferências e necessidades.
>
> Os Estados Partes deverão adotar as medidas pertinentes para promover o pleno gozo deste direito e facilitar o acesso do idoso a serviços sociossanitários integrados e a ser-

> viços de cuidados domiciliares que lhe permitam residir em seu próprio domicílio conforme a sua vontade.
>
> Os Estados Partes deverão garantir o direito do idoso à moradia digna e adequada e adotarão políticas de promoção do direito à moradia e do acesso à terra reconhecendo as necessidades do idoso e atribuindo prioridade aos que se encontrem em situação de vulnerabilidade. Além disso, os Estados Partes fomentarão progressivamente o acesso ao crédito habitacional ou outras formas de financiamento sem discriminação, promovendo, entre outros, a colaboração com o setor privado, a sociedade civil e outros atores sociais. As políticas deverão levar especialmente em conta:
>
> a. A necessidade de construir ou adaptar progressivamente soluções habitacionais para que estas sejam arquitetonicamente adequadas e acessíveis ao idoso com deficiência e com impedimentos relacionados com sua mobilidade.
>
> b. As necessidades específicas do idoso, particularmente o que vive sozinho, por meio de subsídios para o aluguel, apoio às renovações da habitação e outras medidas pertinentes, segundo a capacidade dos Estados Partes.
>
> Os Estados Partes promoverão o estabelecimento de procedimentos expeditos de reclamação e justiça em caso de desalojamento de idosos e adotarão as medidas necessárias para protegê-los contra os desalojamentos forçados ilegais.
>
> Os Estados Partes deverão promover programas para a prevenção de acidentes no entorno e no domicílio do idoso.".

O Conselho Nacional dos Direitos Humanos - CNDH, elaborou a recomendação n. 22/2020 para que a Câmara dos Deputados aprove o Projeto de Decreto Legislativo para continuar a internalização da Convenção Interamericana sobre a Proteção dos Direitos Humanos dos Idosos.

O EPI estabelece que a pessoa idosa terá direito **à moradia digna**, no seio da família natural ou substituta, ou desacompanhado de seus familiares, quando assim o desejar, ou, ainda, em instituição pública ou privada (art. 37 do EPI).

> ▸ **Atenção!**
>
> A pessoa idosa possui o direito de **escolher** se viverá acompanhado de seus familiares ou sozinho.

A assistência integral na modalidade de entidade de longa permanência será prestada quando **verificada inexistência** de grupo familiar, casa-lar, abandono ou carência de recursos financeiros próprios ou da família.

A assistência integral é a última **alternativa** de atendimento à pessoa idosa.

O atendimento integral institucional à pessoa idosa poderá receber diversos nomes como: **abrigo, asilo, lar, casa de repouso, clínica geriátrica, ancianato** e destina-se prioritariamente às **pessoas idosas sem famílias**, em situação de vulnerabilidade, oferecendo-lhes serviços nas áreas social, psicológica, médica, de fisioterapia, de terapia ocupacional, de enfermagem, de odontologia e outras atividades especificas para este segmento social.

Segundo o STJ, como "medida específica de proteção", o abrigamento é procedimento extremo, cuja utilização se admite somente quando outras ações protetivas das pessoas idosas se mostrarem insuficientes ou inviáveis para afastar situação de risco à vida, saúde, integridade física e mental. *Art. 45, V e VI, da Lei 10.741/2003* (REsp n. 1.680.686/RJ, relator Ministro Herman Benjamin, Segunda Turma, julgado em 21/11/2017, DJe de 7/8/2020).

As instituições dedicadas ao atendimento à pessoa idosa são obrigadas a manter **identificação externa visível**, sob pena de **interdição**, além de atender toda a legislação pertinente. Tal providência é necessária para a publicidade e para facilitar a possibilidade de fiscalização da instituição.

▸ **Como esse assunto foi cobrado em concurso?**

No Concurso para Advogado (SAMAE de Jaguariaíva-PR. 2016) foi perguntado:

Considerando-se a Lei nº 10.741/03 – Estatuto do Idoso, analisar os itens abaixo:

I – No sistema de transporte coletivo interestadual deverá haver reserva de duas vagas gratuitas por veículo para idosos com renda igual ou inferior a dois salários mínimos.

II – O idoso tem direito à moradia digna, no seio da família natural ou substituta, ou desacompanhado de seus familiares, quando assim o desejar, ou, ainda, em instituição pública ou privada.

Os itens I e II estão corretos.

▸ **Como esse assunto foi cobrado em concurso?**

No concurso para Defensor Público do Maranhão (DP/MA/2011 - CESPE), foi questionado se, sob pena de interdição, toda instituição dedicada ao atendimento ao idoso é obrigada a manter identificação externa visível. CORRETO

As Instituições que abrigam pessoas idosas possuem **obrigações:**

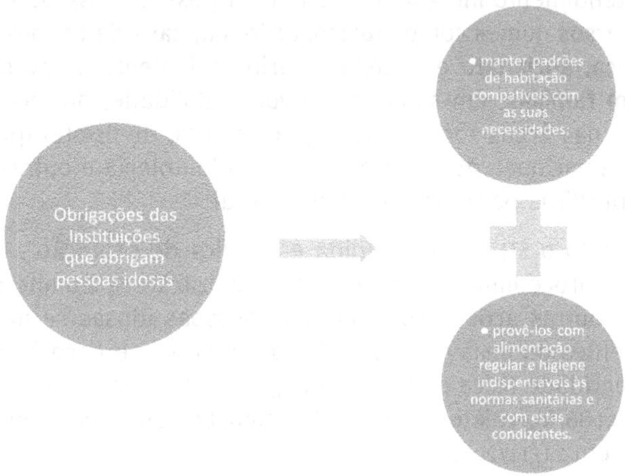

A pessoa idosa gozará de **prioridade nos programas habitacionais,** públicos ou subsidiados com recursos públicos, para a aquisição de imóvel para moradia própria, observado o seguinte:

- reserva de **pelo menos 3% (três por cento)** das unidades habitacionais residenciais para atendimento às pessoas idosas;
- implantação de equipamentos urbanos comunitários voltados à pessoa idosa;
- **eliminação de barreiras arquitetônicas e urbanísticas,** para garantia de acessibilidade à pessoa idosa;
- critérios de **financiamento compatíveis** com os rendimentos de aposentadoria e pensão.

▸ **Como esse assunto foi cobrado em concurso?**

No Concurso para Defensor Público (FCC.DPE-ES. 2016) foi perguntado: O Estatuto do Idoso é um dos diplomas legais que busca robustecer a tutela coletiva dos direitos dos idosos, que conjugando-se com outros grupos vulneráveis, dispõe sobre os seguintes direitos, com EXCEÇÃO de

a) As instituições filantrópicas ou sem fins lucrativos prestadoras de serviço ao idoso terão direito à assistência judiciária gratuita;

b) Os alimentos serão prestados ao idoso na forma da lei civil e as transações relativas a alimentos poderão ser celebradas perante o Promotor de Justiça ou Defensor Público, que as referendará, e passarão a ter efeito de título executivo extrajudicial nos termos da lei processual civil;

c) Aos maiores de sessenta e cinco anos fica assegurada a gratuidade dos transportes coletivos públicos urbanos e semiurbanos, exceto nos serviços seletivos e especiais, quando prestados paralelamente aos serviços regulares;

d) As entidades que desenvolvam programas de institucionalização de longa permanência adotarão como princípios norteadores a preservação dos vínculos familiares e a manutenção do idoso na mesma instituição, salvo em caso de força maior;

e) Nos programas habitacionais, públicos ou subsidiados com recursos públicos, o idoso goza de prioridade na aquisição de imóvel para moradia própria, observada a reserva de 8% das unidades habitacionais para o atendimento aos idosos ou de pessoas por ele indicadas.

A alternativa e) foi considerada correta.

▸ Como esse assunto foi cobrado em concurso?

No concurso para Promotor de Justiça da Bahia (MP/BA/2015 – CEFET) foi elaborada a seguinte proposição: Nos programas habitacionais, públicos ou subsidiados com recursos públicos, o idoso goza de prioridade na aquisição de imóvel para moradia própria, observada reserva de pelo menos 3% (três por cento) das unidades habitacionais residenciais para atendimento desses cidadãos, implantando-se os equipamentos urbanos comunitários necessários, eliminando-se as barreiras arquitetônicas e urbanísticas, para a garantia da sua acessibilidade, e estabelecendo-se critérios de financiamento compatíveis com os rendimentos de aposentadoria e pensão. A proposição foi considerada verdadeira.

▸ Como esse assunto foi cobrado em concurso?

Foi perguntado no concurso para Promotor de Justiça do Mato Grosso (MP/MT/2012 – UFMT), se o Estatuto do Idoso reserva uma determinada porcentagem de unidades residenciais em qualquer programa habitacional público ou subsidiado por recursos públicos e qual seria essa porcentagem. CORRETO

▸ **Como esse assunto foi cobrado em concurso?**

No concurso para Promotor de Justiça de São Paulo (MP/SP/2013 – VUNESP), foi questionado se, nos programas habitacionais, públicos ou subsidiados com recursos públicos, o idoso goza de prioridade na aquisição de imóvel para moradia própria, incluindo-se a reserva de 3% (três por cento) das unidades residenciais para o seu atendimento e critérios de financiamento compatíveis com os rendimentos de aposentadoria e pensão. Correto.

▸ **Como esse assunto foi cobrado em concurso?**

No concurso para Procurador Jurídico (Câmara Municipal de Pindorama – VUNESP – 2020 – SP), foi perguntado o seguinte:

Sobre os direitos e proteção dos idosos, assinale a alternativa correta.

a) Nos programas habitacionais subsidiados com recursos públicos, o idoso goza de prioridade na aquisição de imóvel para moradia própria, devendo haver a reserva de pelo menos 5% (cinco por cento) das unidades habitacionais residenciais para atendimento aos idosos.

b) Aos maiores de 60 (sessenta) anos é assegurada a gratuidade dos transportes coletivos públicos urbanos.

c) Exceto em caso de emergência, nos atendimentos de saúde, os idosos maiores de oitenta anos terão preferência sobre os demais idosos.

d) Mesmo que o idoso esteja no domínio de suas faculdades mentais e não haja iminente risco de vida, compete exclusivamente ao médico optar pelo tratamento de saúde que reputar mais favorável.

e) Ao idoso internado ou em observação não é assegurado o direito a acompanhante.

Alternativa correta: c

O Decreto Presidencial nº 9.921/19 (art. 8º, inc. II) estabelece que será de atribuição do Ministério do Desenvolvimento Regional, por meio da Secretaria Nacional de Desenvolvimento Regional e Urbano, promover gestões para viabilizar linhas de crédito visando o acesso a moradias para à pessoa idosa, junto:

a) às entidades de crédito habitacional;

b) aos governos dos Estados e do Distrito Federal; e

c) a entidades, públicas ou privadas, relacionadas com os investimentos habitacionais.

Importante destacar que a **Lei nº 10.098/00** estabelece normas gerais e critérios básicos para a promoção de acessibilidade das pessoas com deficiência ou ainda com **mobilidade reduzida (pessoas idosas)**, mediante a supressão de barreiras e obstáculos nas vias públicas e também nos espaços públicos, mobiliário urbano, construção e reforma de edifícios e nos meios de transporte e comunicação.

Por fim, o art. 4º da Lei que dispõe sobre o Sistema Nacional de Habitação de Interesse Social – SNHIS, em seu inciso II, alínea *h*, determina que é diretriz estabelecer mecanismos de quotas para idosos, deficientes e famílias chefiadas por mulheres dentre o grupo identificado como o de menor renda.

2.1.10. *Direito ao transporte*

O **art. 230, § 2º, da CF** estabelece que: "Aos maiores de sessenta e cinco anos é garantida a gratuidade dos transportes coletivos urbanos."

> Já se manifestou o STF no sentido de que o **art. 230, § 2º, da CF é** de eficácia plena e aplicabilidade imediata (AI 707.810-AgR, rel. min. Rosa Weber, julgamento em 22-5-2012, Primeira Turma, DJE de 6-6-2012).

Por sua vez, o Estatuto da Pessoa Idosa confere a gratuidade aos **maiores de 65 (sessenta e cinco) anos** nos transportes coletivos públicos urbanos e semiurbanos, **exceto** nos serviços seletivos e especiais, quando prestados paralelamente aos serviços regulares (art. 39, *caput*, do EPI).

▸ Como esse assunto foi cobrado em concurso?

No concurso para Técnico Municipal - Administrativa (IBADE - 2024 - Prefeitura de Manaus - AM), foi perguntado:

Em consonância com o Estatuto do Idoso, assinale a alternativa INCORRETA.

a) A pessoa idosa tem direito a educação, cultura, esporte, lazer, diversões, espetáculos, produtos e serviços que respeitem sua peculiar condição de idade.

b) Se a pessoa idosa ou seus familiares não possuírem condições econômicas de prover o seu sustento, impõe-se ao poder público esse provimento, no âmbito da assistência social.

c) É vedada a discriminação da pessoa idosa nos planos de saúde pela cobrança de valores diferenciados em razão da idade.

d) É vedado exigir o comparecimento da pessoa idosa enferma perante os órgãos públicos, hipótese na qual será admitido o seguinte procedimento quando de interesse do poder público, o agente promoverá o contato necessário com a pessoa idosa em sua residência.

e) Aos maiores de 60 anos fica assegurada a gratuidade dos transportes coletivos públicos urbanos e semi-urbanos, exceto nos serviços seletivos e especiais, quando prestados paralelamente aos serviços regulares.

RESPOSTA: E

▸ Como esse assunto foi cobrado em concurso?

Foi perguntado no concurso de Defensor Público do Amazonas (DP/AM/2011 - Instituto cidades), se é direito do idoso expressamente previsto no texto constitucional a gratuidade dos transportes coletivos urbanos aos maiores de sessenta e cinco anos. CORRETO

▸ Como esse assunto foi cobrado em concurso?

No Concurso para Promotor de Justiça do Estado de Goiás (MPE-GO. 2016) foi perguntado sobre os direitos previstos no Estatuto do Idoso, sendo considerada ***incorreta a alternativa b):*** Ainda que não haja legislação local, ao idoso com 60 (sessenta) anos fica assegurada a gratuidade dos transportes coletivos públicos urbanos e semiurbanos.

▸ Como esse assunto foi cobrado em concurso?

No Concurso de Auditor de Controle (CESPE. TCE-PA. 2016) foi perguntado se: À luz do Código de Defesa do Consumidor (CDC) e do Estatuto do Idoso, julgue os itens a seguir.

Embora o Estatuto do Idoso regule direitos assegurados a pessoas de idade igual ou superior a sessenta anos, a gratuidade nos transportes coletivos públicos urbanos nele prevista é assegurada àqueles com mais de sessenta e cinco anos de idade.

O item foi considerado verdadeiro.

STF – O Tribunal iniciou julgamento de ação direta de inconstitucionalidade ajuizada pelo Procurador-Geral da República contra a expressão "exceto nos serviços seletivos e especiais, quando prestados paralelamente aos serviços regulares", constante do *caput* do art. 39, da Lei 10.741/2003 (Estatuto do Idoso), que assegura aos maiores de 65 anos a gratuidade dos transportes coletivos públicos e urbanos e semiurbanos, e do art. 94, do mesmo diploma legal, que determina a aplicação, aos crimes tipificados nessa lei, cuja pena máxima privativa de liberdade não ultrapasse 4 anos, do procedimento previsto na Lei 9.099/95, e, subsidiariamente, no que couber, as disposições do Código Penal e do Código de Processo Penal. Preliminarmente, o Tribunal não conheceu da ação relativamente ao art. 39 da lei impugnada, por já ter se pronunciado pela constitucionalidade desse dispositivo quando do julgamento da ADI 3768/DF (DJE de 26.10.2007). Em seguida, a Min. Cármen Lúcia, relatora, julgou parcialmente procedente o pedido formulado para dar interpretação conforme a Constituição ao art. 94 da Lei 10.741/2003, no sentido de que, aos crimes previstos nessa lei, cuja pena máxima privativa de liberdade não ultrapasse 4 anos, aplica-se o procedimento sumaríssimo previsto na Lei 9.099/95, não se admitindo interpretação que permita aplicação benéfica ao autor do crime cuja vítima seja idoso. Asseverou que, se interpretada a norma no sentido de que seriam aplicáveis aos crimes cometidos contra os idosos os benefícios da Lei 9.099/95, a lei impugnada seria inconstitucional, haja vista a possibilidade de, em face de um único diferencial, qual seja, a idade da vítima do delito, ter-se, por exemplo, um agente respondendo perante o Sistema Judiciário Comum e outro com todos os benefícios da Lei dos Juizados Especiais, não obstante a prática de crimes da mesma gravidade (pena máxima não superior a 4 anos). Assim, estabelecendo que seria aplicável apenas o procedimento sumaríssimo previsto na Lei 9.099/95 aos crimes mencionados, o idoso seria, então, beneficiado com a celeridade processual, mas o autor do crime não seria beneficiado com eventual conciliação ou transação penal. Em divergência, o Min. Eros Grau julgou improcedente o pleito, por reputar, tendo em conta não ter sido apontada, na inicial, a violação a nenhum preceito constitucional, não caber ao Supremo o exercício do controle da razoabilidade e da proporcionalidade das leis. Após, pediu vista dos autos o Min. Carlos Britto. (ADI 3096/DF, rel. Min. Cármen Lúcia, 19.8.2009).

A pessoa idosa, para o acesso à gratuidade, poderá apresentar **qualquer documento pessoal** que faça prova de sua idade (art. 39, § 1º, do EPI).

▸ **Como esse assunto foi cobrado em concurso?**

No concurso para Promotor de Justiça da Bahia (MP/BA/2015 – CEFET), foi elaborada a seguinte proposição: Aos maiores de 60 (sessenta) anos fica assegurada a gratuidade dos transportes coletivos públicos urbanos e semiurbanos, exceto nos serviços seletivos e especiais, quando prestados paralelamente aos serviços regulares, bastando a apresentação de qualquer documento pessoal que faça prova de suas idades. A proposição foi considerada falsa.

No transporte coletivo, segundo prevê o EPI, deverá ser reservado **10% (dez por cento) dos assentos** para os beneficiados, devidamente **identificados com a placa** de reservado preferencialmente para idosos (art. 39, § 2º, do EPI).

▸ **Como esse assunto foi cobrado em concurso?**

No concurso para Promotor de Justiça Substituto (FGV - 2024 - MPE-GO - Promotor de Justiça Substituto), foi perguntado:

A Região Integrada de Desenvolvimento do Distrito Federal e Entorno (RIDE/DF) é uma região integrada de desenvolvimento econômico para efeitos de articulação da ação administrativa da União, dos Estados de Goiás, Minas Gerais e do Distrito Federal. Consideram-se de interesse da RIDE os serviços públicos comuns ao Distrito Federal, aos Estados de Goiás e Minas Gerais e aos Municípios que a integram, relacionados com as diversas áreas, entre elas o transporte de passageiros. Idosos residentes em uma das cidades goianas que integram a região da RIDE, buscaram o Ministério Público para relatar múltiplas violações de seus direitos no transporte de passageiros. Considerando o Estatuto do Idoso, no contexto do direito ao transporte, assinale a afirmativa correta.

a) Para que o idoso tenha acesso à gratuidade no transporte semi-urbano deverá apresentar contracheque ou carteira de trabalho para comprovar a renda de até 2 (dois) salários mínimos.

b) O Estatuto do Idoso assegura aos maiores de 60 (sessenta) anos a gratuidade dos transportes coletivos públicos urbanos e semi-urbanos, exceto nos serviços seletivos e especiais, quando prestados paralelamente aos serviços regulares.

c) Conforme preceitua o Estatuto do Idoso, os veículos de transporte coletivo, deverão manter 10% (dez por cento) dos assentos reservados para pessoas idosas, devidamente identificados com a placa "reservado preferencialmente para pessoas idosas".

d) No caso das pessoas compreendidas na faixa etária acima de 65 (sessenta e cinco) anos, ficará a critério da legislação local dispor sobre as condições para exercício da gratuidade nos meios de transporte.

e) No transporte semi-urbano a gratuidade está vinculada a reserva de 2 (duas) vagas por veículo para pessoas idosas com renda igual ou inferior a 2 (dois) salários mínimos.

RESPOSTA: C.

▸ **Como esse assunto foi cobrado em concurso?**

No concurso para Promotor de Justiça da Bahia (MP/BA/2015 – CEFET), foi elaborada a seguinte proposição: Nos veículos de transporte coletivo serão reservados 15% (quinze por cento) dos assentos para os idosos, devidamente identificados com a placa de "reservado preferencialmente para idosos". A proposição foi considerada falsa.

O art. 3º da Lei nº 10.048/00, já previa que: "As empresas públicas de transporte e as concessionárias de transporte coletivo reservarão assentos, devidamente identificados, às pessoas com deficiência, às pessoas com transtorno do espectro autista, às pessoas idosas, às gestantes, às lactantes, às pessoas com criança de colo e às pessoas com mobilidade reduzida." (Redação dada pela Lei nº 14.626, de 2023). Trata-se de uma medida para que se fixe um percentual de vagas e sejam afixadas placas para a informação, sujeita a infração prevista no art. 6º, da mencionada Lei. As vagas não são de uso exclusivo de idoso, trata-se de uso preferencial, ou seja, caso não haja idoso ocupando a vaga, qualquer um poderá ocupá-la.

▸ Como esse assunto foi cobrado em concurso?

No concurso para Guarda Municipal (CETREDE - 2025 - Prefeitura de São Benedito - CE - Guarda Municipal), foi perguntado:

O Estatuto do Idoso foi criado buscando garantir direitos às pessoas com idade mais avançada, definida em seus termos. É um direito assegurado pelo Estatuto do Idoso.

a) Aposentadoria compulsória.

b) Gratuidade nos transportes.

c) Trabalho remunerado.

d) Voto facultativo.

e) Habilitação para dirigir.

RESPOSTA: B.

▸ Como esse assunto foi cobrado em concurso?

No concurso para Promotor de Justiça do Mato Grosso do Sul (MP/MS/2013), foi questionado, se é assegurado aos maiores de sessenta e cinco anos, a gratuidade dos transportes coletivos públicos urbanos e semiurbanos, exceto nos serviços seletivos e especiais, quando prestados paralelamente aos serviços regulares. O item foi considerado correto.

O art. 39, § 3º, do EPI, estabelece que a legislação local poderá dispor sobre as condições da gratuidade nos meios de transporte para as pessoas **entre 60 a 65 anos.**

O art. 22, inc. XI, da CF, prevê a competência privativa da União para legislar sobre trânsito e transporte, contudo, o EPI confere aos **municípios a competência para legislar** sobre as condições da gratuidade nos meios de transporte para as pessoas entre 60 a 65 anos, pois o art. 30, inc. I da CF, confere aos municípios a competência para legislar sobre assuntos locais, bem como para organizar e prestar, diretamente ou sob regime de concessão ou permissão, os serviços públicos de interesse local, incluído o de transporte coletivo, que tem caráter essencial.

Na hipótese do **transporte coletivo interestadual:**

No sistema de transporte coletivo interestadual deverá ser observado, nos termos da legislação específica:	- reserva de **2 (duas) vagas gratuitas** por veículo para idosos com renda igual ou inferior a 2 (dois) salários mínimos;
	- **desconto de 50%, no mínimo,** no valor das passagens, para os idosos que excederem as vagas gratuitas, com renda igual ou inferior a 2 (dois) salários mínimos.

Sobre essa questão o STJ já decidiu que o "direito da pessoa idosa com renda igual ou inferior a dois salários mínimos a duas vagas gratuitas no transporte coletivo interestadual abrange, além do valor da passagem, as tarifas de pedágio e de utilização do terminal, de modo que atos normativos que limitem indevidamente esse direito denotam excesso no poder regulamentar. Decretos n. 5.934/2006, 3.691/2000 e 9.921/2019." (AgInt no REsp n. 2.077.166/SC, relator Ministro Benedito Gonçalves, Primeira Turma, julgado em 11/11/2024, DJe de 14/11/2024).

A ANTT, através da Resolução n. 233/03, prevê sanções para o descumprimento da hipótese acima referida, relacionadas ao transporte à pessoa idosa:

> "**Art. 1º** Constituem infrações aos serviços de transporte rodoviário de passageiros sob a modalidade interestadual e internacional, sem prejuízo de sanções por infrações às normas legais, regulamentares e contratuais não previstas na presente Resolução, os seguintes procedimentos, classificados em Grupos conforme a natureza da infração, passíveis de aplicação de multa, que será calculada tendo como referência o coeficiente tarifário - CT vigente para o serviço convencional com sanitário, em piso pavimentado.
>
> I - multa de 10.000 vezes o coeficiente tarifário:
>
> (...)
>
> m) emitir "Bilhete de Embarque Gratuidade", sem observância das especificações; (Redação da alínea dada pela Resolução ANTT Nº 5063 DE 30/03/2016).

n) emitir bilhete de passagem com o desconto previsto em legislação específica, sem observância das especificações; (Redação da alínea dada pela Resolução ANTT Nº 5063 DE 30/03/2016).

(...)

II - multa de 20.000 vezes o coeficiente tarifário:

(...)

r) não emitir documento ao beneficiário, indicando a data, a hora, o local e o motivo da recusa em conceder as gratuidades e descontos estabelecidos na legislação específica; (Alínea acrescentada pela Resolução ANTT Nº 5063 DE 30/03/2016).

III - multa de 30.000 vezes o coeficiente tarifário:

(...)

m) não disponibilizar os assentos previstos para transporte gratuito e com desconto no valor de passagem, na quantidade e prazo estabelecidos na legislação específica; (Redação da alínea dada pela Resolução ANTT Nº 5063 DE 30/03/2016).

n) não conceder o desconto mínimo de cinquenta por cento do valor da passagem previsto em legislação específica; (Redação da alínea dada pela Resolução ANTT Nº 5063 DE 30/03/2016).

o) não aceitar como prova de idade ou comprovante de rendimento os documentos indicados em legislação específica que trata de benefícios de gratuidade e/ou de desconto no valor de passagem no transporte coletivo interestadual de passageiros; e (Redação da alínea dada pela Resolução ANTT Nº 5063 DE 30/03/2016).

p) não observar o limite de trinta minutos antes da hora marcada para o início da viagem para o comparecimento ao terminal de embarque do beneficiário da gratuidade ou do desconto no valor da passagem previstos na legislação específica. (Redação da alínea dada pela Resolução ANTT Nº 5063 DE 30/03/2016)."

▸ Como esse assunto foi cobrado em concurso?

No concurso para Defensor Público do Paraná (DP/PR/2015 - CESPE), foi elaborado o seguinte item: Em cada veículo, comboio ferroviário ou embarcação do serviço convencional de transporte interestadual de passageiros, serão reservadas duas vagas gratuitas, que poderão ser usadas por idosos, independentemente da condição financeira destes. O item foi considerado errado.

▸ **Como esse assunto foi cobrado em concurso?**

No concurso para Promotor de Justiça da Bahia (MP/BA/2015 - CEFET), foi elaborada a seguinte assertiva: No sistema de transporte coletivo interestadual, observar-se-ão, nos termos da legislação específica, para idosos com renda igual ou inferior a 2 (dois) salários mínimos, a reserva de 3 (três) vagas gratuitas por veículo e o desconto de 50% (cinquenta por cento), no mínimo, no valor das passagens, para os idosos que excederem as vagas gratuitas. A assertiva foi considerada errada.

É possível estender os dispositivos do EPI referentes ao direito do transporte ao **transporte aéreo**?

O MPF em Santarém/PA e no Paraná já ingressou com ações civis públicas, com a finalidade de conferir o transporte aéreo gratuito para pessoas idosas e pessoas deficientes carentes, bem como aos seus acompanhantes, se necessário. Funda-se a ação civil pública no sentido de que a Constituição Federal não restringiu a garantia do passe livre aos transportes terrestres e aquáticos, o que somente é feito infraconstitucionalmente. Com base no Código Civil, sustenta que a expressão transporte interestadual engloba também a via área, pois o contrato de transporte é o instrumento pelo qual se obriga, mediante retribuição, a transportar de um lugar para outro pessoas ou coisas, sem restrição à espécie do veículo a ser utilizado. Ainda, *ad argumentum*, no que se refere ao ICMS, ao tratar de serviço de transporte intermunicipal e interestadual tem sido interpretada como o transporte aéreo compreendido no conceito.

Vagas em estacionamento: A pessoa idosa terá direito a reserva, nos termos da lei local, **de 5% (cinco por cento) das vagas nos estacionamentos públicos e privados**, as quais deverão ser posicionadas de forma a garantir a melhor comodidade à pessoa idosa (art. 41 do EPI).

STJ: A previsão legal de reserva de 5% das vagas nos estacionamentos públicos prevista no art. 41 da Lei n. 10.741/2003 **não impede que a administração** restrinja o uso de determinada área de estacionamento somente às pessoas idosas que, de alguma forma, estão vinculadas às atividades desenvolvidas pelo órgão público (RMS 32.340/DF, Rel. Ministro BENEDITO GONÇALVES, PRIMEIRA TURMA, julgado em 26/10/2010, DJe 04/11/2010).

▸ **Como esse assunto foi cobrado em concurso?**

No concurso para Promotor de Justiça do Mato Grosso (MP/MT/2012 - UFMT), foi questionado sobre a proteção civil especial que é conferida aos idosos pela ordem jurídica brasileira, se o EPI assegura o acesso gratuito aos meios públicos e regulares de transporte coletivo urbano; garante a prioridade na aquisição de imóvel em programas públicos de habitação e assegura o acesso gratuito no sistema de transporte coletivo interestadual e não permite o acesso a tarifas diferenciadas. O item foi considerado correto.

No sistema de transporte coletivo é garantida a prioridade e a segurança da pessoa idosa nos **procedimentos de embarque e desembarque** nos veículos (art. 42 do EPI).

STJ - **É ilegal** a exigência de **cadastramento** do isso perante à concessionária de transporte para o gozar o direito do passe livre (REsp 1057274/RS, Rel. Ministra ELIANA CALMON, SEGUNDA TURMA, julgado em 01/12/2009, DJe 26/02/2010). No mesmo sentido o **TJMG** decidiu que a exigência de cadastro prévio, com a expedição de cartão de acesso, impede o exercício do direito garantido ao idoso. (TJMG; APCV 1.0188.12.005916-0/002; Rel. Des. Oliveira Firmo; Julg. 01/04/2016; DJEMG 05/04/2016)

▸ **Como esse assunto foi cobrado em concurso?**

No concurso de Defensor Público de Goiás (DP/GO/2010 - Instituto cidades), foi perguntado, se o Superior Tribunal de Justiça, a respeito de dispositivos previstos no Estatuto do Idoso, entende que é ilícita a exigência de cadastramento do idoso junto à concessionária de serviço de transporte coletivo, para o gozo do benefício do passe livre. Correto.

▸ **Como esse assunto foi cobrado em concurso?**

No concurso público para Defensor Público da Bahia (DP/BA/2010 - CESPE) foi elaborada a seguinte proposição: O Estatuto do Idoso garante aos maiores de 65 anos de idade a gratuidade dos transportes coletivos públicos urbanos e semiurbanos; no entanto, tal norma foi declarada inconstitucional pelo STF, na medida em que foi criada despesa para as empresas de transporte, sem previsão da devida compensação financeira, o que traria prejuízos graves às concessionárias, a ponto de representar risco ao equilíbrio econômico-financeiro dos contratos de concessão entre a administração e os concessionários. A proposição foi considerada errada. Art. 39, *caput*, e § 3º, do E.I.

O **Decreto nº 9.921/19** define os mecanismos e os critérios para o exercício do direito previsto no art. 40 da Lei nº 10.741, de 1º de outubro de 2003, no sistema de transporte coletivo interestadual, nos modais rodoviário, ferroviário e aquaviário.

Será de competência da Agência Nacional de Transportes Terrestres – ANTT e à Agência Nacional de Transportes Aquaviários – ANTAQ a **edição de normas** complementares objetivando o detalhamento para execução de disposições referidas no Decreto acima mencionado.

O Decreto nº 9.921/19 estabelece alguns **conceitos**:

serviço de transporte interestadual de passageiros – serviço que transpõe o limite do Estado, do Distrito Federal ou do Território;
linha – serviço de transporte coletivo de passageiros executado em uma ligação de dois pontos terminais, nela incluídos os seccionamentos e as alterações operacionais efetivadas, aberto ao público em geral, de natureza regular e permanente, com itinerário definido no ato de sua delegação ou outorga;
seção – serviço realizado em trecho do itinerário de linha do serviço de transporte, com fracionamento do preço de passagem; e
bilhete de viagem da pessoa idosa – documento que comprove a concessão do transporte gratuito da pessoa idosa, fornecido pela empresa prestadora do serviço de transporte, para possibilitar o ingresso da pessoa idosa no veículo.

Segundo dispõe o art. 35 do Decreto nº 9.921/19, conforme definição do art. 40 da Lei nº 10.741, de 2003, ao idoso com **renda igual ou inferior a dois salários mínimos** serão reservadas duas vagas gratuitas por veículo, cabendo aos órgãos competentes definir os mecanismos e os critérios para o exercício destes direitos.

▸ Como esse assunto foi cobrado em concurso?

No concurso para Promotor de Justiça Substituto (VUNESP - 2024 - MPE-RO - Promotor de Justiça Substituto), foi perguntado:

Hipoteticamente, um idoso de 61 anos questiona o Ministério Público de seu Estado se possui direito a transporte interestadual gratuito. Com base no texto atual do Estatuto da Pessoa Idosa, assinale a resposta adequada a ser fornecida a esse idoso.

a) Todos os idosos a partir de 60 anos têm direito a transporte interestadual gratuito, independentemente de sua renda mensal.

b) Idosos a partir de 65 anos têm direito a pagar apenas metade do valor da passagem interestadual, independentemente da comprovação de sua renda mensal, sendo que tal gratuidade se restringe ao transporte municipal.

c) Somente idosos a partir de 65 anos têm direito à gratuidade de transporte interestadual, se comprovado que possuem renda mensal igual ou inferior a dois salários mínimos, sendo reservadas quatro vagas por veículo para esse fim.

d) Idosos a partir de 60 anos têm direito à gratuidade de transporte interestadual se possuírem renda mensal igual ou inferior a dois salários mínimos, sendo reservadas duas vagas por veículo para esse fim.

e) O direito ao transporte interestadual gratuito é garantido a idosos a partir de 65 anos com renda menor ou igual a um salário mínimo.

RESPOSTA: D.

Esclarece o Decreto nº 9.921/19 que se **incluem** na condição de serviço convencional:

> I – os serviços de transporte rodoviário interestadual convencional de passageiros, prestado com veículo de características básicas, com ou sem sanitários, em linhas regulares;
>
> II – os serviços de transporte ferroviário interestadual de passageiros, em linhas regulares; e
>
> III – os serviços de transporte aquaviário interestadual, abertos ao público, realizados em rios, lagos, lagoas e baías, que operam linhas regulares, inclusive travessias.

A pessoa idosa, para fazer uso da reserva, solicitará um único Bilhete de Viagem da Pessoa Idosa, nos pontos de venda próprios da transportadora, com antecedência de, no mínimo, três horas em relação ao horário de partida do ponto inicial da linha do serviço de transporte e poderá solicitar a emissão do bilhete de viagem de retorno, respeitados os procedimentos da venda de bilhete de passagem.

Após o prazo, caso os assentos reservados não tenham sido objeto de concessão do benefício, as empresas prestadoras dos serviços poderão colocar à venda os bilhetes desses assentos, que, enquanto não comercializados, **continuarão disponíveis** para o exercício do benefício da gratuidade.

Para que sua reserva seja assegurada, à pessoa idosa, no dia marcado para a viagem, deverá comparecer ao terminal de embarque até **trinta minutos antes** da hora marcada para o início da viagem. Do contrário perderá o benefício.

Os Bilhetes de Viagem do Idoso e os com desconto do valor da passagem serão **intransferíveis**.

Além das vagas gratuitas, a pessoa idosa com renda igual ou inferior a dois salários mínimos terá direito ao **desconto mínimo de cinquenta por cento** do valor da passagem para os demais assentos do veículo, comboio ferroviário ou embarcação do serviço convencional de transporte interestadual de passageiros.

Para receber o desconto, a pessoa idosa deverá adquirir o bilhete de passagem obedecendo aos seguintes **prazos:**

> I - para viagens com distância até 500 km, com, no máximo, seis horas de antecedência; e
>
> II - para viagens com distância acima de 500 km, com, no máximo, doze horas de antecedência.

O Bilhete de Viagem da Pessoa Idosa será emitido pela empresa prestadora do serviço, em, no mínimo, duas vias. Uma via do Bilhete de Viagem da Pessoa Idosa será destinada ao passageiro e não poderá ser recolhida pela empresa prestadora do serviço de transporte. A segunda via do Bilhete de Viagem da Pessoa Idosa será arquivada e mantida pela empresa prestadora do serviço de transporte, pelo prazo de um ano, contado da data do término da viagem.

Todas as empresas prestadoras dos serviços de transporte **deverão informar** à ANTT e à ANTAQ, na periodicidade definida em seus regulamentos, a movimentação de usuários titulares do benefício, por seção e por situação.

Quando do ato da solicitação do Bilhete de Viagem do Idoso ou do desconto do valor da passagem, o idoso deverá apresentar **documento pessoal** que faça prova de sua idade e da renda igual ou inferior a dois salários mínimos.

Para fins dos benefícios, a prova de idade da pessoa idosa será feita mediante apresentação do original de **qualquer documento pessoal de identidade**, com fé pública, que contenha foto.

Já a comprovação de renda será feita mediante a apresentação de **um dos seguintes documentos:**

> I - Carteira de Trabalho e Previdência Social com anotações atualizadas;
>
> II - contracheque de pagamento ou documento expedido pelo empregador;

III - carnê de contribuição para o INSS;

IV - extrato de pagamento de benefício ou declaração fornecida pelo INSS ou por outro regime de previdência social público ou privado; e

V - documento ou carteira emitida pelas secretarias estaduais, distrital ou municipais de assistência social ou congêneres.

As pessoas idosas estão sujeitos aos **procedimentos de identificação** de passageiros ao apresentarem-se para embarque, de acordo com o estabelecido pela ANTT e pela ANTAQ, em suas respectivas esferas de atuação.

Todos os direitos assegurados aos demais passageiros são **estendidos** às pessoas idosas, até porque a concessão de um benefício não poderá prejudicá-los, nem os alijar da garantia de outros direitos já existentes para todos.

Os benefícios **não incluem** as tarifas de pedágio e de utilização dos terminais e as despesas com alimentação.

Na hipótese de infrações ao Decreto nº 9.921/19 será aplicado o disposto no art. 78-A e seguintes da Lei nº 10.233, de 5 de junho de 2001. Segundo o mencionado artigo, na hipótese de **descumprimento** dos deveres estabelecidos no contrato de concessão, no termo de permissão e na autorização, sem prejuízo das de natureza civil e penal, sujeitará o responsável às **sanções**, aplicáveis pela ANTT e pela ANTAQ:

• Advertência
• Multa
• Suspensão
• Cassação
• Declaração de idoneidade
• Perdimento do veículo

2.1.11. *A pessoa idosa e o superendividamento*

O superendividado é aquela pessoa física que, de boa-fé, não possui os rendimentos necessários e suficientes para honrar as obrigações contraídas. Há um excesso de dívidas, tornando a conduta de consumo nociva, de forma a gastar o que não tem, ou confiar na concessão de outros créditos, ou ainda desconhecer a sua saúde financeira.

A pessoa idosa, por certo, está entre os **consumidores**, e podem ser mais facilmente lesados, possuem maior dificuldade na luta pelos seus direitos e por isso devem receber atenção e proteção redobradas.

O **endividamento da pessoa idosa** poderá ocorrer por meio de gastos em cartão de crédito, cheque especial, concessão de crédito consignado – concessão esta realizada de fácil acesso, com baixo risco para a empresa financeira e altos juros para o consumidor. Têm-se, na hipótese, situações em que se infere abuso na contratação, não havendo os cuidados necessários para que os idosos tomem um empréstimo responsável e seguido de uma orientação financeira.

É certo que a pessoa idosa já é qualificada como **vulnerável**, em razão de suas condições biológicas, físicas ou psíquicas, por isso são mais explorados, obtendo-se uma maior vantagem sobre suas condições.

No plano do direito do consumidor, a **vulnerabilidade do consumidor** no mercado de consumo já está devidamente reconhecida (art. 4º, inc. I, do CDC), independentemente de sua idade.

Contudo, na hipótese de consumidor idoso, tem-se reconhecida a denominada **hipervulnerabilidade** (leigo, consumidor e pessoa idosa). O CDC já reconhece que o fornecimento de produtos e serviços a consumidor, prevalecendo-se da fraqueza ou ignorância de **consumidor de idade avançada,** pode ser considerado como prática abusiva (art. 39, inc. IV, do CDC).

O STJ já julgou que na hipótese em que "consumidor for pessoa idosa (hipervulnerável), a responsabilidade da instituição financeira por falha na prestação de serviços bancários deve ser imputada com base no Estatuto da Pessoa Idosa e na Convenção Interamericana sobre a Proteção dos Direitos Humanos dos Idosos." (REsp n. 2.052.228/DF, relatora Ministra Nancy Andrighi, Terceira Turma, julgado em 12/9/2023, DJe de 15/9/2023).

O art. 54-C, inc. IV, do Código de Defesa do Consumidor, prevê que é vedado, expressa ou implicitamente, na oferta de crédito ao consumidor, publicitária ou não:

> "(...) assediar ou pressionar o consumidor para contratar o fornecimento de produto, serviço ou crédito, principalmen-

te se se tratar de consumidor idoso, analfabeto, doente ou em estado de vulnerabilidade agravada ou se a contratação envolver prêmio;"

Assim, não restam dúvidas de que a pessoa idosa possui proteção na sociedade de consumo brasileira, por meio do que se denomina **"diálogo das fontes protetivas"**.

A **teoria do diálogo das fontes** tem orientado a jurisprudência do STJ para as questões relacionadas aos reajustes de contratos de plano de saúde:

"(...) Inexistência de antinomia entre o Estatuto do Idoso e a Lei 9.656/98 (que autoriza, nos contratos de planos de saúde, a fixação de reajuste etário aplicável aos consumidores com mais de sessenta anos, em se tratando de relações jurídicas mantidas há menos de dez anos). Necessária interpretação das normas de modo a propiciar um diálogo coerente entre as fontes, à luz dos princípios da boa-fé objetiva e da equidade, sem desamparar a parte vulnerável da contratação. 2.1. Da análise do artigo 15, § 3º, do Estatuto do Idoso, depreende-se que resta vedada a cobrança de valores diferenciados com base em critério etário, pelas pessoas jurídicas de direito privado que operam planos de assistência à saúde, quando caracterizar discriminação ao idoso, ou seja, a prática de ato tendente a impedir ou dificultar o seu acesso ao direito de contratar por motivo de idade. 2.2. Ao revés, a variação das mensalidades ou prêmios dos planos ou seguros saúde em razão da mudança de faixa etária não configurará ofensa ao princípio constitucional da isonomia, quando baseada em legítimo fator distintivo, a exemplo do incremento do elemento risco nas relações jurídicas de natureza securitária, desde que não evidenciada a aplicação de percentuais desarrazoados, com o condão de compelir o idoso à quebra do vínculo contratual, hipótese em que restará inobservada a cláusula geral da boa-fé objetiva, a qual impõe a adoção de comportamento ético, leal e de cooperação nas fases pré e pós pactual. 2.3. Consequentemente, a previsão de reajuste de mensalidade de plano de saúde em decorrência da mudança de faixa etária de segurado idoso não configura, por si só, cláusula abusiva, devendo sua compatibilidade com a boa-fé objetiva e a equidade ser aferida em cada caso concreto. Precedente: REsp 866.840/SP, Rel. Ministro Luis Felipe Salomão, Rel. p/ Acórdão Ministro Raul Araújo, Quarta Turma, julgado em 07.06.2011, DJe 17.08.2011. (...)" (REsp 1280211/SP, Rel. Ministro MARCO BUZZI, SEGUNDA SEÇÃO, julgado em 23/04/2014, DJe 04/09/2014).

Ainda sobre o **idoso consumidor** já decidiu o STJ: "(...) 1. Muito embora no rito sumário seja cabível a intervenção da seguradora, ao menos desde o advento da Lei n. 10.444/2002 (CPC, art. 280), e o próprio CDC permitir a denunciação da lide nessas situações (art. 101, inciso II), o instituto processual deve atender aos propósitos a que se destina, que é a celeridade e economia processuais, notadamente nos casos a envolver idoso (CPC, art. 1.211-A; Estatuto do Idoso, art. 71, caput). 2. A denunciação da lide, como modalidade de intervenção de terceiros, busca atender aos princípios da economia e da presteza na entrega da prestação jurisdicional, não devendo ser prestigiada quando o deferimento for apto a subverter exatamente os valores tutelados pelo instituto. Precedentes. 3. Permitir a denunciação da lide à seguradora no estado em que se encontra o processo fulmina a própria finalidade da denunciação e, a um só tempo, vulnera a especial proteção conferida pelo ordenamento jurídico à pessoa do consumidor e do idoso. (...)" (AgRg no AREsp 557.860/MG, Rel. Ministro LUIS FELIPE SALOMÃO, QUARTA TURMA, julgado em 05/02/2015, DJe 10/02/2015)

Em outro julgado, o STJ utilizou-se do CDC para a proteção de idosos: "(...) I – A dicção do artigo 6º, VI, do Código de Defesa do Consumidor é clara ao possibilitar o cabimento de indenização por danos morais aos consumidores, tanto de ordem individual quanto coletivamente. II – Todavia, não é qualquer atentado aos interesses dos consumidores que pode acarretar dano moral difuso. É preciso que o fato transgressor seja de razoável significância e desborde os limites da tolerabilidade. Ele deve ser grave o suficiente para produzir verdadeiros sofrimentos, intranquilidade social e alterações relevantes na ordem extrapatrimonial coletiva. Ocorrência, na espécie. III – Não é razoável submeter aqueles que já possuem dificuldades de locomoção, seja pela idade, seja por deficiência física, ou por causa transitória, à situação desgastante de subir lances de escadas, exatos 23 degraus, em agência bancária que possui plena capacidade e condições de propiciar melhor forma de atendimento a tais consumidores. IV – Indenização moral coletiva fixada de forma proporcional e razoável ao dano, no importe de R$ 50.000,00 (cinquenta mil reais). (...)" (REsp 1221756/RJ, Rel. Ministro MASSAMI UYEDA, TERCEIRA TURMA, julgado em 02/02/2012, DJe 10/02/2012).

Assim, nota-se que o **CDC** deve ser utilizado em diálogo com o **Estatuto da Pessoa Idosa** nas hipóteses em que estejam presentes idosos consumidores.

Portanto, para as hipóteses acima ventiladas que levam a pessoa idosa consumidor ao **superendividamento**, pode-se utilizar o CDC e as normas protetivas aos idosos em diálogo para a proteção da pessoa idosa, em toda sua dignidade e integridade física, moral e psíquica.

O art. 96, § 3º, do EPI, prevê, para proteção do idoso, que não constitui crime a negativa de crédito motivada por superendividamento da pessoa idosa.

▸ Como esse assunto foi cobrado em concurso?

No concurso para Promotor de Justiça Substituto (IBGP - 2024 - MPE-MG - Promotor de Justiça Substituto), foi perguntado:

A Lei nº 14.181, conhecida como Lei do Superendividamento, entrou em vigor no Brasil em julho de 2021 e alterou o Código de Defesa do Consumidor e o Estatuto do Idoso.

É INCORRETO afirmar que:

a) A Lei de Superendividamento instituiu mecanismo processual de proteção ao consumidor pessoa natural, de boa-fé, para pagamento da totalidade de suas dívidas de consumo, exigíveis e vincendas, sem comprometer seu mínimo existencial, como forma de evitar a exclusão social do consumidor.

b) Excluem-se do processo de repactuação as dívidas, ainda que decorrentes de relações de consumo, oriundas de contratos celebrados dolosamente sem o propósito de realizar pagamento ou decorram da aquisição ou contratação de produtos e serviços de luxo de alto valor.

c) A Lei do Superendividamento criou uma forma de negociação em bloco das dívidas para as pessoas físicas. É um processo parecido com a recuperação judicial feita com empresas.

d) O acordo firmado perante os órgãos públicos de defesa do consumidor, em caso de superendividamento do consumidor pessoa natural, incluirá a data a partir da qual será providenciada a exclusão do consumidor de bancos de dados e de cadastros de inadimplentes, bem como o condicionamento de seus efeitos à abstenção, pelo consumidor, de condutas que importem no agravamento de sua situação de superendividamento, especialmente a de contrair novas dívidas.

e) Na oferta de crédito ao consumidor, é possível condicionar o atendimento de pretensões do consumidor à renúncia e à desistência de demandas judiciais, ao pagamento de honorários advocatícios ou a depósitos judiciais

RESPOSTA: E.

Capítulo III

Medidas de Proteção

3.1. MEDIDAS DE PROTEÇÃO

3.1.1. *Disposições gerais*

As hipóteses fáticas que ensejam as **medidas de proteção** estão previstas no art. 43 do EPI:

Aplicação de Medidas de Proteção ao Idoso	Direitos violados ou ameaçados:	- por ação ou omissão da sociedade ou do Estado;
		- por falta, omissão ou abuso da família, curador ou entidade de atendimento;
		- em razão de sua condição pessoal.

O disposto no art. 43 do EPI leva em consideração a sistemática da aplicação da doutrina da **proteção integral**, para que fossem previstos mecanismos que pudessem garantir a preservação ou ainda a reparação dos direitos fundamentais das pessoas idosas, em **hipóteses de violação ou ameaça** a direitos em razão da omissão ou abuso da família, curador ou entidade de atendimento ou ainda em casos que direitos sejam violados em razão de sua condição pessoal.

As **situações de riscos** que justificam a aplicação de medidas de proteção possuem enorme diversidade, por isso dependem da análise concreta do caso a caso. São exemplos as situações de agressões físicas, psíquicas, ou ainda de abandono material ou afetivo.

Segundo o **Plano de Ação para o Enfrentamento da Violência Contra Pessoa Idosa da Presidência da República**, publicado em 2005, são categorias e tipologias para verificar as formas mais frequentes de violências contra as pessoas idosas:

"**Abuso físico, maus-tratos físicos ou violência física** dizem respeito ao uso da força física para compelir os idosos a fazerem o que não desejam, para feri-los, provocar-lhes dor, incapacidade ou morte.

Abuso psicológico, violência psicológica ou maus-tratos psicológicos correspondem a agressões verbais ou gestuais com o objetivo de aterrorizar os idosos, humilhá-los, restringir sua liberdade ou isolá-los do convívio social.

Abuso sexual, violência sexual referem-se ao ato ou ao jogo sexual de caráter homo ou heterorrelacional, utilizando pessoas idosas. Esses agravos visam a obter excitação, relação sexual ou práticas eróticas por meio de aliciamento, violência física ou ameaças.

Abandono é uma forma de violência que se manifesta pela ausência ou deserção dos responsáveis governamentais, institucionais ou familiares de prestarem socorro a uma pessoa idosa que necessite de proteção.

Negligência refere-se à recusa ou à omissão de cuidados devidos e necessários aos idosos, por parte dos responsáveis familiares ou institucionais. A negligência é uma das formas de violência contra os idosos mais presente no país. Ela se manifesta, frequentemente, associada a outros abusos que geram lesões e traumas físicos, emocionais e sociais, em particular, para as que se encontram em situação de múltipla dependência ou incapacidade.

Abuso financeiro e econômico consiste na exploração imprópria ou ilegal dos idosos ou ao uso não consentido por eles de seus recursos financeiros e patrimoniais. Esse tipo de violência ocorre, sobretudo, no âmbito familiar.

Autonegligência diz respeito à conduta da pessoa idosa que ameaça sua própria saúde ou segurança, pela recusa de prover cuidados necessários a si mesma."

(http://www.saudeidoso.icict.fiocruz.br/pdf/PlanodeAcaoparaoEnfrentamentodaViolenciaContraaPessoaIdosa.pdf).

▸ **Como esse assunto foi cobrado em concurso?**

No concurso Psicólogo Judiciário (VUNESP - 2022 - TJ-SP)

Um profissional de saúde, ao indagar a filha de um idoso atendido em um equipamento de saúde, sobre a rotina de vida de seu pai, toma conhecimento de que esse senhor não sai do quarto, pois não tem ânimo para se aventurar fora desse espaço restrito. Por isso, praticamente não interage com filha, genro e netos que moram na casa, se movimenta muito pouco e não toma sol. Nessas circunstâncias, a possibilidade de essas condições de vida caracterizarem uma forma de violência contra o idoso estará

a) configurada, porque a família não força o idoso a ter hábitos saudáveis.
b) caracterizada, pois autonegligência também é uma forma de violência contra o idoso.
c) descartada, porque o isolamento do idoso é opção do próprio idoso.
d) afastada, se não forem constatados prejuízos físicos à saúde do idoso.
e) confirmada, pois indica abandono por parte da família por não o demover do isolamento.

RESPOSTA: B.

O abandono efetivo encontra fundamento na violação do **princípio da solidariedade familiar**, na medida em que a expressão solidariedade compreende a fraternidade e a reciprocidade. Por essa razão, o disposto nos arts. 229 e 230 da CF estabelecem que os filhos maiores e famílias devem amparar as pessoas idosas, e possuem o dever de cuidado, de zelo, de respeito aos laços familiares e à condição da pessoa idosa.

▸ **Como esse assunto foi cobrado em concurso?**

No concurso para Psicólogo (CPCON - 2023 - Prefeitura de Catolé do Rocha - PB - Psicólogo), foi perguntado:

Conforme o Art. 230 da CF, a família, a sociedade e o Estado têm o dever de amparar as pessoas idosas, assegurando sua participação na comunidade, defendendo sua dignidade e bem-estar e garantindo-lhes o direito à vida. Em relação aos programas de amparo à pessoa idosa, estes deverão ser executados:

a) Exclusivamente na rede pública.
b) Exclusivamente em seus lares.
c) Preferencialmente nas estruturas do CRAS.
d) Preferencialmente nas estruturas do CREAS.
e) Preferencialmente em seus lares.

RESPOSTA: E

A família possui o **dever jurídico** de amparar as pessoas idosas, devendo colocá-los a salvo de qualquer forma de negligência, discriminação, crueldade, opressão, violência, e ainda, considerando a proteção integral da pessoa idosa, abrangida pela preservação de sua saúde mental em condições de dignidade. A omissão familiar implicará no **abandono afetivo** ou ainda **moral**.

É possível, ainda, caso seja possível constatar, que seja concedida a indenização por **danos morais** à pessoa idosa, caso haja o nexo de causalidade entre o dano e o abandono afetivo, embora não haja no ordenamento jurídico norma específica sobre o dano moral no direito de família.

A compensação por danos morais, incluída também as decorrentes do âmbito familiar, possui previsão expressa dentro dos direitos e garantias fundamentais dos cidadãos à Carta Magna, nos termos do art. 5º, inc. V e X.

Os danos morais podem decorrer da ofensa ao **princípio da afetividade**. O princípio da afetividade decorre do dever imposto aos pais em relação aos filhos e aos filhos em relação aos pais. Este princípio, embora seja implícito na Constituição Federal, se fundamenta na evolução social da família brasileira, e ainda nos seguintes dispositivos constitucionais: 227, *caput* e 227, §§ 4º, 5º e 6º; e 230, *caput*.

> Já decidiu o STJ que o abandono afetivo que decorre da omissão do genitor no dever de cuidar da prole constitui elemento suficiente para caracterizar dano moral compensável, pois o *non facere* que atinge o necessário dever de cuidado (dever de criação, educação e companhia), importa em vulneração da imposição legal, gerando a possibilidade de pleitear compensação por danos morais por abandono afetivo. Ainda registrou-se na decisão, que não há restrições legais à aplicação das regras relativas à responsabilidade civil e ao consequente **dever de indenizar no Direito de Família** e que o cuidado como valor jurídico objetivo está incorporado no ordenamento pátrio não com essa expressão, mas com locuções e termos que manifestam suas diversas concepções, como se vê no art. 227 da CF. (REsp 1.159.242-SP, Rel. Min. Nancy Andrighi, julgado em 24/4/2012).

Embora seja mais comum a ocorrência da responsabilidade civil nas relações familiares o abandono afetivo dos pais em relação aos filhos, é possível que ocorra em relação às pessoas idosas, por não raras vezes, se encontrarem em situações de hipossuficiência econômica e vulnerabilidade social, o que é possível denominar-se de **abandono afetivo inverso**.

Tendo em vista a existência de diversas medidas e institutos que visam proteger o idoso de um **abandono,** seja ele **material** ou **afetivo,** bem como é possível a aplicação do instituto da responsabilização civil às relações familiares, conclui-se que poderá haver responsabilização civil de eventuais danos morais resultantes de abandono afetivo pelos responsáveis das pessoas idosas, sejam eles filhos, netos ou demais parentes que possuíam o dever de ampará-los.

Assim, a omissão, de quaisquer dos responsáveis por amparar o idoso, sejam familiares ou não, em prestar assistência afetiva, moral ou material, de forma a negar a possibilidade de um convívio sadio e digno, poderá configurar ato ilícito, possibilitando a reparação de danos morais daí advindos.

Para a concessão de medidas de proteção, ainda pode-se mencionar as pessoas idosas vítimas de maus-tratos, de **negligência de saúde e de higiene,** falta de acesso aos serviços públicos assistenciais, políticas sociais insuficientes.

Também a omissão na **prestação de alimentos** poderá justificar a prestação de medidas de proteção, em face da responsabilidade solidária da família, consoante disposto no art. 12 do EPI e no art. 229 da CF.

As violações aos direitos da pessoa idosa possuem duas **consequências jurídicas** a serem observadas:

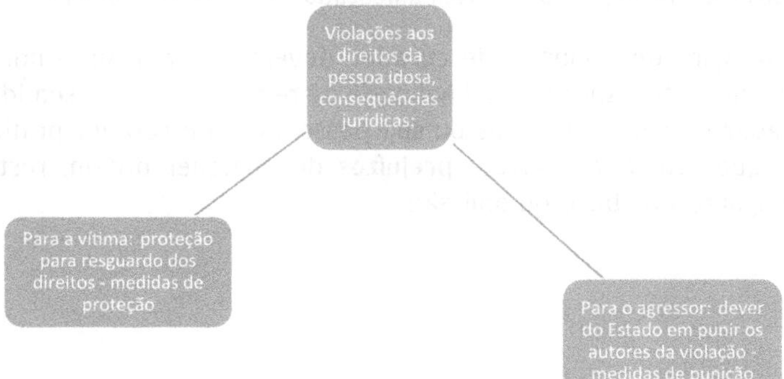

Como esse assunto foi cobrado em concurso?

No concurso para Advogado (FEPESE - 2024 - Prefeitura de Mafra - SC - Advogado) foi perguntado:

Assinale a alternativa correta de acordo com o Estatuto do Idoso.

a) A obrigação alimentar é solidária, podendo a pessoa idosa optar entre os prestadores.

b) O Dia Mundial dos Avós, 26 de julho, é a data- -base dos aposentados e pensionistas.

c) Em todo atendimento de saúde, os maiores de setenta anos terão preferência especial sobre as demais pessoas idosas, inclusive em caso de emergência.

d) Mediante coparticipação financeira, o poder público poderá fornecer às pessoas idosas medicamentos, especialmente os de uso continuado, assim como próteses, órteses e outros recursos relativos ao tratamento, habilitação ou reabilitação.

e) Em razão do alto índice de sinistralidade, é lícita a cláusula que prevê a cobrança de valores diferenciados em razão da idade em planos de saúde.

RESPOSTA: A

Como esse assunto foi cobrado em concurso?

O concurso para promotor de justiça do Estado de São Paulo (MPE--SP/2012), questionou sobre quais as medidas específicas de proteção são aplicáveis sempre que os direitos reconhecidos no Estatuto do Idoso (Lei nº 10.741/2003) forem ameaçados ou violados. Correto.

A figura denominada de **curador** deverá surgir quando houver nomeação da justiça com a finalidade de representar a pessoa idosa incapaz de gerir seus bens ou sua pessoa. Caso o curador pratique qualquer ato que acarrete **prejuízos** de qualquer ordem, restará configurado o abuso ou omissão.

3.1.2. Medidas de proteção específicas

O EPI, no art. 45, prevê a aplicação das **Medidas Específicas de Proteção:**

Medidas de proteção:	São aplicadas:	Legitimado:	Espécies:
Ameaça ou violação de direitos	**Isoladas ou cumuladas**	**Ministério Público ou Requerimento do Ministério Público ao Poder Judiciário**	• encaminhamento à família ou curador, mediante termo de responsabilidade;
			• orientação, apoio e acompanhamento temporários;
			• requisição para tratamento de sua saúde, em regime ambulatorial, hospitalar ou domiciliar;
			• inclusão em programa oficial ou comunitário de auxílio, orientação e tratamento a usuários dependentes de drogas lícitas ou ilícitas, à própria pessoa idosa ou à pessoa de sua convivência que lhe cause perturbação;
			• abrigo em entidade;
			• abrigo temporário.

▸ **Como esse assunto foi cobrado em concurso?**

No concurso para Analista em Desenvolvimento - Ciências Contábeis (Instituto Consulplan - 2023 - SEGEP - RO), foi perguntado:

As medidas de proteção à pessoa idosa são aplicáveis sempre que os direitos reconhecidos no Estatuto da Pessoa Idosa forem ameaçados ou violados. De acordo com Art. 45 do Estatuto da Pessoa Idosa, cabe ao Ministério Público ou Poder Judiciário toda vez que o cumprimento do Estatuto da Pessoa Idosa seja violado determinar as seguintes medidas:

a) Propiciar assistência religiosa àqueles que desejarem; abrigo temporário; orientação, apoio e acompanhamento temporários; requisição para tratamento de sua saúde, em regime ambulatorial, hospitalar ou domiciliar.

b) Encaminhamento à família ou curador, mediante termo de responsabilidade; orientação, apoio e acompanhamento temporários; requisição para tratamento de sua saúde, em regime ambulatorial, hospitalar ou domiciliar.

c) Encaminhamento à família ou curador, mediante termo de responsabilidade; requisição para tratamento de sua saúde, em regime ambulatorial, hospitalar ou domiciliar; abrigo em casa de parentes ou conhecidos.

d) Encaminhamento à família ou curador, mediante termo de responsabilidade; requisição para tratamento de sua saúde, em regime ambulatorial, hospitalar ou domiciliar; abrigo em casa de parentes ou conhecidos; buscar família substituta.

e) Inclusão em programa oficial ou comunitário de auxílio, orientação e tratamento a usuários dependentes de drogas lícitas ou ilícitas, à própria pessoa idosa ou à pessoa de sua convivência que lhe cause perturbação; propiciar assistência religiosa àqueles que desejarem.

RESPOSTA: B

▸ Como esse assunto foi cobrado em concurso?

(VUNESP - 2022 - TJ-SP - Assistente Social Judiciário) O Estatuto do Idoso - Lei nº 10.741/2003 - dispõe de medidas de proteção à pessoa idosa, determinando punições a quem violar ou ameaçar seus direitos por ação ou omissão, não importando quem as pratique, seja a família, o Estado ou a sociedade. Seu artigo 44 determina que as medidas de proteção poderão ser aplicadas, isolada ou cumulativamente, e levarão em conta os fins sociais a que se destinam e o fortalecimento dos vínculos familiares e comunitários. O artigo 45 indica que o Ministério Público ou o Poder Judiciário, a requerimento daquele, poderá determinar, dentre outras, a seguinte medida:

a) inserção em programa de geração de renda e capacitação profissional.

b) encaminhamento à família substituta, mediante termo de responsabilidade.

c) inclusão em programa de tratamento de Gerontologia.

d) internação compulsória.

e) requisição para tratamento de saúde, em regime ambulatorial, hospitalar ou domiciliar.

RESPOSTA: E

▸ **Como esse assunto foi cobrado em concurso?**

No Concurso para Promotor de Justiça do Estado de SC (MPE-SC. 2016) foi perguntado se dentre as medidas de proteção estabelecidas pelo Estatuto do Idoso, no caso de ameaça ou violação aos direitos do idoso, estão: o encaminhamento à família ou curador, mediante termo de responsabilidade; a requisição para tratamento de sua saúde, em regime ambulatorial, hospitalar ou domiciliar; e o abrigo em entidade. As medidas de proteção podem ser determinadas ou requeridas pelo Ministério Público, não podendo o Poder Judiciário determiná-las de ofício.

O item foi considerado verdadeiro.

▸ **Como esse assunto foi cobrado em concurso?**

No Concurso para Promotor de Justiça (MPE-RS. 2016) foi pedido:

Assinale com V (verdadeiro) ou com F (falso) as seguintes afirmações, relativas a dispositivos da Lei n° 10.741/2003.

( ) No caso de pessoa idosa abrigada em entidade filantrópica de longa permanência, ou casa-lar, é facultada a cobrança de participação do idoso no custeio da entidade, desde que não exceda ao valor do benefício mensal de 1 (um) salário mínimo previsto na Lei n° 8.742/93 (Lei orgânica da assistência social – Loas).

( ) Aos maiores de 65 (sessenta e cinco) anos fica assegurada a gratuidade dos transportes coletivos públicos urbanos e semiurbanos, sendo que para ter acesso ao benefício basta a realização de cadastramento prévio.

( ) Constitui obrigação das entidades de atendimento ao idoso propiciar assistência religiosa àqueles que desejarem, de acordo com suas crenças.

( ) Verificada ameaça ou violação a direitos de pessoa idosa, o Ministério Público ou o Poder Judiciário, a requerimento daquele, pode determinar, dentre outras, a medida de orientação e tratamento a usuário dependente de drogas lícitas ou ilícitas, ao próprio idoso ou à pessoa de sua convivência que lhe cause perturbação.

A sequência correta de preenchimento dos parênteses, de cima para baixo, é F-F-V-V.

A alternativa d) (F-F-V-V) foi considerada correta.

▸ **Como esse assunto foi cobrado em concurso?**

No Concurso para Advogado (Pref. de Piracanjuba-GO. 2017) foi perguntado:

O Estatuto do Idoso (Lei n° 10.741/2003) determina como medidas de proteção ao idoso, a serem aplicadas isoladas e cumulativamente

a) abrigo em entidade e abrigo permanente;
b) encaminhamento a órgão responsável pelo tratamento de usuários de drogas ilícitas;
c) orientação, apoio e acompanhamento temporários e abrigo em entidade;
d) repreensão à família ou ao curador, que deverá assinar termo de responsabilidade pelo idoso.

A alternativa c) foi considerada correta.

▸ Como esse assunto foi cobrado em concurso?

No concurso para promotor de justiça do Estado de São Paulo (MPE-SP/2010), foi perguntado em prova discursiva: • diretrizes assumidas pelo Estatuto do Idoso destinadas a instituir medidas de proteção aos idosos. Discorra acerca das disposições gerais e das medidas específicas de proteção, especificando cada uma delas; • garantia de prioridade atribuída aos idosos; • o direito à liberdade, ao respeito e à dignidade que são assegurados aos idosos pelas disposições constantes no Estatuto do Idoso, especificando em que consiste o direito ao respeito e quais aspectos estão compreendidos no direito à liberdade.

O EPI é expresso em buscar a preservação dos vínculos familiares, prevendo, assim, como primeira medida específica de proteção, o encaminhamento da pessoa idosa à sua família, devendo interpretar a família em **sentido amplo**, abrangendo a família extensa e a substituta.

Segundo o inc. II do art. 45 do da pessoa idosa, diz que os **programas de orientação, de apoio e ainda os acompanhamentos temporários** das pessoas idosas devem ter como baliza o disposto no art. 46 do EPI, o qual estabelece que a política de atendimento às pessoas idosas deverá ser realizada por meio de conjunto articulado de ações governamentais e não governamentais entre a União, Estados, Distrito Federal e Municípios.

▸ Como esse assunto foi cobrado em concurso?

No concurso de Analista Legislativo (Consultor Legislativo – Câmara dos Deputados/2014 – CESPE) foi elaborada a seguinte assertiva: As medidas de proteção ao idoso incluem inserir pessoas usuárias de substâncias psicoativas que convivam com idosos e lhe causem sofrimento psicológico ou físico em programas oficiais ou comunitários de auxílio, de orientação e de tratamento. A assertiva foi considerada correta. Art. 45 do E.I.

▸ **Como esse assunto foi cobrado em concurso?**

No Exame da OAB (FGV. OAB. XXIII. 2017) foi perguntado:

João sempre agiu de forma prestativa e solidária na comunidade, ajudando todas as pessoas conforme suas possibilidades. Agora, os conhecidos estão revoltados porque ele foi abandonado pelos filhos, quando eles se tornaram adultos. Enquanto os filhos estão empregados, João tem dificuldades financeiras até para comprar comida. Você foi procurado(a) por um grupo de pessoas que buscam amparo para esse idoso. Tendo em vista a Constituição da República e o Estatuto do Idoso, assinale a afirmativa correta

a) O dever de amparo, incluindo obrigação alimentar, dá-se apenas dos pais para os filhos; portanto, não se pode exigir juridicamente dos filhos a prestação alimentar para os pais que estejam em necessidade;

b) João pode exigir judicialmente dos filhos prestação alimentar que funcione como amparo, mas caso seus filhos se mantenham omissos, o Poder Judiciário ou o Ministério Público podem determinar medida de orientação e apoio temporários;

c) A pensão alimentícia por parte dos filhos é exigível judicialmente, mas se houver inadimplência, não há nenhuma medida de proteção que o Poder Judiciário possa determinar, pois se trata de questão privada;

d) Não há alternativa jurídica para o problema de João de acordo com a legislação brasileira, sendo a única solução possível a solidariedade de pessoas próximas e sensíveis.

A alternativa b) foi considerada correta.

Já as medidas relacionadas à **saúde da pessoa idosa** envolvem o Sistema Único de Saúde, consoante estabelecido na Lei nº 8.080/90, que dispõe sobre as condições para a promoção, proteção e recuperação da saúde, bem como organiza os serviços correspondentes.

Por sua vez, os serviços de **atendimento institucional** serão organizados pela rede de proteção social especial, que faz parte do Sistema Único de Assistência Social, estabelecido pela Lei Orgânica da Assistência Social (Lei nº 8.742/93).

▸ **Como esse assunto foi cobrado em concurso?**

No concurso para promotor de justiça (MPSP/2013 – VUNESP), foi perguntado sobre as regras dispostas na Lei nº 10.741, de 1º de outubro de 2003 (Estatuto do Idoso), a respeito das medidas específicas de proteção ao idoso. No mesmo sentido, foi questionado no concurso para assessor do Ministério Público (UCP – Assessor – Direito – MPE – RS/2014).

O Ministério Público é a instituição, segundo o EPI, responsável pela tutela dos direitos dos idosos, **determinando ou requerendo** junto ao Poder Judiciário que se determine a adoção de medidas protetivas.

▸ **Como esse assunto foi cobrado em concurso?**

No concurso para Analista do INSS (CESPE/2016) foi perguntado:

O Poder Judiciário pode, de ofício, determinar medida de proteção ao idoso na hipótese de ação ou omissão estatal que viole direito que lhe seja reconhecido no Estatuto do Idoso.

O item foi considerado falso.

Não são todas as medidas que podem ser determinadas diretamente pelo Ministério Público, pois aquelas **restrições involuntárias** que afetam o direito de liberdade, como na hipótese de uma internação compulsória, dependem de uma decisão judicial.

A jurisprudência do STJ entende que o Ministério Público tem legitimidade ativa *ad causam* para propor ação civil pública com o objetivo de proteger **interesse individual de idoso**, ante o disposto nos artigos 74, 15 e 79 do Estatuto do Idoso (Lei 10.741/03) (EREsp 695.665/RS, Rel. Ministra ELIANA CALMON, PRIMEIRA SEÇÃO, julgado em 23/04/2008, DJe 12/05/2008).

▸ **Como esse assunto foi cobrado em concurso?**

No concurso para promotor de Justiça de Minas Gerais (Consulplan/MP/MG/2012), foi questionado quais as medidas que poderá o Ministério Público determinar, quando verificada a ameaça ou violação dos direitos reconhecidos aos idosos pelo Estatuto.

Observe-se que o rol das medidas de proteção à pessoa idosa é **exemplificativo.**

Ainda se esclareça que as medidas de proteção poderão ser aplicadas **isoladas ou cumulativamente**, bem como não excluem outras medidas dentro do Estatuto da Pessoa Idosa e ainda se complementam com outras leis que tratam sobre a mesma matéria.

Destaca-se que o EPI não previu **medidas de emergência** capazes de defender os idosos em hipóteses de risco iminente, ameaça ou violência.

Por isso, permite-se ao Poder Judiciário, aplicar as medidas protetivas da **Lei Maria da Penha** à pessoa idosa em situação de risco, através de uma aplicação analógica.

O art. 22 da Lei Maria da Penha prevê que quando constatada a prática de violência doméstica e familiar contra a mulher, o juiz poderá aplicar algumas **medidas protetivas de urgência** contra o agressor, de forma conjunta ou separada:

> I – suspensão da posse ou restrição do porte de armas, com comunicação ao órgão competente, nos termos da Lei nº. 10.826, de 22 de dezembro de 2003;
>
> II – afastamento do lar, domicílio ou local de convivência com a ofendida;
>
> III – proibição de determinadas condutas, entre as quais:
>
> a) aproximação da ofendida, de seus familiares e das testemunhas, fixando o limite mínimo de distância entre estes e o agressor;
>
> b) contato com a ofendida, seus familiares e testemunhas por qualquer meio de comunicação;
>
> c) frequentação de determinados lugares a fim de preservar a integridade física e psicológica da ofendida;
>
> IV – restrição ou suspensão de visitas aos dependentes menores, ouvida a equipe de atendimento multidisciplinar ou serviço similar;
>
> V – prestação de alimentos provisionais ou provisórios;
>
> VI – comparecimento do agressor a programas de recuperação e reeducação; e (Incluído pela Lei nº 13.984, de 2020)
>
> VII – acompanhamento psicossocial do agressor, por meio de atendimento individual e/ou em grupo de apoio. (Incluído pela Lei nº 13.984, de 2020)

Também será possível que sejam aplicadas as medidas **cautelares previstas no CPP**, aplicando-se a conversão em prisão preventiva, caso sejam descumpridas as cautelares diversas impostas.

As medidas cautelares diversas da prisão preventiva, previstas no **art. 319 do CPP**, também poderão ser utilizadas para resguardar os direitos das pessoas idosas:

> I – comparecimento periódico em juízo, no prazo e nas condições fixadas pelo juiz, para informar e justificar atividades;
>
> II – proibição de acesso ou frequência a determinados lugares quando, por circunstâncias relacionadas ao fato, deva o indiciado ou acusado permanecer distante desses locais para evitar o risco de novas infrações;
>
> III – proibição de manter contato com pessoa determinada quando, por circunstâncias relacionadas ao fato, deva o indiciado ou acusado dela permanecer distante;
>
> IV – proibição de ausentar-se da Comarca quando a permanência seja conveniente ou necessária para a investigação ou instrução;

> V – recolhimento domiciliar no período noturno e nos dias de folga quando o investigado ou acusado tenha residência e trabalho fixos;
>
> VI – suspensão do exercício de função pública ou de atividade de natureza econômica ou financeira quando houver justo receio de sua utilização para a prática de infrações penais;
>
> VII – internação provisória do acusado nas hipóteses de crimes praticados com violência ou grave ameaça, quando os peritos concluírem ser inimputável ou semi-imputável (art. 26 do Código Penal) e houver risco de reiteração;
>
> VIII – fiança, nas infrações que a admitem, para assegurar o comparecimento a atos do processo, evitar a obstrução do seu andamento ou em caso de resistência injustificada à ordem judicial;
>
> IX – monitoração eletrônica.

Estabelece o Código de Processo Penal que é possível a decretação da prisão preventiva diante de crime que envolva violência doméstica contra mulher, criança, adolescente, **pessoa idosa**, enfermo ou com deficiência, como forma de garantir a execução das medidas protetivas de urgência. A norma é imposta em razão da **vulnerabilidade** própria dos grupos por ela protegidos.

Independente da pena cominada a **prisão preventiva** poderá ser decretada para que seja garantida a execução de medida de proteção à pessoa idosa, desde que estejam previstos os requisitos e pressupostos fundamentadores da prisão cautelar.

Ainda poderão ser utilizadas as **tutelas de urgências** previstas no art. 300 do CPC, bem como os instrumentos necessários à sua efetivação (art. 301 do CPC). Dispõe o art. 300 do CPC: "A tutela de urgência será concedida quando houver elementos que evidenciem a probabilidade do direito e o perigo de dano ou o risco ao resultado útil do processo.".

Por fim, observa-se que o art. 82 do EPI admite **qualquer espécie de ação** em defesa dos interesses protegidos, incluindo o mandado de segurança.

As medidas beneficiadoras previstas no artigo 45 podem **alcançar outras pessoas**, incluindo aqueles que cometem infração.

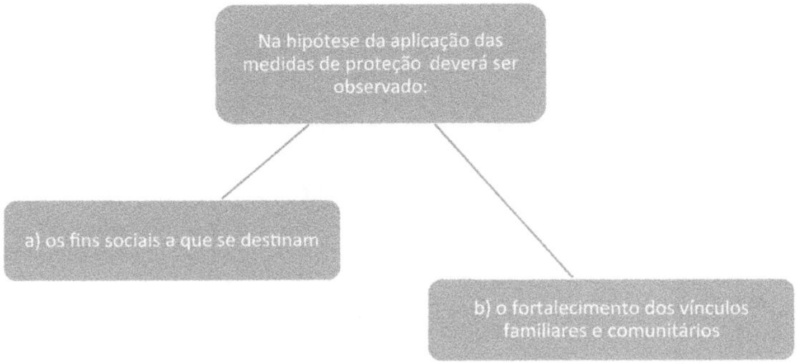

▸ Como esse assunto foi cobrado em concurso?

No concurso de Assessor Jurídico Ministerial (MPE/RN/2014), foi perguntado, se poderá o Promotor de Justiça determinar, extrajudicialmente, o abrigo de idoso em entidade (Instituição de Longa Permanência para Idosos). CORRETO

▸ Como esse assunto foi cobrado em concurso?

No concurso para Procurador Jurídico (AVAREPREV, VUNESP – 2020 – SP), foi perguntado:

Sobre as medidas de proteção e a política de atendimento ao idoso, previstas na Lei nº 10.741/2003, assinale a alternativa correta.

a) As medidas de proteção são aplicáveis apenas quando houver processo judicial que ateste ter sido o idoso vítima de omissão ou abuso da família, curador ou entidade de atendimento.

b) As medidas de proteção ao idoso não poderão ser aplicadas cumulativamente.

c) As entidades governamentais e não governamentais de atendimento ao idoso serão fiscalizadas pelos Conselhos do Idoso, Ministério Público, Vigilância Sanitária e outros previstos em lei.

d) As entidades governamentais e não governamentais de assistência ao idoso se sujeitam à inscrição de seus programas, junto ao órgão competente da Vigilância Sanitária sendo fiscalizadas apenas pelos Conselhos dos Idosos no âmbito Municipal, e em sua falta, Estadual ou Nacional.

e) O dirigente de instituição prestadora de atendimento ao idoso responderá civil e criminalmente pelos atos que praticar em detrimento do idoso, não sendo aplicáveis a ele sanções administrativas.

Alternativa correta: c

Capítulo IV

Política de Atendimento à Pessoa Idosa

4.1. A POLÍTICA DE ATENDIMENTO À PESSOA IDOSA

A política de atendimento à Pessoa Idosa será realizada através do **conjunto articulado** de ações governamentais e não governamentais da União, dos Estados, do Distrito Federal e dos Municípios (art. 46 do EPI).

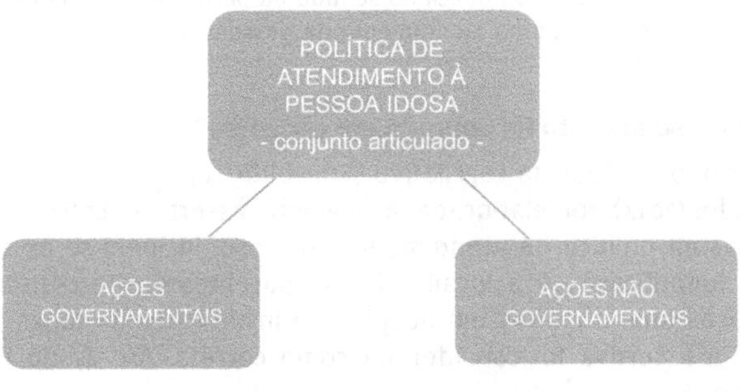

Só com essa articulação poderá ser aplicada a doutrina da **proteção integral**.

Para se dar efetividade ao art. 230, *caput*, da CF, faz-se necessário que a política de atendimento à pessoa idosa seja implementada de **forma articulada** entre órgãos do governo e privados, seja através de convênios, parcerias ou outros mecanismos de atuações entre as instituições públicas e privadas.

As ações em prol dos idosos não são realizadas apenas pelo Estado, mas também através de **toda a sociedade** (organizações não governamentais).

As ações governamentais previstas no art. 46 do EPI abarcam atuações nas mais diversas áreas, como saúde, esporte, previdência, cultura, assistência social e educação. Estas são direcionadas a efetivar as políticas públicas do Estado e os direitos das pessoas idosas definidos pelo EPI.

Nesse sentido, estabelece o art. 47 do EPI as linhas de **ações políticas de atendimento** à pessoa idosa:

-	políticas sociais básicas, previstas na Lei nº 8.842, de 4 de janeiro de 1994;
-	políticas e programas de assistência social, em caráter supletivo, para aqueles que necessitarem;
-	serviços especiais de prevenção e atendimento às vítimas de negligência, maus-tratos, exploração, abuso, crueldade e opressão;
-	serviço de identificação e localização de parentes ou responsáveis por pessoas idosas abandonados em hospitais e instituições de longa permanência;
-	proteção jurídico-social por entidades de defesa dos direitos das pessoas idosas;
-	mobilização da opinião pública no sentido da participação dos diversos segmentos da sociedade no atendimento da pessoas idosas.

▸ **Como esse assunto foi cobrado em concurso?**

No concurso de Analista Legislativo (Consultor Legislativo – Câmara dos Deputados/2014) foi elaborada a seguinte assertiva: Entre as ações previstas na política de atendimento ao idoso, incluem-se os serviços para a identificação e a localização de parentes ou de responsáveis por idosos abandonados em hospitais e instituições de longa permanência. A assertiva foi considerada como correta. Art. 47 do Estatuto do Idoso.

▸ **Como esse assunto foi cobrado em concurso?**

No Concurso para Procurador Jurídico (UNILAVRAS. Pref. de Campo Belo-MG. 2016) foi perguntado:

Quanto ao Estatuto do Idoso é INCORRETO afirmar que:

a) destina-se a regular os direitos assegurados às pessoas com idade igual ou superior a 60 (sessenta) anos;

b) idoso goza parcialmente dos direitos fundamentais inerentes à pessoa humana, sem prejuízo da proteção integral de que trata a Lei, assegurando-se-lhe, por lei ou por outros meios, todas as oportunidades e facilidades, para preservação de sua saúde física e mental e seu aperfeiçoamento moral, intelectual, espiritual e social, em condições de liberdade e dignidade;

c) é obrigação da família, da comunidade, da sociedade e do Poder Público assegurar ao idoso, com absoluta prioridade, a efetivação do direito à vida, à saúde, à alimentação, à educação, à cultura, ao esporte, ao lazer, ao trabalho, à cidadania, à liberdade, à dignidade, ao respeito e à convivência familiar e comunitária;

d) Nenhum idoso será objeto de qualquer tipo de negligência, discriminação, violência, crueldade ou opressão, e todo atentado aos seus direitos, por ação ou omissão, será punido na forma da lei.

A alternativa b) foi considerada a correta.

As diretrizes do art. 47 do EPI já estavam materializadas na **Lei de Política Nacional do Idoso** (Lei nº 8.842/94), previstas no art. 4º.

As **políticas sociais básicas** mencionadas no art. 47, I do EPI, não são a expressão utilizada na Lei de Política Nacional do Idoso, contudo, subentende-se que o EPI se refere às ações governamentais previstas no **art. 10 da Lei de Política Nacional do Idoso.**

Segundo o referido art. 10, quando da implementação da política nacional do idoso são de competências dos órgãos e entidades públicos:

Área de promoção e assistência social
• prestar serviços e desenvolver ações voltadas para o atendimento das necessidades básicas do idoso, mediante a participação das famílias, da sociedade e de entidades governamentais e não governamentais;
• estimular a criação de incentivos e de alternativas de atendimento ao idoso, como centros de convivência, centros de cuidados diurnos, casas-lares, oficinas abrigadas de trabalho, atendimentos domiciliares e outros;
• promover simpósios, seminários e encontros específicos;
• planejar, coordenar, supervisionar e financiar estudos, levantamentos, pesquisas e publicações sobre a situação social da pessoa idosa;
• promover a capacitação de recursos para atendimento à pessoa idosa.
Área de saúde
• garantir à pessoa idosa a assistência à saúde, nos diversos níveis de atendimento do Sistema Único de Saúde;
• prevenir, promover, proteger e recuperar a saúde da pessoa idosa, mediante programas e medidas profiláticas;

Área de saúde
• adotar e aplicar normas de funcionamento às instituições geriátricas e similares, com fiscalização pelos gestores do Sistema Único de Saúde;
• elaborar normas de serviços geriátricos hospitalares;
• desenvolver formas de cooperação entre as Secretarias de Saúde dos Estados, do Distrito Federal, e dos Municípios e entre os Centros de Referência em Geriatria e Gerontologia para treinamento de equipes interprofissionais;
• incluir a Geriatria como especialidade clínica, para efeito de concursos públicos federais, estaduais, do Distrito Federal e municipais;
• realizar estudos para detectar o caráter epidemiológico de determinadas doenças do idoso, com vistas a prevenção, tratamento e reabilitação; e
• criar serviços alternativos de saúde para a pessoa idosa.
Área de educação
• adequar currículos, metodologias e material didático aos programas educacionais destinados à pessoa idosa;
• inserir nos currículos mínimos, nos diversos níveis do ensino formal, conteúdos voltados para o processo de envelhecimento, de forma a eliminar preconceitos e a produzir conhecimentos sobre o assunto;
• incluir a Gerontologia e a Geriatria como disciplinas curriculares nos cursos superiores;
• desenvolver programas educativos, especialmente nos meios de comunicação, a fim de informar a população sobre o processo de envelhecimento;
• desenvolver programas que adotem modalidades de ensino à distância, adequados às condições do idoso;
• apoiar a criação de universidade aberta para a terceira idade, como meio de universalizar o acesso às diferentes formas do saber.
Área de trabalho e previdência social
• garantir mecanismos que impeçam a discriminação da pessoa idosa quanto a sua participação no mercado de trabalho, no setor público e privado;
• priorizar o atendimento da pessoa idosa nos benefícios previdenciários;
• criar e estimular a manutenção de programas de preparação para aposentadoria nos setores público e privado com antecedência mínima de dois anos antes do afastamento.

Área de habitação e urbanismo
• destinar, nos programas habitacionais, unidades em regime de comodato ao idoso, na modalidade de casas-lares;
• incluir nos programas de assistência à pessoa idosa formas de melhoria de condições de habitabilidade e adaptação de moradia, considerando seu estado físico e sua independência de locomoção;
• elaborar critérios que garantam o acesso da pessoa idosa à habitação popular;
• diminuir barreiras arquitetônicas e urbanas.
Área de justiça
• promover e defender os direitos da pessoa idosa;
• zelar pela aplicação das normas sobre a pessoa idosa determinando ações para evitar abusos e lesões a seus direitos.
Área de cultura, esporte e lazer
• garantir à pessoa idosa a participação no processo de produção, reelaboração e fruição dos bens culturais;
• propiciar à pessoa idosa o acesso aos locais e eventos culturais, mediante preços reduzidos, em âmbito nacional;
• incentivar os movimentos de pessoas idosas a desenvolver atividades culturais;
• valorizar o registro da memória e a transmissão de informações e habilidades da pessoa idosa aos mais jovens, como meio de garantir a continuidade e a identidade cultural;
• incentivar e criar programas de lazer, esporte e atividades físicas que proporcionem a melhoria da qualidade de vida da pessoa idosa e estimulem sua participação na comunidade.

▸ Como esse assunto foi cobrado em concurso?

No concurso para psicólogo, (AMEOSC - 2023 - Prefeitura de Bandeirante - SC - Psicólogo), foi perguntado:

Na implementação da política nacional do idoso, é competência dos órgãos e entidades públicos na área de saúde:

a) Promover a capacitação de recursos para atendimento ao idoso.

b) Prevenir, promover, proteger e recuperar a saúde do idoso, mediante programas e medidas profiláticas.

c) Incluir a Gerontologia e a Geriatria como disciplinas curriculares nos cursos superiores.

d) Estimular a criação de incentivos e de alternativas de atendimento ao idoso, como centros de convivência, centros de cuidados diurnos, casas-lares, oficinas abrigadas de trabalho, atendimentos domiciliares e outros.

RESPOSTA: B

▸ Como esse assunto foi cobrado em concurso?

No concurso para Advogado da Prefeitura de Pompeia (CEMAT. Pref. de Pompeia - SP. Advogado. 2016) foi perguntado: segundo a Lei nº 8.842/94:

I. Na área de saúde: garantir ao idoso a assistência à saúde, nos diversos níveis de atendimento no setor público e privado, em detrimento ao Sistema Único de Saúde;

II. Na área de saúde: propiciar e incentivar o funcionamento de instituições geriátricas e asilos dentro do Sistema Único de Saúde;

III. Na área de cultura, esporte e lazer: garantir ao idoso a participação no processo de produção, reelaboração e fruição dos bens culturais;

IV. Na área de cultura, esporte e lazer: valorizar o registro da memória e a transmissão de informações e habilidades do idoso aos mais jovens, como meio de garantir a continuidade e a identidade cultural.

Resposta: estão corretos os itens III e IV.

▸ Como esse assunto foi cobrado em concurso?

No Concurso para Advogado (Pref. de Piracanjuba-GO. 2017) foi perguntado:

Conforme o que dispõe a Lei nº 8.842/1994, que dispõe sobre a política nacional do idoso, há previsão, no artigo 10, como competências dos órgãos e entidades públicos na área de promoção e assistência social

a) prestar serviços e desenvolver ações voltadas para o atendimento das necessidades básicas do idoso, mediante a participação das famílias, da sociedade e de entidades governamentais e não governamentais;

b) adotar e aplicar normas de funcionamento às instituições geriátricas e similares, com fiscalização pelos gestores do Sistema Único de Saúde;

c) desenvolver programas educativos, especialmente nos meios de comunicação, a fim de informar a população acerca do processo de envelhecimento;

d) criar e estimular a manutenção de programas de preparação para aposentadoria nos setores público e privado com antecedência mínima de dois anos em relação ao afastamento.

A alternativa a) foi considerada correta.

▸ Como esse assunto foi cobrado em concurso?

No concurso para Médico (Anestesiologia) (FUNDATEC - 2020 - GHC-RS), foi perguntado:

De acordo com a Lei nº 10.741/2003, relativa ao Estatuto do Idoso, assinale a alternativa INCORRETA.

a) É dever de todos zelar pela dignidade do idoso, colocando-o a salvo de qualquer tratamento desumano, violento, aterrorizante, vexatório ou constrangedor

b) É vedado exigir o comparecimento do idoso enfermo perante os órgãos públicos, salvo na hipótese de interesse do Poder Público, bem como no caso de perícia médica do Instituto Nacional do Seguro Social- INSS.

c) O Poder Público incentivará programas de estímulo às empresas privadas para admissão de idosos ao trabalho.

d) O Poder Público apoiará a criação de universidade aberta para pessoas idosas e incentivará a publicação de livros e periódicos, de conteúdo e padrão editorial adequados ao idoso, que facilitem a leitura, considerada a natural redução da capacidade visual.

e) A prevenção e a manutenção da saúde de idoso serão efetivadas por meio de cadastramento da população idosa em base territorial e de atendimento geriátrico e gerontológico em ambulatório, entre outras ações.

A alternativa correta: b

O **art. 47, inc. II do EPI**, estabelece que os órgãos governamentais deverão promover política de assistência social às pessoas idosas e, de forma aparentemente similar, dispõe o **art. 10, I da Lei nº 8.842/94**, que assegura que na implementação da política nacional da pessoa idosa deverão os órgãos públicos atuar para a promoção e assistência social aos idosos. Contudo, há **diferença** entre estes dispositivos legais!

No inc. II do art. 47 há referência à assistência apenas às **pessoas idosas necessitadas**, enquanto o art. 10, inc. I, atua de forma mais abrangente.

Ao realizar a interpretação do art. 47, inc. II, do EPI, pode-se concluir que o atendimento não será para as pessoas com 60 anos ou mais, **mas somente** para aquelas pessoas idosas necessitadas.

O inc. III do art. 47 do EPI menciona os **serviços especiais**, sendo estes considerados os diversos meios de atendimentos às pessoas idosas, como o social, jurídico, de saúde e psicológico, o endosso desses serviços não deve ser feito apenas pelo Estado, mas principalmente através de uma ação conjunta entre o Estado, o Ministério Público e a sociedade civil organizada, como associações de defesa da pessoa idosa, entre outras.

A criação do serviço de identificação e localização de parentes ou responsáveis abandonados em hospitais e instituições de longa permanência, mencionados no art. 47, inc. IV, do EPI, é muito importante para que se **impeça** que pessoa idosa que possuem famílias sejam colocados em abrigos ou entidades similares, pois é prioridade do idoso o atendimento pela sua própria família (art. 3º, par. único, V, do EPI).

O texto legal utiliza a expressão **"idosos abandonados"** não apenas no sentido da vontade deliberada dos parentes ou responsáveis, mas também quando ocorrem situações que independem da vontade daquelas pessoas, como na hipótese da pessoa idosa morar sozinha, adoecer e ficar internado em um hospital, sem o conhecimento da família, seja porque não possui contato com os familiares, seja porque desconhece o lugar onde vivem.

O art. 47, inc. V do EPI, diz respeito às entidades que tenham, entre suas finalidades, a **defesa dos direitos** das pessoas idosas. A proteção jurídico-social deverá ser realizada tanto por pessoas jurídicas de direito público, como por pessoas jurídicas de direito privado.

Das entidades que visam a defesa da pessoa idosa, destaca-se o **Ministério Público**, em razão das suas atribuições previstas na Constituição Federal e nas Leis Orgânicas. A **Ordem dos Advogados do Brasil** e a **Defensoria Pública** são outras instituições que também poderão promover a defesa das pessoas idosas.

O art. 47, inc. VI, estabelece uma norma para orientar e **mobilizar a sociedade** sobre os direitos das pessoas idosas, como forma de garantir que estes possuam um atendimento adequado nas diferentes áreas que vigem os diretos que lhes são assegurados. Assim, a mobilização junto à sociedade deverá ocorrer na imprensa falada, internet, imprensa escrita, televisionada, para que juntos, tanto o Poder Público, como as organizações sociais não governamentais, possam conscientizar a população em geral sobre a obrigação de todos no atendimento aos idosos, possibilitando a inclusão dessas pessoas na sociedade.

A Resolução CNAS 07/2016 aprovou o II Plano Decenal de Assistência Social (2016-2026), instituindo a Política Nacional de Atenção às Pessoas em Situação de Dependência como prioridade na gestão dentro do SUAS, incrementando alternativas de cuidados às pessoas dependentes, inclusive pessoas idosas, fomentando serviços de proteção básica e especial de cuidado no domicílio, destacando uma proteção social às pessoas idosas e com deficiência com estratégia de apoio às famílias.

4.2. ENTIDADES DE ATENDIMENTO À PESSOA IDOSA

As entidades de atendimento são **responsáveis** pela manutenção das próprias unidades, observadas as normas de planejamento e execução emanadas do órgão competente da Política Nacional da Pessoa Idosa.

Em razão de graves problemas de ordem econômica, de planejamento e administração de recursos públicos que envolvem o Estado, a jurisprudência, no que tange aos direitos sociais, impõe o que se denomina de **reserva do possível**.

> O tema **reserva do possível** é argumento bastando invocado em sede efetivação e implementação (usualmente onerosas) de determinados direitos cujo adimplemento, pelo Poder Público, impõe e exige, deste, prestações estatais positivas concretizadoras de tais prerrogativas individuais e/ou coletivas. Para os tribunais superiores, o princípio da reserva do possível não pode ser invocado em oposição ao princípio do mínimo existencial. Não pode o Estado utilizar o argumento da escassez de recursos para escusar-se do cumprimento de suas obrigações prioritárias, marcadamente na efetivação dos direitos essenciais (garantia o mínimo existencial), como, por exemplo, no implemento de políticas públicas voltadas a educação, saúde e segurança. (STJ, 2ª Turma, REsp. 1.389.952-MT, Rel. Min. Herman Benjamin, J. 3/6/2014) (STF, ARE 745745 AgR, Rel. Min. Celso de Mello, Segunda Turma, j. 2/12/2014).

As entidades governamentais e não governamentais de assistência à pessoa idosa ficam sujeitas à inscrição de seus programas, junto ao órgão **competente da Vigilância Sanitária e Conselho Municipal da Pessoa Idosa** e, em sua falta, junto ao **Conselho Estadual ou Nacional da Pessoa Idosa**, especificando os regimes de atendimento.

São **requisitos** que as entidades governamentais e não governamentais precisam observar quando da **inscrição de seus programas**:

• oferecer instalações físicas em condições adequadas de habitabilidade, higiene, salubridade e segurança;
• apresentar objetivos estatutários e plano de trabalho compatíveis com os princípios do Estatuto da Pessoa Idosa;
• estar regularmente constituída;
• demonstrar a idoneidade de seus dirigentes.

▸ **Como esse assunto foi cobrado em concurso?**

No concurso para Nutricionista (**Prefeitura de Palhoça - SC, IESES - SC-2021**), foi perguntado:

No que diz respeito às entidades de atendimento ao idoso, assinale a alternativa INCORRETA:

a) O dirigente de instituição prestadora de atendimento ao idoso responderá civilmente pelos atos que praticar em detrimento do idoso, com prejuízo das sanções administrativas.

b) As entidades governamentais e não governamentais de assistência ao idoso ficam sujeitas à inscrição de seus programas, junto ao órgão competente da Vigilância Sanitária e Conselho Municipal da Pessoa Idosa, e em sua falta, junto ao Conselho Estadual ou Nacional da Pessoa Idosa, especificando os regimes de atendimento.

c) Manutenção do idoso na mesma instituição, salvo em caso de força maior.

d) Apresentar objetivos estatutários e plano de trabalho compatíveis com os princípios do Estatuto do Idoso.

A alternativa correta: a

O EPI **não explicita** quais circunstâncias, bem como quais os tipos de entidades deverão inscrever seus programas. Tal explicitação deverá ficar a cargo do **Conselho Municipal da Pessoa Idosa**, pois a lei determina que a inscrição das entidades seja realizada junto ao referido órgão. Terá, portanto, o Conselho Municipal, discricionariedade de especificar, por meio de Resolução, quais as circunstâncias e modalidades em que a inscrição dos regimes serão obrigatórios, além dos documentos e requisitos necessários, prazo para renovação da inscrição, as consequências de uma eventual não inscrição do programa, entre outros.

Na hipótese das entidades que desenvolvam **programas de institucionalização de longa permanência** ao idoso, deverá haver a observância dos seguintes **princípios**:

• preservação dos vínculos familiares;
• atendimento personalizado e em pequenos grupos;
• manutenção do idoso na mesma instituição, salvo em caso de força maior;
• participação do idoso nas atividades comunitárias, de caráter interno e externo;
• observância dos direitos e garantias das pessoas idosas.

▸ Como esse assunto foi cobrado em concurso?

No concurso para Advogado (COTEC - 2024 - Prefeitura de Virgem da Lapa - MG - Advogado Assistencialista), foi perguntado:

Sobre os direitos do idoso, consignados na Lei n.º 10.741, de 1.º de outubro de 2003, analise as afirmativas a seguir:

I - A política de atendimento à pessoa idosa far-se-á por meio do conjunto articulado de ações exclusivas governamentais da União, dos Estados, do Distrito Federal e dos Municípios.

II - As pessoas idosas, a partir de 60 (sessenta) anos, que não possuam meios para prover sua subsistência, nem de tê-la provida por sua família, é assegurado o benefício mensal de 1 (um) salário-mínimo, nos termos da Loas.

III - A assistência integral na modalidade de entidade de longa permanência será prestada quando verificada inexistência de grupo familiar, casa/lar, abandono ou carência de recursos financeiros próprios ou da família.

IV - Aos maiores de 60 (sessenta) anos fica assegurada a gratuidade dos transportes coletivos públicos urbanos e semiurbanos, exceto nos serviços seletivos e especiais, quando prestados paralelamente aos serviços regulares.

V - A prioridade na tramitação dos processos e procedimentos e na execução dos atos e diligências judiciais em que figure como parte ou interveniente pessoa com idade igual ou superior a 60 (sessenta) anos é assegurada, em qualquer instância.

Estão CORRETAS as afirmativas

a) II, IV e V, apenas.

b) III, IV e V, apenas.

c) III e V, apenas.

d) II, III, IV e V, apenas.

e) I, II, III, IV e V.

RESPOSTA: C.

▸ Como esse assunto foi cobrado em concurso?

No concurso do MP/PR/2019, foi perguntado: Nos termos do que expressamente estabelece a Lei n. 10.741/2003 (Estatuto do Idoso), assinale a alternativa incorreta. É princípio que deve ser adotado pelas entidades que desenvolvam programas de institucionalização de longa permanência:

a) Preservação dos vínculos familiares.

b) Manutenção do idoso na mesma instituição, salvo em caso de força maior.

c) Participação do idoso nas atividades comunitárias, de caráter interno e externo.

d) Atendimento personalizado e em pequenos grupos.

e) Preparação gradativa para o desligamento.

Alternativa correta: e

As Instituições de Longa Permanência para Pessoas Idosas possuem uma regulamentação técnica prevista na **RDC Nº 502, DE 27 DE MAIO DE 2021 (ANVISA)**, com a finalidade de garantir às pessoas idosas os direitos assegurados no EPI, bem como prevenir e reduzir os riscos das pessoas idosas nessas Instituições. As secretarias de saúde estaduais, municipais e do Distrito Federal devem implementar procedimentos previstos na mencionada RDC, mas poderão adotar normas de **caráter suplementar**, com a finalidade de adequá-los às especificidades locais.

A **RDC Nº 502/21 (ANVISA)** traz em seu bojo uma definição de Instituições de Longa Permanência para Idosos (ILPI): "instituições governamentais ou não governamentais, de caráter residencial, destinada a domicílio coletivo de pessoas com idade igual ou superior a 60 anos, com ou sem suporte familiar, em condição de liberdade e dignidade e cidadania".

O referido RDC traça de **forma bem minuciosa** as condições e requisitos necessários, bem como estabelece um padrão mínimo de funcionamento das Instituições de Longa Permanência para Pessoas Idosas.

O STJ já entendeu que é "imperiosa a criação de instituições excepcionais de longa permanência (abrigos públicos), pelo Estado, que possam acolher idosos em situação de hipervulnerabilidade." (REsp n. 1.680.686/RJ, relator Ministro Herman Benjamin, Segunda Turma, julgado em 21/11/2017, DJe de 7/8/2020).

Importante destacar que o eventual descumprimento das determinações da mencionada RDC constitui **infração de natureza sanitária** sujeitando o infrator a processo e penalidades previstas na **Lei nº 6.437, de 20 de agosto de 1977**, ou instrumento legal que venha a substituí-la, sem prejuízo das responsabilidades penal e civil cabíveis.

Para a constituição das entidades, a escolha dos dirigentes deve obedecer a legislação regulamentadora, devendo **seus dirigentes** serem escolhidos de forma a demonstrar aptidão, habilidade e honestidade para o exercício da função, também poderá ser solicitada pelos órgãos de fiscalização **toda a documentação hábil** para o preenchimento dos requisitos necessários, como a cópia do ato ou contrato constitutivo da entidade devidamente registrado e atual; cópia do regimento interno ou estatuto social da entidade devidamente atualizado; cópia da ata de eleição da atual diretoria da entidade e da mantenedora; cópia do registro de inscrição no Conselho Municipal da Pessoa Idosa ou outra Instituição que tenha autorização para substitui-lo; cópia do alvará da autorização sanitária; cópia do alvará de localização e funcionamento do Município; cópia de alvará emitido pelo Corpo de Bombeiro; cópia da inscrição ou registro do CNPJ; folha de antecedentes criminais dos atuais diretores; listagem completa e mais especificada possível de todos os idosos abrigados, inclusive com cópia do contrato firmado.

Preceitua o art. 49, parágrafo único, do EPI, a regra da **independência das instâncias**, pois haverá responsabilização civil e penal, sem prejuízo das sanções administrativas, aos dirigentes de instituições prestadoras de atendimento à pessoa idosa.

De acordo com o disposto no art. 50 do EPI, são **obrigações** das entidades de atendimento:

- celebrar **contrato escrito de prestação de serviço** com a pessoa idosa, especificando o tipo de atendimento, as obrigações da entidade e prestações decorrentes do contrato, com os respectivos preços, se for o caso;
- **observar os direitos e as garantias** de que são titulares as pessoas idosas;
- fornecer **vestuário adequado, se for pública**, e alimentação suficiente;
- oferecer **instalações físicas** em condições adequadas de habitabilidade;
- oferecer **atendimento** personalizado;

- diligenciar no sentido da **preservação dos vínculos familiares**;
- oferecer acomodações apropriadas para recebimento de **visitas**;
- proporcionar **cuidados à saúde**, conforme a necessidade da pessoa idosa;
- promover **atividades** educacionais, esportivas, culturais e de lazer;
- propiciar **assistência religiosa** àqueles que desejarem, de acordo com suas crenças;
- proceder a **estudo social e pessoal** de cada caso;
- comunicar à autoridade competente de saúde toda ocorrência de pessoa idosa portador de **doenças infectocontagiosas**;
- providenciar ou solicitar que o Ministério Público requisite os **documentos necessários ao exercício da cidadania** àqueles que não os tiverem, na forma da lei;
- **fornecer comprovante** de depósito dos bens móveis que receberem das pessoas idosas;
- manter arquivo de anotações onde constem data e circunstâncias do atendimento, nome da pessoa idosa, responsável, parentes, endereços, cidade, relação de seus pertences, bem como o valor de contribuições, e suas alterações, se houver, e demais dados que possibilitem sua **identificação e a individualização do atendimento**;
- **comunicar** ao Ministério Público, para as providências cabíveis, a situação de abandono moral ou material por parte dos familiares;
- manter no quadro de **pessoal profissionais** com formação específica.

Como esse assunto foi cobrado em concurso?

No concurso para Analista (FUNDEP (Gestão de Concursos) - 2023 - DPE-MG - Analista - Assistente Social), foi perguntado:

São obrigações das entidades de atendimento ao idoso descritas no Estatuto do Idoso, exceto:

a) Oferecer instalações físicas em condições adequadas de habitabilidade.
b) Propiciar assistência religiosa àqueles que desejarem, de acordo com suas crenças.
c) Promover atividades educacionais, esportivas, culturais e de lazer.
d) Comunicar ao Ministério Público toda ocorrência de pessoa idosa com doenças infectocontagiosas.
e) Proporcionar cuidados à saúde, conforme a necessidade da pessoa idosa.

RESPOSTA: D

O art. 50 do EPI **não esgota** todas as obrigações das entidades de atendimento, pois há outras espalhadas inclusive no próprio EPI:

a) art. 37, § 2º: onde se determina a obrigação de toda instituição dedicada ao atendimento à pessoa idosa a manter identificação externa visível, sob pena de **interdição**, além de atender toda a legislação pertinente;

b) as entidades de longa permanência são obrigadas a firmar contrato de prestação de serviços com a pessoa idosa abrigada (art. 35, *caput*); e

c) a participação da pessoa idosa não poderá ultrapassar a 70% (setenta por cento) de qualquer benefício previdenciário ou de assistência social percebido pelo idoso (art. 35, § 2º).

> **Atenção!**
> O fornecimento **obrigatório** de **vestuário** adequado é nas **instituições públicas**.

> **Como esse assunto foi cobrado em concurso?**
> Foi perguntado no concurso de Defensor Público do Estado da Paraíba (FCC - Defensor Público - PB/2014), em que constituem obrigações das entidades de atendimento ao idoso, públicas ou privadas.

O EPI reconhece que há uma **relação de consumo** entre os idosos e a entidade que presta serviço com o objetivo de oferecer moradia coletiva, razão pela qual a entidade deverá firmar contrato escrito de prestação de serviços.

As **instituições filantrópicas** ou sem fins lucrativos prestadoras de serviço à pessoa idosa terão **direito à assistência judiciária gratuita**.

A entidade filantrópica ou sem fins lucrativos que presta serviços à pessoa idosa deverá apresentar todos os **documentos** relativos ao seu estatuto ou atos constitutivos, capazes de demonstrar o atendimento aos fins de proteção à pessoa idosa, para, assim, fazer jus ao direito à assistência judiciária de forma gratuita.

Na hipótese de ações promovidas pelas entidades que não estejam dentro do objeto de proteção direta dos serviços disponibilizados às pessoas idosas beneficiados, **não poderão** gozar da isenção acima mencionada.

A previsão do art. 51 do EPI **não se presta** a disputas judiciais relativas à composição patrimonial da entidade, quadro associativo, despesas decorrentes de contratos de trabalho mantidos pela entidade, pois tais situações não se amoldam aos fins previstos no artigo mencionado, uma vez que a isenção se restringe à atividade finalística da entidade.

▸ **Atenção!**

A Defensoria Pública pode assistir pessoas jurídicas pelo EPI.

▸ **Como esse assunto foi cobrado em concurso?**

No concurso para Defensor Público de Goiás (DP/GO/2010 - Instituto cidades), foi perguntado se é garantido às instituições filantrópicas ou sem fins lucrativos prestadoras de serviço ao idoso o direito à assistência judiciária gratuita. No mesmo sentido o concurso para Defensor Público do Maranhão (FCC, Defensor Público/MA - 2009).

Na hipótese de **descumprimento** das obrigações há penalidades que podem ser impostas.

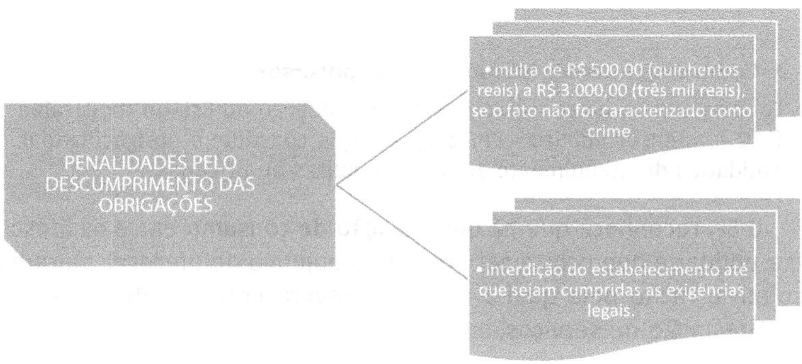

Na hipótese de interdição do estabelecimento de longa permanência, as **pessoas idosas obrigadas** serão transferidas para **outra instituição**, as expensas do estabelecimento interditado, enquanto durar a interdição.

4.2.1. *Fiscalização das entidades de atendimento à pessoa idosa*

Segundo dispõe o art. 52 do EPI, a **fiscalização** das entidades (governamentais e não governamentais) de atendimento à pessoa idosa caberá:

O rol dos legitimados à fiscalização **não é taxativo**, pois outros poderão exercer o seu poder de fiscalização, dentro de sua área de atuação, como por exemplo, órgãos de segurança pública, como o **corpo de bombeiros**, nos aspectos de segurança dos prédios, ou mesmo o **Procon** quanto a fiscalização dos contratos firmados entre a entidade e as pessoas idosas, ou ainda os Tribunais de Contas.

Também prevê o art. 6º do EPI que todo **cidadão** deve fiscalizar as entidades.

Os **Conselhos da Pessoa Idosa** deverão exercer a supervisão, o acompanhamento, a fiscalização e a avaliação da política nacional do idoso, nos âmbitos das respectivas instâncias político-administrativas, conforme estabelece o art. 7º, da Lei 8.842/94.

As entidades de atendimento deverão dar **publicidade** das prestações de contas dos **recursos públicos e privados** recebidos (art. 54 do EPI).

A publicidade é um **princípio constitucional** expresso da administração pública, consoante disposto no art. 37, *caput*, da CF.

O Princípio da **publicidade** apresenta também duas acepções:

a) exige que o ato administrativo seja publicado em um **órgão** oficial como requisito de eficácia dos atos administrativos que devam produzir efeitos externos e dos atos que impliquem em **ônus** ao patrimônio público; e

b) exige a transparência na atuação administrativa.

Do princípio da publicidade **decorre** o direito de petição aos Poderes Públicos e o direito à obtenção de certidões em repartições públicas (art. 5º, inc. XXXIV, "a" e "b", respectivamente), além do dever de divulgação dos atos oficiais.

As **exceções ao princípio da publicidade** possuem contornos constitucionais e podem ser admitidas nos casos expressos na própria CF: a) art. 5º, inc. X, da CF, nos casos inviolabilidade da intimidade, vida privada e da honra; b) art. 5º, inc. XXXIII, da CF, quando as informações forem imprescindíveis para a segurança da sociedade e do Estado e c) art. 5º, inc. LX, da CF, ocasião em que a publicidade poderá ser restrita nos casos de defesa da intimidade ou o interesse social exigir.

A **prestação de contas** da utilização de **recursos públicos** é norma de natureza constitucional. Dispõe o **parágrafo único do art. 70 da CF** que: "Prestará contas qualquer pessoa física ou jurídica, pública ou privada, que utilize, arrecade, guarde, gerencie ou administre dinheiros, bens e valores públicos ou pelos quais a União responda, ou que, em nome desta, assuma obrigações de natureza pecuniária.". Assim, a fiscalização contábil e financeira exercida pelo Congresso Nacional, mediante controle externo, com o auxílio do Tribunal de Contas, é realizada em pessoas físicas ou jurídicas, sejam elas públicas ou privadas, desde que de alguma forma mantenham contato com recursos públicos.

Caso a verba seja federal, é possível que a atribuição seja do **Tribunal de Contas da União**, mas se for verba pública estadual, a fiscalização será do Tribunal de Contas estadual ou municipal, se houver.

▸ **Atenção!**

Nem sempre a verba pública de natureza federal deverá ter sua prestação de contas destinada ao Tribunal de Contas da União.

Já decidiu o STJ que compete à Justiça Estadual processar e julgar ação de ressarcimento movida contra ex-prefeito, pela inaplicação de verbas federais repassadas por força de convênio (REsp 925.494/RN, Rel. Ministro LUIZ FUX, PRIMEIRA TURMA, julgado em 16/03/2010, DJe 26/03/2010).

Para que seja efetivada a prestação de contas, de modo que a mesma seja pública, as informações deverão ser prestadas de forma contábil, **publicadas no Diário Oficial** ou por **edital afixado** em lugar próprio para que sejam divulgados os atos públicos.

Para viabilizar a fiscalização, todos os comprovantes que digam respeito às despesas e receitas da entidade devem ser devidamente **descritos e individualizados**, se for o caso, de cada uma das pessoas idosas, que os mesmos tenham deixado a entidade, quando da prestação de contas.

> **Atenção!**
> Tanto os recursos públicos, como os **recursos privados** deverão observar a regra da publicidade.

4.2.1.1. *Fiscalização pelo Ministério Público das Instituições de Longa Permanência para Pessoas Idosas*

A atribuição do Ministério Público na fiscalização das **Instituições de Longa Permanência para Pessoas Idosas (ILPPIs)** está prevista tanto na Lei Orgânica Nacional do MP (art. 25, inc. VI), como no próprio Estatuto da Pessoa Idosa (art. 74, inc. VIII).

A Resolução nº 154/2016 do CNMP dispõe sobre a atuação dos membros do Ministério Público na defesa dos direitos fundamentais das pessoas idosas residentes em instituições de longa permanência e dá outras providências.

É certo que tal atribuição não exclui, tampouco substitui, a atuação de fiscalização dos órgãos sanitários ou assistenciais. A tarefa ministerial deve ser voltada para a verificação do **cumprimento da legislação** e o bem-estar dos idosos, a fim de saber se estão sendo assistidos em suas necessidades, bem como a verificação do respeito à sua integridade. O Ministério Público, ao realizar a fiscalização, poderá contar com um **corpo técnico especializado**, capaz de lhe suprir conhecimentos técnicos indispensáveis para uma efetiva fiscalização. Assim, seja do próprio corpo técnico do Ministério Público, ou, ainda, de outros órgãos, poderá dispor de pessoal dos quadros do CRAS/CREAS, Conselho Estadual ou Municipal de Assistência Social, Conselho Estadual ou Municipal da Pessoa Idosa, Corpo de Bombeiros e o Conselho Regional de Engenharia, Arquitetura e Agronomia.

Examinará o Ministério Público:

a) ***constituição formal*** da ILPPI e sua regularidade;

b) os ***recursos humanos específicos*** das ILPPIs diante da demanda e suas peculiaridades;

c) as ***características qualitativas*** do serviço de acolhimento prestado com vistas ao cuidado integral.

Segundo o Manual de Atuação Funcional do CNMP, em uma fiscalização nas ILPPIs, uma vez **identificada a instituição**, durante a inspeção técnica deverá ser apurado:

> "1º) nome de fantasia da unidade de acolhimento (art. 48, parágrafo único, II e III, do Estatuto da Pessoa Idosa - EPI);
>
> 2º) razão social (art. 48, parágrafo único, II e III, do EI) e número do CNPJ e/ou seu número no cadastro de entidades assistenciais/filantrópicas junto à Secretaria de Assistência Social (Leis Federais 8.909/94 ou 9.637/98 e 9.790/99);
>
> 3º) endereço e ponto de referência (art. 48, parágrafo único, II e III, do EPI);
>
> 4º) telefones, correio eletrônico e página ou sítio eletrônico (art. 48, parágrafo único, II e III, do EPI);
>
> 5º) nomes dos responsáveis legais e responsáveis técnicos, quando for o caso;
>
> 6º) capacidade máxima de atendimento e número de pessoas acolhidas no local no momento da inspeção;
>
> 7º) característica do público-alvo (grau de dependência, gênero, número de leitos, ou demais especificidades, caso exista);
>
> 8º) existência de identificação externa visível (art. 37, § 2º, do EPI);
>
> 9º) natureza jurídica, que poderá ser pública, caso a instituição integre a estrutura do Estado, ou privada, caso a instituição NÃO integre a estrutura do Estado, podendo, neste caso, ser uma sociedade empresária, ou uma sociedade simples que poderá usar ou não os tipos previstos nos 1.039 a 1.092 do Código Civil c/c art. 983 do Código Civil - exceto a de sociedades por ações -, podendo ser uma Ltda, por exemplo, ou ainda ser pessoa jurídica de direito privado com natureza fundacional ou associativa;

> 10º) Estatuto ou Estatuto Social, com registro de apresentação e autorização junto à Promotoria de Justiça com atribuição na Seara de Fundações." (Manual de atuação funcional: o Ministério Público na Fiscalização das Instituições de Longa Permanência para Idosos/ Conselho Nacional do Ministério Público. - Brasília: CNMP, 2016. 130 p. il., p. 22/23).

Ainda será necessário, para que se proceda uma fiscalização adequada, a verificação da existência dos seguintes documentos que gravitam em torno da ***constituição formal e regular do funcionamento*** da entidade:

> "a) Estatuto registrado, caso seja associação, ou escritura pública/ testamento, caso seja fundação, ou contrato social, caso seja sociedade empresária (arts. 45, 985 e 1.150 do Cód. Civil e arts. 114 a 121 da Lei Federal 6.015/73);
>
> b) Alvará de Localização e Funcionamento (ao menos provisório) fornecido pelo município onde está situada a ILPI;
>
> c) Laudo do Corpo de Bombeiros (CB) retirado após avaliação do quartel do CB próximo à instituição;
>
> d) Licença ou Alvará Sanitário concedido pela Vigilância Sanitária (VISA) municipal (art. 48, parágrafo único, do EPI);
>
> e) Inscrição de seus programas junto ao Conselho Municipal da Pessoa Idosa (CMDI ou CMI, conforme o município. Art. 48, parágrafo único, do EPI);
>
> f) Caso seja entidade de assistência social, deverá estar inscrita no Conselho Municipal de Assistência social, nos termos da Lei Federal 8.742/93;
>
> g) E os seguintes documentos operacionais:
>
> 1. Plano de atendimento individualizado ao idoso (art. 50, V, EPI);
>
> 2. Plano de atenção integral à saúde do idoso;
>
> 3. Contrato com a prestadora de serviço e cópia do alvará sanitário da empresa contratada, quando os serviços de remoção dos idosos, alimentação, limpeza e/ou lavanderia forem terceirizados;
>
> 4. Documento comprobatório da higienização dos reservatórios de água e de controle de pragas e vetores (verificar legislação estadual e municipal);

5. POPs e rotinas de boas práticas para os serviços de alimentação (nos termos da Resolução ANVISA/RDC 216/04), limpeza de ambientes e processamento de roupas;

6. Contrato de serviço terceirizado de remoção de resíduos);

7. Lista de eventos sentinelas;

8. Listagem com o levantamento dos graus de dependência dos idosos;

9. Existência de contratos escritos com os idosos, salvo se tratar-se de instituição pública ou de institucionalização determinada pelo Poder Judiciário ou por requisição do Promotor de Justiça (art. 35 c.c art. 45, V, do EPI)." (Manual de atuação funcional: o Ministério Público na Fiscalização das Instituições de Longa Permanência para Idosos/ Conselho Nacional do Ministério Público. – Brasília: CNMP, 2016. 130 p. il., p. 24/25).

Por fim, a fiscalização pelo Ministério Público ainda deverá abranger os cuidados com que as pessoas idosas são tratadas no local, levando-se em conta as suas ***peculiares necessidades***, envolvendo os aspectos da saúde física, mental, espiritual e social, todos garantidos no Estatuto da Pessoa Idosa. Assim, o conteúdo mínimo a ser verificado, para fins da prestação de serviços na ILPPI, de acordo com o previsto no Estatuto da Pessoa Idosa, será ("Manual de atuação funcional": o Ministério Público na Fiscalização das Instituições de Longa Permanência para Idosos/ Conselho Nacional do Ministério Público. – Brasília: CNMP, 2016. 130 p. il., p. 30/37):

a) Verificação contratual individualizada da prestação de serviço com as especificações do art. 35 e 50, I, do EPI.

b) Verificação do ambiente institucional (respeito e dignidade, conforme previsto nos artigos 10 e 49, VI, do EPI).

c) Existência de prontuário e plano de atendimento individualizado, preservando a identidade das pessoas idosas, nos termos dos artigos 10, § 2º, 49, II, e 50, V, do EPI.

d) Garantia à convivência familiar e comunitária, preservando o máximo possível os vínculos familiares, nos termos dos artigos 3º, 49, I e IV, 50, VI, VII e XVI, do EPI.

e) Oferta de atividades culturais, de lazer, religiosa e educacionais, respeitando e estimulando a autonomia das pessoas idosas, nos termos do art. 50, IX e X, do EPI.

f) Organização e rotinas técnicas de trabalho, nos termos do art. 50, XII, XIV e XV, do EPI.

g) Integralização à rede de serviços de assistência social (SUAS) e à de atenção à saúde pública (SUS), nos termos do art. 15 e parágrafos, e artigos 33 a 35, do EPI.

4.2.2. *Penalidade às entidades de atendimento à pessoa idosa*

O EPI prevê penalidades às entidades de atendimento que **descumprirem** as determinações do Estatuto da Pessoa Idosa (art. 55):

<table>
<tr><th>ENTIDADES GOVERNAMENTAIS</th><th>ENTIDADES NÃO GOVERNAMENTAIS</th></tr>
<tr><td colspan="2">SANÇÕES
observado o devido processo legal</td></tr>
<tr><td>• advertência;</td><td>• advertência;</td></tr>
<tr><td>• afastamento provisório de seus dirigentes;</td><td>• multa;</td></tr>
<tr><td>• afastamento definitivo de seus dirigentes;</td><td>• suspensão parcial ou total do repasse de verbas públicas;</td></tr>
<tr><td rowspan="2">• fechamento de unidade ou interdição de programa.</td><td>• interdição de unidade ou suspensão de programa;</td></tr>
<tr><td>• proibição de atendimento às pessoas idosas a bem do interesse público.</td></tr>
</table>

▸ **Como esse assunto foi cobrado em concurso?**

No concurso para Promotor de Justiça Substituto (VUNESP - 2023 - MPE-SP - Promotor de Justiça Substituto), foi perguntado:

O Estatuto da Pessoa Idosa declara que a pessoa idosa goza de todos os direitos fundamentais inerentes à pessoa humana, assegurando-lhe todas as oportunidades e facilidades para preservação de sua saúde física e mental e seu aperfeiçoamento moral, intelectual, espiritual e social, em condições de liberdade e dignidade (artigo 2º). Com relação às entidades de atendimento à pessoa idosa, é INCORRETO asseverar que

a) entre as penalidades administrativas às entidades governamentais de atendimento, pelo descumprimento do Estatuto da Pessoa Idosa, sem prejuízo da responsabilidade civil e criminal de seus dirigentes ou prepostos, estão a multa, a suspensão parcial ou total do repasse de verbas públicas, a interdição da unidade ou a suspensão de programa e a proibição de atendimento a idosos a bem do interesse público.

b) entre os princípios das entidades com programas de institucionalização de longa permanência, estão a preservação dos vínculos familiares, o atendimento personalizado e em pequenos grupos, a participação da pessoa idosa nas atividades comunitárias, de caráter interno e externo, a preservação da identidade da pessoa idosa e o oferecimento de ambiente de respeito e dignidade.

c) entre suas obrigações, constam o fornecimento de vestuário adequado, se for pública, e alimentação suficiente, o oferecimento de instalações físicas em condições adequadas de habitabilidade e a comunicação ao Ministério Público, para as providências cabíveis, de situação de abandono moral ou material por parte dos familiares.

d) entre seus requisitos, estão oferecer instalações físicas em condições de habitabilidade, higiene, salubridade e segurança, apresentar objetivos estatutários e plano de trabalho compatíveis com os princípios do Estatuto da Pessoa Idosa, estar regularmente constituída e demonstrar a idoneidade de seus dirigentes.

e) na ocorrência de infração, por entidade de atendimento, que coloque em risco os direitos assegurados pelo Estatuto da Pessoa Idosa, será o fato comunicado ao Ministério Público para as providências cabíveis, inclusive para promover a suspensão das atividades ou dissolução da entidade, com a proibição de atendimento a pessoas idosas a bem do interesse público, sem prejuízo das providências a serem tomadas pela Vigilância Sanitária.

RESPOSTA: A.

▸ **Como esse assunto foi cobrado em concurso?**

No concurso para Analista Ministerial (CESPE / CEBRASPE - 2025 - MPE-CE - Analista Ministerial - Especialidade: Serviço Social), foi perguntado:

Com base no Estatuto da Pessoa Idosa, julgue o item a seguir.

As organizações governamentais e não governamentais de atendimento a pessoa idosa são supervisionadas pelo Conselho Nacional de Saúde e pelo Ministério Público e ambas estão sujeitas às sanções de multa e fechamento de unidade ou interrupção de programas em caso de descumprimento do Estatuto da Pessoa Idosa.

Alternativas

( ) Certo

( ) Errado

RESPOSTA: ERRADO.

A sanção da proibição do atendimento às pessoas idosas a bem do interesse público pode restar configurada uma **penalidade de**

caráter perpétuo, sendo que o STF já invocou a proibição de penas perpétuas para o âmbito administrativo (RE 154.134, rel. Min. Sydney Sanches, DJ 29.10.1999).

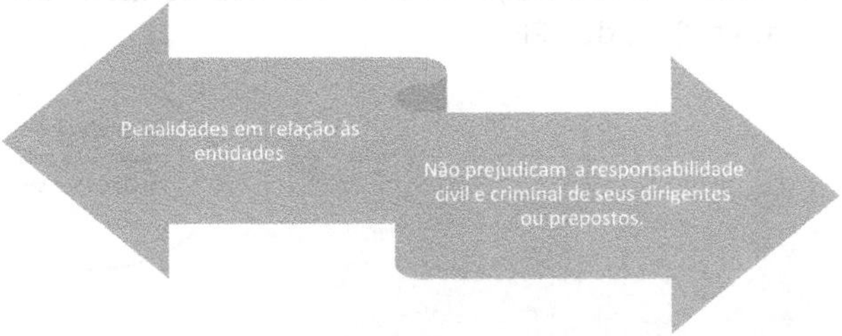

> **Atenção!**
>
> A multa só é cabível nas entidades não governamentais. O **fechamento da unidade** somente é possível nas entidades governamentais, enquanto nas entidades não governamentais somente é possível a **interdição da unidade**.

Caso haja danos às pessoas idosas abrigados ou qualquer tipo de fraude em relação ao programa, caberá o **afastamento provisório** dos dirigentes (entidades governamentais) ou a **interdição da unidade** e a **suspensão do programa** (entidades não governamentais).

> **Como esse assunto foi cobrado em concurso?**
>
> No Concurso para Advogado (VUNESP. Crbio 1ª Região. 2017) foi perguntado se: as entidades governamentais e não governamentais de atendimento ao idoso serão fiscalizadas pelos Conselhos do Idoso, Ministério Público, Vigilância Sanitária, entre outros previstos em lei.
>
> A alternativa foi considerada correta.

> **Como esse assunto foi cobrado em concurso?**
>
> No concurso para Promotor de Justiça (MP/BA/2015 - CEFET), foi elaborada a seguinte proposição: As entidades governamentais de atendimento aos idosos serão fiscalizadas pelos Conselhos do Idoso, Ministério Público, Vigilância Sanitária e outros previstos em lei, sendo que, havendo danos para os abrigados ou qualquer tipo de fraude em relação ao programa, caberá o afastamento provisório dos dirigentes ou a interdição da unidade e a suspensão do programa. A proposição foi considerada verdadeira.

A **suspensão parcial ou total do repasse de verbas públicas** ocorrerá quando verificada a má aplicação ou desvio de finalidade dos recursos (entidades não governamentais).

O destino das verbas públicas, contrário ao estabelecido pela Lei, poderá ensejar ao responsável a prática do crime previsto no **art. 315 do CP.**

A **comunicação** das infrações por entidades de atendimento, segundo o art. 55, § 3º, do EPI:

▸ Como esse assunto foi cobrado em concurso?

No concurso para Promotor de Justiça na Bahia (MP//BA/2015 - CEFET), foi elaborada a seguinte proposição: Na ocorrência de infração por entidade de atendimento, que coloque em risco os direitos dos idosos, será o fato comunicado ao Ministério Público, para as providências cabíveis, inclusive para promover a suspensão das atividades ou dissolução da entidade, com a proibição de atendimento a idosos a bem do interesse público, sem prejuízo das providências a serem tomadas pela Vigilância Sanitária. A proposição foi considerada verdadeira.

Para a **aplicação** das penalidades, algumas considerações devem ser observadas:

O EPI não especifica quais circunstâncias são consideradas agravantes ou atenuantes, de forma diferente do que ocorre no Código Penal. Assemelham-se essas circunstâncias do EPI àquelas previstas no **art. 59 do Código Penal,** conhecidas como circunstâncias judiciais, as quais o juiz utiliza para fixar a pena base necessária e suficiente para a reprovação e a prevenção do crime.

4.3. INFRAÇÕES ADMINISTRATIVAS E APURAÇÃO DAS INFRAÇÕES ADMINISTRATIVAS

A aplicação de sanções administrativas pelo Estado decorre das funções do **poder de polícia.**

O **poder de polícia** é um dos poderes administrativos de maior destaque junto a Administração Pública, pois este é exercido sobre todas as atividades e bens que possam de algum modo **afetar toda a coletividade** e se fundamenta no **princípio da predominância do interesse público sobre o particular,** dando a Administração Pública uma posição de hegemonia sobre os administrados.

O poder de polícia possui **previsão legal** no art. 78 do CTN. Observa-se que a realização deste poder possui um vínculo ***íntimo*** com o interesse público:

> "Considera-se poder de polícia atividade da administração pública que, limitando ou disciplinando direito, interêsse ou liberdade, regula a prática de ato ou abstenção de fato, em razão de intêresse público concernente à segurança, à higiene, à ordem, aos costumes, à disciplina da produção e do mercado, ao exercício de atividades econômicas dependentes de concessão ou autorização do Poder Público, à tranqüilidade pública ou ao respeito à propriedade e aos direitos individuais ou coletivos."

São **características** do regime do poder de polícia:

a) atividade restrita - são atuações que em geral representam a limitações de atuação de particular;

b) limita a liberdade e propriedade;

c) possui um caráter liberatório, manifestado através de atos que autorizam o exercício de atividades até então vedadas pela lei;

d) é sempre geral;

e) possui como regra geral criar a obrigação de não fazer;

f) não gera indenização;

g) em geral atinge particulares;

h) é indelegável; e

i) possui, em geral, natureza discricionária, pois a Administração Pública poderá escolher, dentre as opções previstas em lei, o melhor momento para sua atuação, bem como a sanção que se enquadrará no caso concreto, sempre tendo em vista o interesse público.

O poder de polícia tem por essência um **caráter negativo**, vez que ao Poder Público incumbe evitar a ocorrência de um dano, diferente da prestação do serviço público em que a atuação do Estado é positiva, embora possa conferir caráter positivo, quando esse instrumento representa a construção de utilidade pública.

4.3.1. *Infrações administrativas*

O Estatuto da Pessoa Idosa elenca 3 (três) **infrações administrativas** (arts. 56, 57 e 58):

Dispositivo Legal	Infração	Penalidade
Art. 56	Deixar de cumprir as obrigações das entidades de atendimento.	Multa de R$ 500,00 a 3.000,00 e; Interdição até a regularização da entidade.
Art. 57	Deixar o profissional de saúde ou responsável por estabelecimento de saúde de comunicar crime que tenha conhecimento.	Multa de R$ 500,00 a 3.000,00, podendo ser aplicada em dobro em caso de reincidência.
Art. 58	Deixar de cumprir as determinações de prioridade de atendimento da pessoa idosa.	Multa de R$ 500,00 a 1.000,00; e multa civil a ser aplicada pelo juiz de acordo com o dano sofrido pela pessoa idosa.

▸ **Atenção!**

Na hipótese do art. 56 do EPI, a multa **não será aplicada** caso os fatos se enquadrem como crime.

▸ **Como esse assunto foi cobrado em concurso?**

No concurso para Promotor de Justiça Substituto (Instituto Consulplan - 2024 - MPE-SC - Promotor de Justiça Substituto), foi perguntado:

Em cada item a seguir é apresentada uma situação hipotética a ser julgada com base na legislação brasileira protetiva da pessoa idosa.

A empresa XYZ deixou de cumprir as determinações do Estatuto da Pessoa Idosa sobre a prioridade no atendimento à pessoa idosa. Tal conduta configura crime e terá seu procedimento de apuração iniciado por requisição do Ministério Público.

Alternativas

( ) Certo

( ) Errado

RESPOSTA: ERRADO.

▸ **Como esse assunto foi cobrado em concurso?**

No concurso para Procurador Municipal (VUNESP/2019/ITAPEVI-SP), foi elaborada a seguinte questão: Durante o atendimento médico de um idoso num estabelecimento de saúde do Município, o profissional de saúde constatou sinais que o levaram a suspeitar que o idoso estaria sofrendo de violência física. Nessa situação, a Lei n 10.741/2003 – Estatuto do Idoso – estabelece que

a) o profissional de saúde nada poderá fazer a não ser que o próprio idoso confirme os maus-tratos e faça pedido de providências por escrito.

b) o caso será objeto de notificação compulsória à autoridade sanitária e também deve ser comunicado a quaisquer dos órgãos competentes indicados na lei.

c) o estabelecimento deverá mandar abrir o inquérito policial competente para apuração da autoria da violência contra o idoso.

d) o profissional deverá comunicar o juiz competente e reter o idoso até que haja autorização judicial para liberá-lo ao parente ou responsável legal.

e) deve o profissional prestar o regular serviço de saúde e, em seguida, obter uma declaração por escrito do idoso de que não está sofrendo violência antes de liberá-lo.

Gabarito: Letra B

O art. 57 do EPI prevê como **infração administrativa** a omissão de profissional de saúde, como médicos, fisioterapeutas, enfermeiros, entre outros, ou ainda os responsáveis pelo estabelecimento de saúde, como hospitais, clínicas, postos de saúdes, laboratórios, entre outros ou, ainda, pelas instituições de longa permanência, como os asilos, as casas de repousos, entre outros, em comunicar à autoridade competente (Ministério Público, juiz de direito, polícia) os **crimes** contra pessoas idosas dos quais tenham conhecimento. Embora não descrito no dispositivo legal, o conhecimento exigido deverá ser no exercício de suas funções.

Será considerada infração administrativa a ausência de comunicação de algum fato descrito como **crime**, mas não contravenção penal, vez que as infrações administrativas, assim como ocorre no direito penal, submetem-se ao princípio da legalidade.

> **Atenção!**
>
> Não há diferença ontológica (de essência) entre o crime e a contravenção penal, distinguindo-se apenas em questão de grau e quantidade.
>
> A contravenção compreende fatos de menor gravidade social, cujas penas cominadas são de prisão simples ou multa, diferente do crime. O renomado penalista Nélson Hungria designa a contravenção de "crime-anão".

A infração administrativa descrita no art. 58, do EPI, prevê a punição àqueles que deixarem (instituição financeira, transporte coletivo, posto de saúde, etc.) de assegurar o **atendimento prioritário à pessoa idosa**.

A Lei nº 10.048/00, regulamentada pelo Decreto nº 5.296/04, assegura o atendimento prioritário à pessoa idosa. Outros dispositivos do próprio EPI (arts. 3º, par. único, I; 42 e 71) dispõem também sobre a prioridade à pessoa idosa.

Os **valores monetários** constantes nas penalidades referentes às infrações administrativas deverão ser atualizados anualmente, na forma da lei (art. 59, do EPI). A correção monetária é o reajuste feito em razão da perda do valor da moeda.

Na hipótese de **interdição** do estabelecimento de longa permanência, as pessoas idosas abrigadas serão transferidas para outra instituição, as expensas do estabelecimento interditado, enquanto durar a interdição (art. 56, parágrafo único, do E EPI).

> **Como esse assunto foi cobrado em concurso?**
>
> No concurso para Assistente Social (Analista Legislativo - FCC - 2020 - AL-AP), foi perguntado:

O Estatuto do Idoso é uma lei destinada a regulamentar os direitos assegurados às pessoas com idade igual ou superior a 60 anos que vivem no Brasil. Nela, há a previsão de determinadas ações que são configuradas como infração administrativa e que compreendem

a) a discriminação da pessoa idosa, impedindo ou dificultando seu acesso a operações bancárias, aos meios de transporte, ao direito de contratar ou por qualquer outro meio ou instrumento necessário ao exercício da cidadania, por motivo de idade.

b) o abandono do idoso em hospitais, casas de saúde, entidades de longa permanência ou congêneres, ou não prover suas necessidades básicas, quando obrigado por lei ou mandado.

c) o ato do profissional de saúde ou o responsável por estabelecimento de saúde ou instituição de longa permanência deixar de comunicar à autoridade competente os casos de crimes contra idoso de que tiver conhecimento.

d) a retenção do cartão magnético de conta bancária relativa a benefícios, proventos ou pensão do idoso, bem como qualquer outro documento com objetivo de assegurar recebimento ou ressarcimento de dívida.

e) a exibição ou veiculação, por qualquer meio de comunicação, de informações ou imagens depreciativas ou injuriosas à pessoa do idoso.

Alternativa correta: c

4.3.2. Procedimento administrativo para apuração

Procedimento administrativo para **imposição de penalidade** administrativa por infração às normas de proteção à pessoa idosa (arts. 60 a 63 do EPI):

1 - Início: a) por **requisição do MP**; ou

b) auto de infração elaborado por **servidor efetivo** e assinado por duas testemunhas, caso seja possível.

2 - Defesa: o autuado terá o **prazo de 10 dias** para defesa.

3 - Aplicação de penalidade:

a) havendo risco para a saúde ou vida da pessoa idosa - sanções regulamentares (art. 62 do Estatuto da Pessoa Idosa); ou

b) não havendo risco para a saúde ou vida à saúde da pessoa idosa - sanções regulamentares (art. 63 do Estatuto da Pessoa Idosa).

▸ Como esse assunto foi cobrado em concurso?

No concurso para Promotor de Justiça Substituto (CESPE / CEBRASPE - 2021 - MPE-AP), foi perguntado:

01. A instauração de procedimento administrativo para a imposição de penalidade administrativa por infração às normas de proteção ao idoso inicia-se mediante

a) petição por parte do conselho do idoso competente.

b) remessa do boletim de ocorrência ao Ministério Público.

c) relatório final do órgão fiscalizador.

d) requisição do Ministério Público.

e) petição fundamentada de pessoa interessada.

Alternativa correta: d

O servidor efetivo que elabora o auto de infração deverá ser o **servidor específico**, ou seja, o servidor que atua junto ao serviço de fiscalização específica (de proteção à pessoa idosa).

Nesse sentido, já decidiu o STJ que o termo servidor efetivo, previsto no art. 60 do EPI, refere-se ao servidor do serviço de **fiscalização específico**, que deve contar nas suas atribuições o dever de aplicar as normas de proteção ao idoso. (RMS 26.166/RJ, Rel. Ministra ELIANA CALMON, SEGUNDA TURMA, julgado em 07/05/2009, DJe 27/05/2009).

O auto de infração deverá ser elaborado por **servidor "efetivo"**, portanto, aquele ingresso no serviço público via concurso público, afastando-se a possibilidade de o auto de infração ser lavrado por agentes públicos detentores de cargo em comissão ou de contrato temporário, em razão da precariedade dessas investiduras, pois estes são sujeitos a pressões externas oriundas daqueles que efetivaram a nomeação, passíveis, muitas vezes, de demissão sem motivação.

▸ Atenção!

A requisição expedida pelo Ministério Público é **ordem** e, como tal, deverá ser cumprida, não entrando na esfera dos destinatários a sua avaliação ou pertinência para cumprimento.

Já com relação ao procedimento administrativo descrito no EPI, este deverá observar todos os **princípios que lhes são inerentes**, como os princípios do contraditório e da ampla defesa.

O administrativista Celso Antônio Bandeira de Mello descreve **12 (doze) princípios** que são inerentes ao processo administrativo: princípio da audiência do interessado; princípio da acessibilidade aos elementos do expediente; princípio da ampla instrução probatória; princípio da motivação; princípio da revisibilidade; princípio da representação e assessoramento; princípio da lealdade e boa-fé; princípio da verdade material; princípio da celeridade processual; princípio da oficialidade; princípio da gratuidade e princípio do informalismo. (MELLO, Celso Antônio Bandeira de. *Curso de Direito Administrativo*. 30º ed. rev. atual. ampl. São Paulo: Malheiros, 2013, p. 509/510).

Na hipótese de auto de infração poderão ser utilizadas **fórmulas impressas**, com especificação da natureza e das circunstâncias da infração (art. 60, § 1º, do EPI).

Verificada a infração, **deverá** ser lavrado o auto em seguida ou, ainda, se não for possível, dentro de 24 horas, por motivo justificado (art. 60, § 2º, do EPI).

O prazo acima referido é um prazo impróprio, assim, superado o prazo, não há nulidade, mas **mera irregularidade**.

Os **prazos da intimação** para a defesa serão computados da data da intimação, que será realizada:

a) pelo autuante, no instrumento de autuação, quando for lavrado na presença do infrator;

b) por via postal, com aviso de recebimento.

> **Atenção!**
>
> O prazo para defesa computa-se da **intimação** e não das regras previstas no Código do Processo Civil (juntada do instrumento de autuação, quando procedida pessoalmente, ou do tempo de anexação ao processo da carta registrada, com aviso de recebimento).

É possível a utilização da **intimação via edital**, com a publicação no respectivo Diário Oficial, quando incerto ou desconhecido o paradeiro.

Na hipótese de entidade governamental, a defesa será realizada pela **Procuradoria** do ente federativo ao qual pertence à entidade, ainda que seja intimado o agente público por ela responsável.

Nas hipóteses em que o autuado se **nega a assinar** o auto de infração ou o aviso de recepção, o agente público deverá consignar o fato em termo próprio, presente duas testemunhas, cientificando o autuado que a citação será concluída dessa forma.

Se o autuado for **pessoa física**, somente ele ou seu representante poderão firmar o aviso de recebimento, não podendo haver apenas a simples entrega da carta no seu endereço, havendo de ser declarado prejuízo da defesa, com a consequente nulidade do ato.

> O STJ já decidiu que na hipótese de citação de pessoa física por via postal, é indispensável a entrega **diretamente ao citando**, devendo o carteiro colher seu ciente. Assim, se o aviso de recebimento da carta citatória for assinado por outra pessoa, que não o próprio citando, e não houver contestação, o autor tem o ônus de demonstrar que o réu, ainda que não tenha assinado o aviso, teve conhecimento da demanda que lhe foi ajuizada. (REsp 164.661/SP, Rel. Ministro SÁLVIO DE FIGUEIREDO TEIXEIRA, QUARTA TURMA, julgado em 03/12/1998, DJ 16/08/1999, p. 74)

De forma diferente, na hipótese de o infrator ser **pessoa jurídica privada**, aplica-se a **teoria da aparência**, considerando-se legítima a citação da pessoa jurídica realizada na sua sede, em que se apresenta para receber e aceita a citação sem mencionar que não possui poderes para representar a pessoa jurídica naquele ato.

> Já decidiu o STJ que é **válida** a citação de pessoa jurídica por via postal, quando implementada no endereço onde se encontra o estabelecimento do réu, sendo desnecessário que a carta citatória seja recebida e o aviso de recebimento assinado por representante legal da empresa. (REsp 582.005/BA, Rel. Ministro FERNANDO GONÇALVES, QUARTA TURMA, julgado em 18/03/2004, DJ 05/04/2004, p. 273)

▸ **Como esse assunto foi cobrado em concurso?**

No concurso de Analista Legislativo (Cespe – Consultor Legislativo – Câmara dos Deputados/2014) foi elaborada a seguinte proposição: Considerando o disposto no Estatuto do Idoso, julgue os itens a seguir, referentes às instituições de longa permanência.

Se, devido ao não cumprimento de exigências legais, um estabelecimento de longa permanência de idosos for interditado, os idosos abrigados nesse local deverão ser transferidos para outra instituição da mesma natureza, e os custos da transferência serão de responsabilidade da vigilância sanitária. A proposição foi considerada errada. Art. 56, parágrafo único, do E.I.

4.4. APURAÇÃO JUDICIAL DAS IRREGULARIDADES DAS ENTIDADES DE ATENDIMENTO

O EPI também prevê **procedimento específico** para a apuração **judicial** de irregularidades em Entidade de Atendimento à pessoa idosa, consoante dispõem os arts. 64 a 68 do diploma legal mencionado. Embora o **procedimento judicial** possua as mesmas características do procedimento administrativo acima mencionado, há diferença substancial.

O EPI delegou ao Poder Judiciário a possibilidade de aplicar as **sanções mais graves** às entidades de atendimento à pessoa idosa, como o afastamento temporário ou definitivo dos dirigentes, suspensão da entidade, entre outras.

O procedimento para as apurações de infrações administrativas aos idosos possui **aplicação subsidiária** da Lei nº 9.784/99 (Processo administrativo federal) e da Lei nº 6.437/77 (Configura infrações à legislação sanitária federal, estabelece as sanções respectivas, e dá outras providências).

Embora seja de aplicação subsidiária, registrem-se algumas das **peculiaridades** das leis acima mencionadas:

Lei nº 6.437/77 (Configura infrações à legislação sanitária federal, estabelece as sanções respectivas, e dá outras providências).
▣ **Infrações sanitárias previstas:** I – advertência; II – multa; (...) VIII – interdição parcial ou total do estabelecimento; IX – proibição de propaganda; X – cancelamento de autorização para funcionamento da empresa; XI – cancelamento do alvará de licenciamento de estabelecimento; XI – A – intervenção no estabelecimento que receba recursos públicos de qualquer esfera; XII – imposição de mensagem retificadora; XIII – suspensão de propaganda e publicidade.
▣ **Conteúdo do auto de infração:** nome do infrator.
▣ **Competência:** para que sejam aplicadas as sanções, são competentes as autoridades sanitárias do Ministério da Saúde, dos Estados ou Distrito Federal e dos Territórios, de acordo com as atribuições conferidas pela lei respectiva ou delegada a competência, via convênio.
▣ **Notificação:** o infrator será notificado para ciência do auto de infração – pessoalmente, pelo correio ou via postal, e por edital, caso encontre-se em lugar incerto e não sabido.
▣ **Defesa:** o infrator poderá oferecer a defesa ou ainda impugnar o auto de infração no prazo de 15 dias, contados da notificação.

- **Oitiva/autuante:** antes de julgar as razões apresentas pela defesa ou a impugnação, a autoridade tem o dever de ouvir o servidor autuante no prazo de dez dias.
- **Julgamento:** com ou sem a defesa ou a impugnação, encerrado o prazo para a defesa, o auto de infração será julgado pelo dirigente do órgão de vigilância sanitária competente.
- **Recurso:** das decisões condenatórias poderá haver recurso, dentro de igual prazo fixado para a defesa. Caso mantida a condenação, poderá haver recurso para autoridade superior dentro do prazo de 20 dias, que se inicia da ciência ou publicação.

Lei nº 9.784/99

(Processo Administrativo Federal)

- **Direito dos administrados:** - ser tratado com respeito pelas autoridades e servidores, que deverão facilitar o exercício de seus direitos e o cumprimento de suas obrigações; ter ciência da tramitação dos processos administrativos em que tenha a condição de interessado, ter vista dos autos, obter cópias de documentos neles contidos e conhecer as decisões proferidas; formular alegações e apresentar documentos antes da decisão, os quais serão objeto de consideração pelo órgão competente; e IV - fazer-se assistir, facultativamente, por advogado, salvo quando obrigatória a representação, por força de lei.
- **Deveres dos administrados:** expor os fatos conforme a verdade; proceder com lealdade, urbanidade e boa-fé; não agir de modo temerário; prestar as informações que lhe forem solicitadas e colaborar para o esclarecimento dos fatos.
- **Início do processo:** de ofício ou a pedido do interessado.
- **Requisitos do requerimento inicial:** órgão ou autoridade administrativa a que se dirige; identificação do interessado ou de quem o represente; domicílio do requerente ou local para recebimento de comunicações; formulação do pedido, com exposição dos fatos e de seus fundamentos; data e assinatura do requerente ou de seu representante.
- **Recusa imotivado do requerimento:** a Administração é proibida de recusar de forma imotivada o recebimento de documentos, devendo o servidor orientar o interessado quanto ao suprimento de eventuais falhas.
- **Forma:** os atos do processo administrativo não dependem de forma determinada senão quando a lei expressamente a exigir. Contudo, os atos do processo devem ser produzidos por escrito, em vernáculo, com a data e o local de sua realização e a assinatura da autoridade responsável. A autenticação de documentos exigidos em cópia poderá ser feita pelo órgão administrativo. O processo deverá ter suas páginas numeradas sequencialmente e rubricadas.
- **Tempo:** os atos do processo devem realizar-se em dias úteis, no horário normal de funcionamento da repartição na qual tramitar o processo.
- **Lugar:** Os atos do processo devem realizar-se preferencialmente na sede do órgão, cientificando-se o interessado se outro for o local de realização.

- **Instrução do processo administrativo:** conferir o procedimento de realização de instrução abaixo.
- **Recurso:** das decisões administrativas caberá recurso, em face de razões de legalidade e de mérito. O recurso será dirigido à autoridade que proferiu a decisão, a qual, se não a reconsiderar no prazo de cinco dias, o encaminhará à autoridade superior. O prazo para interposição de recurso administrativo, contado a partir da ciência ou divulgação oficial da decisão recorrida.

Na **petição** a ser encaminhada ao Juiz, seja através da pessoa interessada, seja através de representação do Promotor de Justiça, **deverão constar** alguns requisitos básicos:

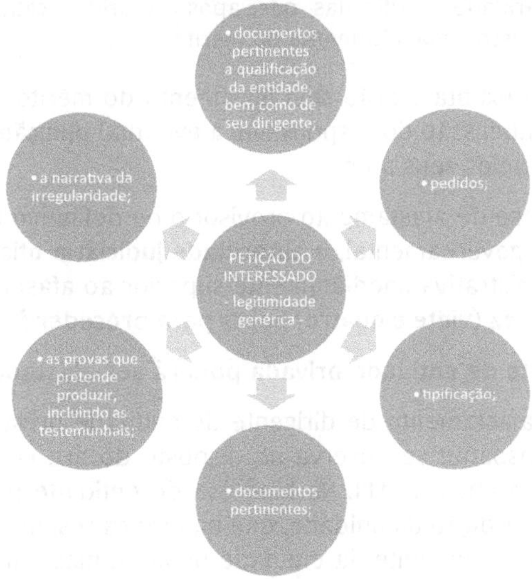

Observa-se que a **legitimidade é genérica**, assim, pode ser exercida por qualquer pessoa, como, por exemplo, um vizinho da pessoa idosa que possui conhecimento dos fatos ou, ainda, um amigo, bem como um agente comunitário que comumente visita residências.

O procedimento judicial de apuração de irregularidade em entidade governamental e não governamental de atendimento à pessoa idosa possui o seguinte **procedimento:**

Observe o **quadro de prazos** do procedimento mencionado acima:

▶ Resposta de dirigente da entidade investigada	10 dias
▶ Alegações Finais	5 dias
▶ Decisão da autoridade judiciária	5 dias
▶ Substituição em caso de afastamento de dirigente	24 horas

O prazo de defesa deverá ser **contado** a partir da citação.

▸ **Atenção!**

EXTINÇÃO SEM JULGAMENTO DO MÉRITO: antes de aplicar qualquer das medidas, a **autoridade judiciária poderá** fixar prazo para a remoção das irregularidades verificadas, que, após cumpridas, causarão extinção do processo, sem julgamento do mérito.

Caso seja extinta a ação sem julgamento do mérito, não restará afastada a submissão do responsável a eventual **punição criminal** ou mesmo **civil** pelos seus atos.

Na hipótese de afastamento provisório ou definitivo de dirigente de entidade governamental, a **autoridade judiciária oficiará** a autoridade administrativa imediatamente superior ao afastado, fixando-lhe prazo de **24 (vinte e quatro) horas para proceder à substituição.**

O dirigente de entidade privada poderá ser afastado?

Sobre o afastamento de dirigente de entidade privada foi **omisso o EPI**, consoante se observa no disposto do art. 55, inc. I e II e art. 68, § 2º, ambos do EPI. Na hipótese de entidade privada, há a sanção da interdição da unidade, que na prática resultaria não só no afastamento do dirigente da entidade privada, mas também de impossibilidade do funcionamento de toda a estrutura de atendimento.

▸ **Como esse assunto foi cobrado em concurso?**

No concurso para Promotor de Justiça Substituto (MPE-RS - 2023 - MPE-RS - Promotor de Justiça), foi perguntado:

De acordo com o disposto no Estatuto da Pessoa Idosa, considere as seguintes afirmações.

I - O Ministério Público tem legitimidade para promover e acompanhar ações de alimentos, de interdição total ou parcial, de designação de curador especial em circunstâncias que justifiquem a medida e oficiar em todos os feitos em que se discutam os direitos das pessoas idosas em condições de risco.

II - Nos feitos em que figure pessoa idosa, a falta de intervenção do Ministério Público, sempre que alegada tempestivamente, acarretará a anulabilidade do feito.

III - Incorre em crime o profissional de saúde ou responsável por estabelecimento de saúde ou instituição de longa permanência que deixar de comunicar à autoridade competente os casos de crimes contra pessoas idosas de que tiver conhecimento.

IV - Constitui infração administrativa negar o acolhimento ou a permanência de pessoa idosa, como abrigada, por sua recusa em outorgar procuração à entidade de atendimento.

V - O procedimento para apuração de irregularidade em entidade governamental e não governamental de atendimento à pessoa idosa terá início mediante petição fundamentada de pessoa interessada ou iniciativa do Ministério Público.

Quais afirmações estão corretas?

a) Apenas I e III.

b) Apenas I e V.

c) Apenas III e IV.

d) Apenas II, III e IV.

e) Apenas II, IV e V.

RESPOSTA: B.

Capítulo V

Acesso à Justiça

5.1. DISPOSIÇÕES GERAIS

O EPI faculta a Lei a criação de **varas especializadas** e exclusivas dos idosos, pelo Poder Público, conforme preceitua o art. 70.

A competência para a criação de varas especializadas é de competência da **Justiça Estadual**, consoante o disposto no art. 125 da CF. É certo ainda que possa haver competência da **Justiça Federal** para a criação das referidas varas.

Sobre o tema de competência processual, o STJ já decidiu que é "absoluta a competência do foro do domicílio da pessoa idosa nas causas, individuais ou coletivas, que versam sobre serviços de saúde, assistência social ou atendimento especializado à pessoa idosa com deficiência, limitação incapacitante ou doença infectocontagiosa, ressalvadas a competência da Justiça Federal e a competência originária dos tribunais superiores." (REsp n. 1.896.379/MT, relator Ministro Og Fernandes, Primeira Seção, julgado em 21/10/2021, DJe de 13/12/2021)

Portanto, a criação de varas especializadas para o processamento e julgamento de causas exclusivas dos idosos, deverá decorrer por **iniciativa de lei** do respectivo tribunal de justiça ou, ainda, do tribunal regional federal, observada toda a implicação processual decorrente da origem da nova vara, como a redistribuição de competência de juízes de igual hierarquia.

Em regra, **não** se pode editar atos normativos regimentais para criar varas especializadas, sob pena de editar-se norma inconstitucional.

Entretanto, já decidiu o STF que é **possível** a criação de varas especializadas de idosos por Resolução de Tribunal de Justiça, desde que não haja impacto orçamentário, sendo considerada uma simples alteração administrativa, com a finalidade de melhorar a prestação da tutela jurisdicional, de natureza especializada (STF. HC 91024/RN, rel. Min. Ellen Gracie, 5.8.2008).

▸ **Como esse assunto foi cobrado em concurso?**

No concurso para Analista Jurídico (Prefeitura de Betim, Instituto AOCP - 2020 - MG), foi perguntado:

Assinale a alternativa correta conforme o Estatuto do Idoso (Lei nº 10.741/03).

a) Dentre os idosos, é assegurada prioridade especial aos maiores de 75 (setenta e cinco) anos, atendendo-se suas necessidades sempre preferencialmente em relação aos demais idosos.

b) É assegurada a reserva, para os idosos, nos termos da lei local, de 05% (cinco por cento) das vagas nos estacionamentos públicos e privados, as quais deverão ser posicionadas de forma a garantir a melhor comodidade ao idoso.

c) Aos maiores de 60 (sessenta) anos fica assegurada a gratuidade dos transportes coletivos públicos urbanos e semiurbanos, nos quais serão reservados 05% (cinco por cento) dos assentos para os idosos, devidamente identificados com a placa de reservado preferencialmente para idosos.

d) É vedado ao Poder Público criar varas especializadas e exclusivas do idoso.

e) No que diz respeito à apuração judicial de irregularidades em entidade de atendimento, salvo manifestação em audiência, as partes e o Ministério Público terão 15 (quinze) dias para oferecer alegações finais, decidindo a autoridade judiciária em igual prazo.

Alternativa correta: b

Se a parte ou interveniente for pessoa com idade igual ou superior a 60 (sessenta) anos é garantida a **prioridade** na tramitação dos processos e procedimentos e na execução dos atos e diligências judiciais em que figure como em **qualquer instância** (art. 71 do EPI).

▸ **Como esse assunto foi cobrado em concurso?**

No concurso para Promotor de Justiça do Estado de São Paulo (Vunesp/MP/SP/2013) foi perguntado sobre a prioridade concedida ao idoso na tramitação de procedimentos, judiciais ou administrativos.

O STF já decidiu que a prioridade de tramitação de processos nas hipóteses em que as partes sejam maiores de 60 anos abrange **todas as instâncias recursais**, bastando simples petição nos autos para a observância do benefício (STF. MS 26946 AgR, rel. Min. Eros Grau, Tribunal Pleno, julgado em 08/10/2008, Dje-216).

Não é possível que a possibilidade de prioridade das ações judiciais seja estendida a **pessoas jurídicas**, cujos **sócios** sejam **maiores de 60 anos** (STJ - AgRg no Ag 468.648/SP, Rel. Ministro ANTÔNIO DE PÁDUA RIBEIRO, TERCEIRA TURMA, julgado em 06/11/2003, DJ 01/12/2003, p. 348).

Há preferência do **pagamento dos precatórios** para as pessoas idosas, nos termos em que prevê o art. 100, § 2º, da CF:

"Os débitos de natureza alimentícia cujos titulares tenham 60 (sessenta) anos de idade ou mais na data de expedição do precatório, ou sejam portadores de doença grave, definidos na forma da lei, serão pagos com preferência sobre todos os demais débitos, até o valor equivalente ao triplo do fixado em lei para os fins do disposto no § 3º deste artigo, admitido o fracionamento para essa finalidade, sendo que o restante será pago na ordem cronológica de apresentação do precatório."

Sobre o tema, já decidiu o STJ: "(...) 3. Como se vê, a CF dispõe que os débitos de natureza alimentícia serão pagos com preferência. Contudo, o artigo 12 da Resolução 115/2010 do Conselho Nacional de Justiça definiu, para recebimento de créditos humanitários, o conceito de idoso da seguinte forma: "Serão considerados idosos os credores originários de qualquer espécie de precatório, que contarem com 60 (sessenta) anos de idade ou mais na data da expedição do precatório em 9 de dezembro de 2009, data da promulgação da EC 62/2009, sendo também considerados idosos, após tal data, os credores originários de precatórios alimentares que contarem com 60 (sessenta) anos de idade ou mais, na data do requerimento expresso de sua condição, e que tenham requerido o benefício". 4. Tal preferência se dá em respeito aos princípios da dignidade da pessoa humana e do direito à saúde, garantias fundamentais a todos os cidadãos. (...)". (RMS 49.539/RO, Rel. Ministro HERMAN BENJAMIN, SEGUNDA TURMA, julgado em 15/09/2016, DJe 10/10/2016).

Segundo o STJ, para fins de "obtenção da preferência no pagamento de precatório, é necessária a conjugação dos requisitos constantes do art. 100, § 2º, da Constituição Federal, ou seja, que a dívida tenha natureza alimentar e que o titular seja pessoa idosa ou portadora de doença grave." (RMS n. 65.747/SP, relatora Ministra Assusete Magalhães, Segunda Turma, julgado em 16/3/2021, DJe de 8/4/2021).

O direito de preferência para pagamento dos precatórios **não** poderá ser estendido aos **sucessores** do titular originário do precatório, ainda que estes sejam também pessoas idosas, pois se trata de **direito de preferência personalíssimo** (RMS 44.836-MG, Rel. Min. Humberto Martins, julgamento em 20.2.2014).

Sobre a **prioridade** na tramitação dos processos o art. 1.048, inc. I, do novo CPC, dispõe que:

> "Terão prioridade de tramitação, em qualquer juízo ou tribunal, os procedimentos judiciais: I - em que figure como parte ou interessado pessoa com idade igual ou superior a 60 (sessenta) anos ou portadora de doença grave, assim compreendida qualquer das enumeradas no art. 6º, inciso XIV, da Lei nº 7.713, de 22 de dezembro de 1988;".

O **art. 1.048, § 1º, do CPC,** prevê que: "A pessoa interessada na obtenção do benefício, juntando prova de sua condição, deverá requerê-lo à autoridade judiciária competente para decidir o feito, que determinará ao cartório do juízo as providências a serem cumpridas".

Quando deferida a prioridade, os autos deverão receber uma **identificação** própria que evidenciará a tramitação prioritária.

> Já entendeu o STJ que a prioridade na tramitação do processo **não alcança o advogado** que não é parte ou interveniente, salvo na hipótese de estar executando honorários de sucumbência definitivamente fixada (STJ. AgRg no REsp 285.812/ES, rel. Min. Aldir Passarinho Júnior, Quarta Turma, julgado em 07.06.2005, DJ 01.08.2005 p. 461).

▸ Como esse assunto foi cobrado em concurso?

No concurso para Agente de Polícia (CESPE / CEBRASPE - 2025 - TRF - 6ª REGIÃO - Técnico Judiciário – Área: Administrativa – Especialidade: Agente de Polícia Judicial), foi perguntado:

À luz do Estatuto da Pessoa Idosa e do Estatuto da Pessoa com Deficiência, julgue o item a seguir.

A prioridade do trâmite de processo judicial para pessoas idosas limita-se às situações em que esses indivíduos figurem como parte no processo.

Alternativas

( ) Certo

( ) Errado

RESPOSTA: CERTO.

▸ Como esse assunto foi cobrado em concurso?

No concurso para Defensor Público da Bahia – (DP/BA/2010 – CESPE) foi elaborada a seguinte proposição: É assegurada prioridade na tramitação dos processos e procedimentos e na execução dos atos e diligências judiciais em que figure, como parte ou interveniente, pessoa com idade igual ou superior a sessenta anos, em qualquer instância. A prioridade não cessará com a morte do beneficiado, estendendo-se em favor do cônjuge supérstite, companheiro ou companheira, com união estável, maior de sessenta anos. A proposição foi considerada correta. Art. 71, *caput*, do E.I.

O STJ já havia decidido, com fundamento no art. 1.211-A do antigo CPC, que o dispositivo havia contemplado, com o benefício da prioridade na tramitação processual, todos os idosos com idade igual ou superior a sessenta e cinco anos que figurem como parte ou interveniente nos procedimentos judiciais, abrangendo a intervenção de terceiros na forma de assistência, oposição, nomeação à autoria, denunciação da lide ou chamamento ao processo. (REsp 664.899/SP, Rel. Ministra ELIANA CALMON, SEGUNDA TURMA, julgado em 03/02/2005, DJ 28/02/2005, p. 307).

▸ Como esse assunto foi cobrado em concurso?

No concurso para Defensor Público do Sergipe (DP/SE/2012 - CESPE), foi perguntado se de acordo com o STJ, o benefício da prioridade na tramitação processual contempla todos os idosos que figurem como parte ou como intervenientes nos procedimentos judiciais, razão pela qual abrange o idoso que intervenha no processo em todas as formas de intervenção de terceiros. CORRETO

O beneficiário da prioridade procedimental **fará prova de sua idade** e **requererá** o benefício à autoridade judiciária competente para decidir o feito, que determinará as providências a serem cumpridas, anotando-se essa circunstância em local visível nos autos do processo.

▸ Cuidado!

A **prioridade não** cessará com a **morte** do beneficiado, estendendo-se em favor do cônjuge supérstite, companheiro ou companheira, com união estável, maior de 60 (sessenta) anos.

▸ Atenção!

A Lei nº 13.466/2017 acresceu o § 5º ao art. 71 do Estatuto da Pessoa Idosa para dispor que: "Dentre os processos de idosos, dar-se-á prioridade especial aos **maiores de oitenta anos.**"

▸ Como esse assunto foi cobrado em concurso?

No concurso para Procurador Jurídico (VUNESP - PSMI - 2016) foi perguntado sobre a relação ao acesso do idoso à Justiça, assim como sobre a prioridade na tramitação de processos e procedimentos envolvendo idosos, nos termos da Lei Federal nº 10.741/2003. Foi considerada correta a alternativa b): a obtenção da prioridade de tramitação processual deverá ser feita pelo interessado mediante requerimento, fazendo prova de sua idade à autoridade judiciária competente para decidir o feito, que determinará as providências a serem cumpridas, anotando-se essa circunstância em local visível nos autos do processo.

▸ **Como esse assunto foi cobrado em concurso?**

No concurso para Defensor Público do Estado do Amazonas (DP/AM/2011 - Instituto cidades), foi perguntado se a prioridade na tramitação dos processos judiciais é personalíssima, cessando com a morte do beneficiado, não se estendendo em favor de cônjuge supérstite, companheiro ou companheira em união estável. ERRADO

▸ **Como esse assunto foi cobrado em concurso?**

No concurso para Analista Ministerial - Serviço Social (MPE-CE - CESPE/CEBRASPE - 2020 - CE), foi perguntado:

Em se tratando de uma unidade de geriatria, o Sr. Ozório e os demais idosos hospitalizados, com idade superior a oitenta anos, terão prioridade especial em relação aos outros, que possuam idade entre sessenta e oitenta anos.

(x) Certo

( ) Errado

Resposta: CERTO

A prioridade ainda será garantida aos **processos e procedimentos** na Administração Pública, direta ou indireta, empresas prestadoras de serviços públicos e instituições financeiras, **ao atendimento preferencial** junto à Defensoria Pública da União, dos Estados e do Distrito Federal em relação aos Serviços de Assistência Judiciária.

Dispõe o **art. 69-A da Lei nº 9.784/99** (Lei que dispõe sobre processo administrativo federal) que:

> "Terão prioridade na tramitação, em qualquer órgão ou instância, os procedimentos administrativos em que figure como parte ou interessado:
>
> I - pessoa com idade igual ou superior a 60 (sessenta) anos; (...)".

Para o atendimento prioritário, será garantido ao idoso o **fácil acesso** aos assentos e caixas, identificados com a destinação aos idosos em local visível e com caracteres legíveis.

Por fim, cumpre registrar que a **Resolução nº 277/2003 do STF**, no exercício de regulamentar o art. 71 do EPI, estabelece que no âmbito do Supremo Tribunal Federal dar-se-á prioridade na tramitação, no processamento, no julgamento e nos demais procedimentos dos feitos judiciais em que figure como parte ou interveniente **pessoa com idade igual ou superior a sessenta anos.** Para obter a prioridade, o interessado deverá requerer o benefício ao Presidente do Tribunal ou ao Relator do feito, mediante prova de sua idade.

A **Resolução nº 11/2003 do STJ**, no exercício de regulamentar o art. 71 do EPI, prevê, no âmbito do Superior Tribunal de Justiça, que dar-se-á prioridade na tramitação, no processamento, no julgamento e nos demais procedimentos dos processos judiciais em que figure como parte ou interveniente pessoa com idade igual ou superior a 60 (sessenta) anos. Para obter a prioridade o interessado deverá requerer o benefício ao Presidente do Tribunal ou ao Relator do feito, mediante prova de sua idade. O STJ identificará os processos com pedido de prioridade, na forma desta Resolução, por uma etiqueta verde-oliva afixada na capa dos autos, em que constará a indicação maior de 60 (sessenta) anos em cor branca.

A prioridade da tramitação se aplica a ação coletiva movida pelo Ministério Público?

A tramitação da prioridade de ação coletiva movida em defesa de pessoa idosa em primeira análise não seria admitida, pois primeiro que as ações civis públicas possuem um regramento próprio e a pessoa idosa não é parte, mas sim substituta processual e, segundo, o art. 70 do EPI se dirige as demandas individuais e não coletivas. Contudo, a interpretação não poderá ocorrer com a simples leitura da lei, **podendo admitir-se** o deferimento da prioridade de uma ação coletiva de defesa de direitos à pessoa idosa, ainda que tal prioridade não seja aplicada em sua integralidade. A prioridade de uma ação coletiva movida em defesa da pessoa idosa poderá ter incidência, por se revelar de extrema necessidade, dependendo da análise do caso concreto, pois se trata de defesa de muitas pessoas idosas, que por vezes, buscam a concretização de direitos básicos para a garantia de sua sobrevivência, como situações que envolvam direito à saúde, havendo necessidade de uma resposta jurisdicional rápida, considerando-se esse o entendimento mais favorável à defesa dos direitos humanos.

5.2. MINISTÉRIO PÚBLICO

O Ministério Público tem o seu **conceito** elaborado pela Carta Cidadã, consoante dispõe o **art. 127, *caput*, da CF**:

> "O Ministério Público é instituição permanente, essencial à função jurisdicional do Estado, incumbindo-lhe a defesa da ordem jurídica, do regime democrático e dos interesses sociais e individuais indisponíveis."

A Constituição Federal estabelece as funções do Ministério Público, conforme previsão do **art. 129.**

As funções do **Ministério Público** possuem previsão nas respectivas Leis Orgânicas e em outras leis extravagantes.

Nessa linha, o Estatuto da Pessoa Idosa **prevê** diversas funções ao Ministério Público.

Competências (atribuições) do Ministério Público:

<table>
<tr><td colspan="2">• instaurar o inquérito civil e a ação civil pública para a proteção dos direitos e interesses difusos ou coletivos, individuais indisponíveis e individuais homogêneos da pessoa idosa;</td></tr>
<tr><td colspan="2">• promover e acompanhar as ações de alimentos, de interdição total ou parcial, de designação de curador especial, em circunstâncias que justifiquem a medida e oficiar em todos os feitos em que se discutam os direitos de pessoa idosa em condições de risco;</td></tr>
<tr><td colspan="2">• atuar como substituto processual de pessoa idosa em situação de risco, conforme o disposto no art. 43 do Estatuto da Pessoa Idosa;</td></tr>
<tr><td colspan="2">• promover a revogação de instrumento procuratório de pessoa idosa, nas hipóteses previstas no art. 43 desta Lei, quando necessário ou o interesse público justificar;</td></tr>
<tr><td rowspan="3">Instaurar procedimento administrativo e, para instruí-lo:</td><td>a) expedir notificações, colher depoimentos ou esclarecimentos e, em caso de não comparecimento injustificado da pessoa notificada, requisitar condução coercitiva, inclusive pela Polícia Civil ou Militar;</td></tr>
<tr><td>b) requisitar informações, exames, perícias e documentos de autoridades municipais, estaduais e federais, da administração direta e indireta, bem como promover inspeções e diligências investigatórias;</td></tr>
<tr><td>c) requisitar informações e documentos particulares de instituições privadas;</td></tr>
</table>

• instaurar sindicâncias, requisitar diligências investigatórias e a instauração de inquérito policial, para a apuração de ilícitos ou infrações às normas de proteção à pessoa idosa;
• zelar pelo efetivo respeito aos direitos e garantias legais assegurados ao idoso, promovendo as medidas judiciais e extrajudiciais cabíveis;
• inspecionar as entidades públicas e particulares de atendimento e os programas de que trata esta Lei, adotando de pronto as medidas administrativas ou judiciais necessárias à remoção de irregularidades porventura verificadas;
• requisitar força policial, bem como a colaboração dos serviços de saúde, educacionais e de assistência social, públicos, para o desempenho de suas atribuições;
• referendar transações envolvendo interesses e direitos das pessoas idosas.

▸ Como esse assunto foi cobrado em concurso?

No Concurso para Promotor de Justiça (CESPE/MPE-RR - 2017) foi perguntado:

Com referência ao Estatuto do Idoso e suas alterações, julgue os seguintes itens, relativos às competências do MP no tocante a feitos que envolvam a proteção ao idoso.

I - Compete ao MP a instauração de inquérito civil e ação civil pública para a proteção dos direitos e interesses difusos ou coletivos, individuais indisponíveis e individuais homogêneos do idoso.

II - Cabe ao MP promover e acompanhar ações de alimentos, de interdição, de designação de curador especial, em circunstâncias que justifiquem a medida, bem como oficiar em todos os feitos nos quais estejam sendo discutidos os direitos de idosos em condições de risco.

III - A atuação do parquet como substituto processual do idoso em situação de risco encontra-se prevista de forma expressa na legislação infraconstitucional nos casos em que, no âmbito do Estatuto do Idoso, direitos reconhecidos forem ameaçados ou violados.

IV - A possibilidade de requisitar força policial bem como de solicitar a colaboração dos serviços de saúde, educacionais e de assistência social públicos para o desempenho de suas atribuições é inerente à atividade específica do MP como protetor dos idosos em situação de risco. Assinale a opção correta

Estão corretos todos os itens.

▸ **Como esse assunto foi cobrado em concurso?**

No concurso para Promotor de Justiça do Estado de SC (MPE-SC. 2016) foi perguntado se o Ministério Público atua como substituto processual em defesa dos direitos dos idosos, entendidos estes, nos termos da Lei n. 10.741/03 (Estatuto do Idoso), como pessoas com idade igual ou superior a setenta anos, ao que permanece o titular do direito substancial na polaridade ativa da ação.
O item foi considerado falso.

As competências (I ao X) do Ministério Público no **detalhe**:

I – instaurar o inquérito civil e a ação civil pública para a proteção dos direitos e interesses difusos ou coletivos, individuais indisponíveis e individuais homogêneos da pessoa idosa.

As disciplinas do inquérito civil e da ação civil pública possuem previsão constitucional e estão disciplinadas na Lei de Ação Civil Pública (**Lei nº 7.347/85**).

O STJ já entendeu que "Ministério Público tem legitimidade para o ajuizamento de ação civil pública contra a cobrança abusiva de honorários advocatícios em demandas previdenciárias que envolvam pessoa idosa." (REsp n. 2.079.440/RO, relatora Ministra Nancy Andrighi, Terceira Turma, julgado em 20/2/2024, DJe de 1/3/2024).

Este inciso completa-se com o disposto no Capítulo III, arts. 78 a 92 do EPI, cujos comentários seguem mais à frente.

Outros instrumentos normativos ainda regulam o inquérito civil e a ação civil pública, como a **Resolução nº 23/2007 do Conselho Nacional do Ministério Público**.

O Inquérito civil é um **procedimento administrativo** que possui natureza inquisitória e possui a finalidade de coletar elementos que possam embasar eventual ação civil pública.

O Inquérito civil possui previsão no art. 8º, § 1º, da LACP e art. 129, inc. III, da CF, além do art. 90 do CDC, art. 6º da Lei Federal nº 7.583/89, art. 201, V, do ECA, art. 25, inc. VI da LONMP, art. 7º, inc. I da LOPMU, entre outros. Trata-se de um **instrumento privativo** do MP, sendo que nenhum dos outros legitimados ativos poderá instaurá-lo ou impulsioná-lo.

O inquérito civil é **dispensável**, ou seja, pode o MP propor ação civil pública, caso possua elementos suficientes, sem que haja necessidade de se instaurar previamente um inquérito civil público. Em razão da prescindibilidade e da natureza inquisitiva, as irregularidades existentes no trâmite do inquérito civil **não** ensejaram decreto de nulidade do processo que vier a ser ajuizado.

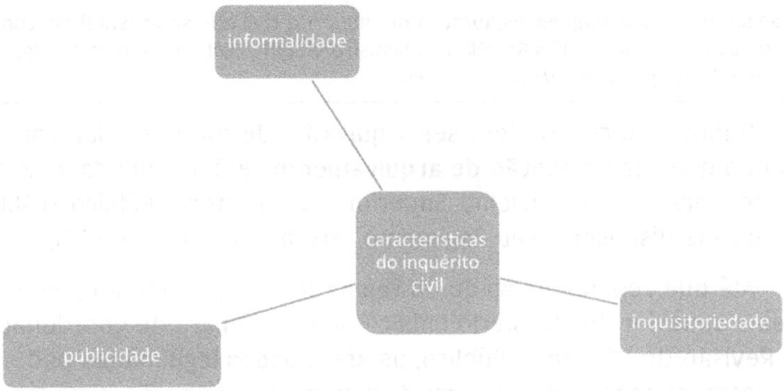

Embora a publicidade seja a regra, ao inquérito civil poderá ser **decretado sigilo**, determinado pelo seu presidente, quando se mostrar conveniente para o desenvolvimento das investigações, aplicando-se de forma análoga o art. 20 do CPP.

A decisão de sigilo deverá ser **fundamentada** e poderá ensejar recurso junto ao Conselho Superior do MP.

Para o Ministério Público, presidindo o inquérito civil, a fim de instruí-lo, poderá **requisitar**, de qualquer organismo público ou particular, certidões, informações, exames ou perícias, no prazo que assinalar, o qual **não poderá ser inferior a 10 (dez) dias** úteis. A requisição é uma ordem legal de apresentação de documentos, fornecimento de certidões ou realização de exames ou perícias (art. 92 do EPI).

Além da requisição, a **notificação** também é comumente usada. A notificação é o instrumento utilizado para coletar prova oral dentro do inquérito civil, ou seja, é uma determinação para que alguém compareça ao Ministério Público e preste depoimento ou ainda forneça esclarecimentos.

O inquérito civil possui as seguintes **fases:** a instauração, a instrução e a conclusão.

A **instauração** do inquérito civil poderá ser de ofício ou por provocação. A portaria é o meio mais conhecido e comum de instauração. Ainda poderá ser instaurado por delegação, por ordem do procurador-geral de justiça ou decorrer de ordem do Conselho Superior do MP, quando o órgão der provimento a recurso interposto contra indeferimento de representação.

> Segundo o STJ, a simples instauração do inquérito civil **não se constitui** em constrangimento ilegal (RHC 5.873/PR, Rel. Ministro VICENTE LEAL, SEXTA TURMA, julgado em 24/11/1997, DJ 19/12/1997, p. 67532).

O inquérito civil poderá ser arquivado, de forma fundamentada, sendo que sua **promoção de arquivamento** será submetida a exame e deliberação do Conselho Superior do Ministério Público (CSMP), conforme dispuser o seu Regimento (art. 92, §§ 1º e 2º, do EPI).

Até que seja homologado ou rejeitado o arquivamento pelo Conselho Superior do Ministério Público ou por Câmara de Coordenação e Revisão do Ministério Público, as **associações legitimadas** poderão apresentar **razões escritas ou documentos**, que serão juntados ou anexados às peças de informação (art. 92, § 3º, do EPI).

Caso o Conselho Superior ou a Câmara de Coordenação e Revisão do Ministério Público deixe de homologar a promoção de arquivamento, será **designado outro membro** do Ministério Público para o ajuizamento da ação (art. 92, § 4º, do EPI).

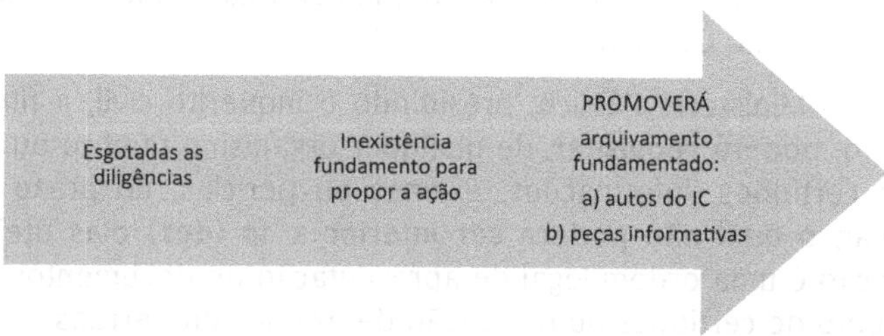

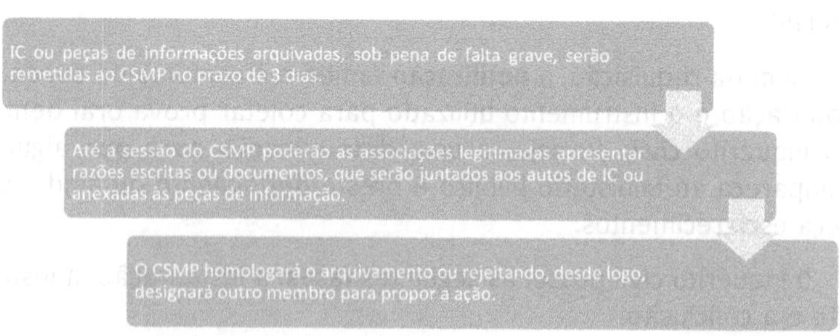

A Lei de Ação Civil pública ainda confere ao Ministério Público a possibilidade de elaborar um **termo de ajustamento de conduta (TAC)**. Trata-se de um **título executivo extrajudicial**, obtido através de um acordo bilateral e consensual entre o Ministério Público e o causador ou potencial causador do dano, assumindo o compromisso de adequar sua conduta às exigências legais.

A tomada de compromisso de ajustamento de conduta vem regulamentada por meio da Resolução nº 179/2017 do CNMP.

Além do Ministério Público, os órgãos **públicos legitimados** poderão tomar dos interessados compromisso de ajustamento de sua conduta às exigências legais, mediante cominações. Por isso, em relação as empresas públicas e sociedades de economia mista, em que pese terem personalidade jurídica de direito privado, há controvérsia doutrinária sobre a possibilidade de tomarem compromisso. Uma corrente sustenta a impossibilidade, pois estas não estão abarcadas pela expressão dos órgãos públicos, porquanto possuem personalidade jurídica de direito privado. Outra corrente sustenta que a expressão "órgãos públicos" refere-se a qualquer órgão que integre a estrutura pública ou que seja por este controlado, como as empresas públicas e sociedades de economia mista. Contudo, uma **terceira corrente prevalece**, no sentido de que apenas as empresas públicas e sociedades de economia mista quando prestadoras de **efetivos serviços públicos**, por auxiliarem o Estado na prestação de seus deveres constitucionais, **podem firmar compromisso.**

Nas cláusulas do termo de compromisso deverá haver a imposição de uma **sanção** ao interessado, com vistas a assegurar o efetivo cumprimento da obrigação principal assumida.

> **Atenção!**
>
> A eficácia do título extrajudicial decorrerá tão somente da assinatura por tomador e interessado, dispensada qualquer outra formalidade (como a presença de testemunhas ou homologação judicial).

Quando **descumprido o TAC**, um dos legitimados para a ação civil pública poderá executá-lo ou mesmo um indivíduo lesado, na hipótese de interesses individuais homogêneos.

Uma vez firmado, o termo de ajustamento de conduta poderá ser objeto de discussão em **ação judicial própria** para a sua rescisão, caso haja a alegação de algum vício no negócio jurídico, como erro, dolo, simulação, fraude etc., podendo ainda a rescisão ser voluntária.

Após esgotadas as diligências no inquérito civil, caso não seja promovido o arquivamento, o MP **promoverá a ação civil pública.** Esclareça-se, como já dito anteriormente, que o inquérito civil é dispensável, ou seja, pode-se propor a ação civil pública sem que haja um inquérito civil.

Contudo, identificada uma situação em que há ofensa ao direito de pessoas idosas, obrigatória se torna a atuação do Ministério Público na defesa dos direitos difusos, coletivos e individuais homogêneos. Sustenta-se o **princípio da obrigatoriedade** da atuação no MP na LACP através da interpretação dos arts. 5º, §§ 1º e 3º e 15 da LACP.

> Já decidiu o STJ que o "(...) Ministério Público Federal, no exercício de sua função institucional (Constituição Federal, art. 129, incs. I e II; Lei Complementar 75/93, art. 6º, XII; e Estatuto do Idoso, art. 74), tem legitimidade para ajuizar ação civil pública com o escopo de impedir o oferecimento de serviços de advocacia, que alega ser feito mediante a cobrança excessiva e abusiva de horários, para a propositura de ações judiciais referentes ao já pacificado direito à revisão de benefícios previdenciários mediante a incidência do IRSM.(...)" (AgInt no REsp 1528630/SP, Rel. Ministro LUIS FELIPE SALOMÃO, Rel. p/ Acórdão Ministra MARIA ISABEL GALLOTTI, QUARTA TURMA, julgado em 27/06/2017, DJe 08/09/2017).

▸ Como esse assunto foi cobrado em concurso?

No concurso para Promotor de Justiça de Goiás (MP/GO/2012), foi perguntado sobre a atuação do MP quanto à atuação na proteção das pessoas idosas, se órgão tem atribuição para promover ação para defesa de seus direitos ou oficiar em todos os feitos que não tiver intentado na qualidade de fiscal da lei.

> II - promover e acompanhar as ações de alimentos, de interdição total ou parcial, de designação de curador especial, em circunstâncias que justifiquem a medida e oficiar em todos os feitos em que se discutam os direitos de pessoas idosas em condições de risco

Trata-se de atuação do Ministério Público em **duas hipóteses**:

a) Como autor, nos casos de ações de alimentos, interdição (total, parcial ou especial);

b) Obrigação de oficiar como fiscal da lei, sob pena de nulidade, nos feitos em que se discutam direito as pessoas idosas em condição de risco.

Para a intervenção do Ministério Público é necessária que haja a **situação de risco da pessoa idosa**, sendo que tal condição possui previsão no art. 43 do EPI.

▸ **Como esse assunto foi cobrado em concurso?**

No concurso para Promotor de Justiça Substituto (FUNDEP (Gestão de Concursos) - 2023 - MPE-MG - Promotor de Justiça Substituto) foi perguntado:

Considerando os diplomas legais pertinentes e a jurisprudência do Superior Tribunal de Justiça, analise as assertivas abaixo e assinale a alternativa CORRETA:

I. O artigo 88 do Estatuto da Pessoa Idosa, que prevê a possibilidade de pagamento das custas processuais ao final do processo, aplica-se somente às ações referentes a interesses difusos, coletivos e individuais indisponíveis ou homogêneos.

II. É desnecessária a intervenção do Ministério Público na qualidade de fiscal da ordem jurídica em demandas que não envolvam direitos coletivos ou em que não haja exposição de pessoa idosa aos riscos previstos no artigo 43 da Lei nº 10.741/2003.

III. O fato de a parte ser pessoa com deficiência, por si só, não é motivo suficiente para caracterizar relevância social a exigir a intervenção do Ministério Público como fiscal da ordem jurídica.

IV. O estacionamento indevido de veículo, sem credencial, em vaga reservada à pessoa com deficiência configura dano moral coletivo.

V. A associação, cujo estatuto institucional tem por finalidade a atuação em políticas públicas de interesse social, não ostenta legitimidade ativa para propor demanda que tutela o fornecimento de transporte público especial municipal para os munícipes com deficiência ou mobilidade reduzida.

a) Apenas os itens I, II e III são verdadeiros.

b) Apenas os itens III, IV e V são verdadeiros.

c) Apenas os itens II e IV são verdadeiros.

d) Apenas os itens I, II, III e V são verdadeiros.

RESPOSTA: A.

A Procuradoria-Geral de Justiça do MPMS, editou as Súmulas nº 082 - PGJ para dispor que: "A intervenção do Ministério Público em ação individual para obtenção de benefício a idoso, previsto na Lei Orgânica da Assistência Social (art. 20, Lei n. 8.742/93), é impositiva à luz das finalidades e funções institucionais gizadas na Constituição (arts. 127, caput e 129, II e III) por se tratar de situação envolvendo direito fundamental do idoso, que deve ser compreendida como situação de risco (art. 74, II, Lei n. 10.741/03) à vista das peculiaridades do caso concreto", e a Súmula nº 077 - PGJ, para estabelecer que: "A intervenção do Ministério Público na qualidade de fiscal da ordem jurídica em ação de alimentos envolvendo interesse de idoso é limitada aos casos de situação de risco deste, à luz dos arts. 74, II e 75, da Lei n. 10.742/03".

Na hipótese de pessoa idosa que nunca cumpriu o seu dever de encargo alimentar com seus filhos, poderá ver sua pretensão de pleitear alimentos a seus filhos, em razão da violação do princípio da reciprocidade?

Em um julgado do TJ/RS, já foi decidido que **não é possível** o pedido de alimentos com fundamento no dever de solidariedade, daquele genitor que nunca cumpriu com os seus deveres inerentes ao poder familiar, deixando de prestar aos filhos os cuidados e o afeto necessário (TJRS, Apelação Cível nº 70013502331, Sétima Câmara Cível, Relatora: Des. Maria Berenice Dias. J. em 15/02/2006). Contudo, há entendimento que o princípio constitucional da solidariedade familiar deve se sobrepor ao princípio da reciprocidade, devendo, preenchidos os requisitos legais, haver a possibilidade da obrigação alimentar. (GABRIELLE CARVALHO RIBEIRO, na obra: AZEVEDO, Vitor Emanuel de Medeiros. *In:* PINHEIRO, Naide Maria (Coord.). Estatuto do Idoso comentado, p. 611).

A pessoa idosa somente será interditada se houver prova em processo de interdição e através de perícia, caso estejam presentes uma das hipóteses do art. 1.767 do CC. Assim, aspectos relacionados com o processo de envelhecimento, como a **fragilidade física**, por si só, não são motivos para a incapacidade civil.

Segundo os arts. 474 e 748 do CPC, o Ministério Público terá legitimidade para atuação somente de **forma subsidiária** ou em casos **especificados** pela Lei.

A presença de um curador especial no processo **não dispensa** a participação do Ministério Público, na hipótese em que há interesses de capazes (art. 178, inc. II, do CPC), situação em que deverá atuar como fiscal da ordem jurídica (*custos iuris*).

> O STJ já decidiu que no procedimento de interdição não requerido pelo Ministério Público, quem age em defesa do suposto incapaz é o órgão ministerial e, portanto, resguardados os interesses interditando, não se justifica a nomeação de curador especial. A atuação do Ministério Público como defensor do interditando, nos casos em que não é o autor da ação, decorre da lei (CPC, art. 1.182, § 1º e CC/2002, art. 1.770) e se dá em defesa de direitos individuais indisponíveis, função compatível com as suas funções institucionais. (REsp 1099458/PR, Rel. Ministra MARIA ISABEL GALLOTTI, QUARTA TURMA, julgado em 02/12/2014, DJe 10/12/2014)

Não são em todos os feitos relativos às pessoas idosas que há a atuação do Ministério Público.

> Já decidiu o STJ que o idoso que pleiteia benefícios previdenciários, por si só, **dispensa a intervenção do MP**, em razão da natureza disponível do interesse, devendo ser demonstrada a situação de risco do idoso que justifique a intervenção ministerial (STJ - REsp 1235375/PR, Rel. Ministro GILSON DIPP, QUINTA TURMA, julgado em 12/04/2011, DJe 11/05/2011).

> III - atuar como substituto processual de pessoa idosa em situação de risco, conforme o disposto no art. 43 do Estatuto da Pessoa Idosa

Em face da proteção integral à pessoa idosa, base fundamental do EPI, é possível o Ministério Público, em seu nome, postular medidas judiciais **em favor da pessoa idosa** (substituição processual) que se encontra em situações de risco, descritas no art. 43 do EPI.

O STJ já decidiu que a "pessoa idosa em estado de risco demanda rede de proteção imediata e humanizada, que a ampare em todos os aspectos e lhe assegure um mínimo de autonomia, pois a velhice não apaga o valor ou a necessidade de liberdade." (REsp n. 1.680.686/RJ, relator Ministro Herman Benjamin, Segunda Turma, julgado em 21/11/2017, DJe de 7/8/2020).

A **substituição processual** é uma forma de legitimação extraordinária, ou seja, consiste na hipótese de alguém, desde que tenha autorização legal, pleitear em juízo como parte, em nome próprio, para a defesa de um direito de outrem. O titular do direito de ação será denominado de substituto processual e o titular do direito material defendido pelo substituído será denominado de substituído.

> O STJ já decidiu que o MP **possui legitimidade extraordinária** prevista no art. 74, III do EPI, para fornecimento de medicamento para idoso, consistindo na "substituição processual", assim cognominada por Chiovenda. (REsp 851.174/RS, Rel. Ministro LUIZ FUX, PRIMEIRA TURMA, julgado em 24/10/2006, DJ 20/11/2006, p. 290)

> IV - promover a revogação de instrumento procuratório de pessoa idosa, nas hipóteses previstas no art. 43 desta Lei, quando necessário ou o interesse público justificar.

Trata-se de um dispositivo que permite o Ministério Público buscar a declaração de **invalidade dos efeitos jurídicos** de um instrumento procuratório que poderá causar prejuízos à pessoa idosa, embora possa estar formalmente e materialmente em ordem.

Pode-se promover a revogação de **qualquer tipo** de mandato, seja ele *ad judicia, ad negotia,* ou *in rem propriam,* ainda que com cláusula de irrevogabilidade.

A pessoa idosa, por vezes, é compelida a outorgar instrumentos procuratórios para diversas finalidades, seja a terceiros ou a parentes, que acabam fazendo **uso abusivo da confiança**, obtendo créditos, alienando bens, de forma a ludibriar e iludir o outorgante/pessoa idosa.

Para essas situações, ao MP foi atribuída a função de zelar pelos interesses das pessoas idosas, outorgando poderes em que se promova a **revogação** dos instrumentos de procuração que se revelarem ser utilizados de forma abusiva.

A revogação, que ocorrerá por meio de ação desconstitutiva, tem por finalidade **invalidar os efeitos** do instrumento e ainda dar **publicidade** da decisão judicial de revogação, seja através de comunicação ao constituído, notificação de terceiros, conhecidos, seja pela publicação de editais. Pode ainda ser requerida na forma cautelar, preparatória ou incidental.

> ▸ **Atenção!**
> Se a procuração for registrada no ofício de notas por meio de transcrição no Registro de Títulos e Documentos para fins de conservação ou de prova de obrigações convencionadas (art. 127, I e VII, da Lei nº 6.015/73), deve ser averbada, no mesmo, qualquer alteração a ela ou a revogação (art. 128, da Lei nº 6.015/73).

Contudo, há **condições** para que se possibilite o manejo da ação revocatória de instrumento de procuração pelo Ministério Público:

a) Pessoa idosa em situação de risco (art. 43 do EPI);

b) Necessidade ou interesse público.

A expressão **"quando necessário"** deverá ser avaliada caso a caso, de modo que a autonomia da pessoa idosa deverá ser preservada, ainda que presentes as hipóteses do art. 43 do EPI, devendo o Ministério Público atuar somente quando se revelar necessária a ingerência externa.

Não se faz necessário que a revogação ocorra no âmbito judicial, podendo a mesma se dar no âmbito **administrativo** por meio de um procedimento administrativo instaurado pelo MP que envolva os interessados (a pessoa idosa, o mandatário e a serventia do Cartório de Notas, além de outros eventuais participantes).

▸ **Como esse assunto foi cobrado em concurso?**

No concurso para Promotor de Justiça de Santa Catarina (MP/SC/2012) foi elaborada a seguinte assertiva, considerada como correta: De acordo com o Estatuto do Idoso - Lei n. 10.741/2003: III - Compete ao Ministério Público promover a revogação de instrumento procuratório do idoso, nas hipóteses previstas em Lei, quando necessário ou o interesse público justificar.

V - Instaurar procedimento administrativo e, para instruí-lo: a) expedir notificações, colher depoimentos ou esclarecimentos e, em caso de não comparecimento injustificado da pessoa notificada, requisitar condução coercitiva, inclusive pela Polícia Civil ou Militar; b) requisitar informações, exames, perícias e documentos de autoridades municipais, estaduais e federais, da administração direta e indireta, bem como promover inspeções e diligências investigatórias; c) requisitar informações e documentos particulares de instituições privadas.

O procedimento administrativo poderá ser o **inquérito civil** ou **outro tipo de procedimento** previsto em legislação específica.

A CF, em seu art. 129, inc. VI, já previa a faculdade da instauração de procedimento administrativo pelo Ministério Público.

Na hipótese em que as **notificações e requisições** tiverem como **destinatários** o Governador do Estado, os membros do Poder Legislativo e os desembargadores, serão encaminhadas pelo Procurador-Geral de Justiça (art. 26, § 1º, da Lei Orgânica Nacional do Ministério Público). Já nas hipóteses em que as **correspondências, notificações, requisições e intimações** do Ministério Público tiverem como destinatários o Presidente da República, o Vice-Presidente da República, membro do Congresso Nacional, Ministro do Supremo Tribunal Federal, Ministro de Estado, Ministro de Tribunal Superior, Ministro do Tribunal de Contas da União ou chefe de missão diplomática de caráter permanente serão encaminhadas e levadas a efeito pelo Procurador-Geral da República ou outro órgão do Ministério Público a quem essa atribuição seja delegada, cabendo às autoridades mencionadas fixar data, hora e local em que puderem ser ouvidas, se for o caso (art. 8º, § 4º, da Lei Orgânica do Ministério Público da União).

O Ministério Público poderá utilizar o instrumento da **condução coercitiva** caso seja desatendido à notificação de comparecimento.

O STF já deixou esclarecido que a condução coercitiva **não** poderá ser ordenada pelo Ministério Público, devendo submeter o pedido à apreciação judicial (HC 89837, Relator (a): Min. CELSO DE MELLO, Segunda Turma, julgado em 20/10/2009, DJe-218 DIVULG 19-11-2009 PUBLIC 20-11-2009 EMENT VOL-02383-01 PP-00104 LEXSTF v. 31, n. 372, 2009, p. 355-412 RTJ VOL-00218-01 PP-00272).

Em recente decisão liminar do Min. Gilmar Mendes na ADPF 444, o STF vedou a utilização da condução coercitiva de investigados para interrogatório, sob pena de responsabilidade disciplinar, civil e penal do agente ou da autoridade e de ilicitude das provas obtidas, sem prejuízo da responsabilidade do Estado.

A testemunha, quando advertida a dizer a verdade, não poderá mentir sobre os fatos, sob pena de caracterizar o crime de falso testemunho (art. 342 do CP).

O **desatendimento injustificado** ou o **retardamento indevido** do cumprimento das requisições ministeriais poderá dar ensejo a responsabilização civil, penal ou administrativa a quem der causa. Em tese, a conduta também poderá se caracterizar como ato de improbidade administrativa, por ofensa ao disposto no art. 11, inc. II, da Lei de Improbidade Administrativa.

O STJ já entendeu que a recusa poderá até, dependendo do caso concreto, caracterizar **improbidade administrativa** (REsp 1116964/PI, Rel. Ministro MAURO CAMPBELL MARQUES, SEGUNDA TURMA, julgado em 15/03/2011, DJe 02/05/2011).

Na esfera criminal poderá restar caracterizado o **crime** de desobediência (art. 330 do CP) e prevaricação (art. 319).

Qual o prazo para responder a requisição?

O dispositivo em análise **não fixa prazo** para o cumprimento da requisição, ficando a cargo do membro do Ministério Público fixar, fundado na razoabilidade e proporcionalidade, dependendo da complexidade da requisição e capacidade de atendimento do destinatário da ordem. Não poderá ser um prazo longo que prejudicará o trabalho, bem como não poderá ser exíguo que impossibilite o cumprimento. Contudo, pode-se, de forma análoga, estabelecer o prazo geral de **10 dias** previsto no art. 92 para as requisições destinadas a instruir o inquérito civil. Por fim, o **art. 8º, § 5º, da Lei Orgânica do Ministério Público da União,** dispõe que as requisições do Ministério Público serão feitas fixando-se prazo razoável de até dez dias úteis para atendimento, prorrogáveis mediante solicitação justificada.

O poder requisitório sofrerá restrições em relação a documentos e informações que possuem sigilo constitucional e necessitam de intervenção judicial. Portanto, para os fins de instruir o procedimento administrativo, o Ministério Público poderá obter acesso a **informações sigilosas**, salvo quando a própria Constituição Federal somente admite a quebra do sigilo com autorização judicial.

Sobre o poder requisitório, ainda se faz necessário conferir o **art. 8º, § 2º, da Lei Orgânica do Ministério Público da União** que dispõe:

> "Nenhuma autoridade poderá opor ao Ministério Público, sob qualquer pretexto, a exceção de sigilo, sem prejuízo da subsistência do caráter sigiloso da informação, do registro, do dado ou do documento que lhe seja fornecido".

Ressalte-se que a Lei Orgânica do Ministério Público da União poderá ser aplicada **subsidiariamente** aos Ministérios Públicos dos Estados, por expressa disposição do **art. 80 da Lei Orgânica Nacional do Ministério Público.**

Assim, a quebra de sigilo bancário, sigilo fiscal e sigilo telefônico, **em regra**, deverá decorrer de ordem judicial.

O **sigilo** das operações financeiras é tratado pela Lei Complementar nº 105/01, permitindo sua quebra apenas através de ordem judicial ou de Comissão Parlamentar de Inquérito (arts. 3º e 4º). Caso haja consentimento expresso do interessado, a revelação das informações bancárias não resultará quebra de sigilo (art. 1º, § 3º, inc. V).

O STF já decidiu que caso se trate de **dinheiro público envolvido** na investigação, não poderá opor a exceção do sigilo bancário por parte da instituição financeira à requisição do Ministério Público, em razão do princípio da publicidade que rege a atuação da Administração Pública (MS nº 21.727-DF, j. 05-10-95, STF Pleno).

A **interceptação de comunicações telefônicas** possui sua disciplina e sigilo legal previstos na Lei nº 9.296/96. A interceptação telefônica somente será admitida para fins de investigação criminal ou instrução processual penal, preenchidos os requisitos legais. Porém, os registros das ligações telefônicas já recebidas ou efetuadas, denominadas de bilhetagem, sem acesso ao teor das conversas, podem servir a processos criminais e investigações, bem como a outros tipos de processos não criminais, sendo que, tanto em um caso quanto no outro, é necessária a autorização judicial.

Sobre as requisições, prevê o art. 26, § 3º, da Lei Orgânica Nacional do Ministério Público que:

> "Serão cumpridas gratuitamente as requisições feitas pelo Ministério Público às autoridades, órgãos e entidades da Administração Pública direta, indireta ou fundacional, de qualquer dos Poderes da União, dos Estados, do Distrito Federal e dos Municípios."

É possível a realização de **diligências pessoais**, como inspeções e outras diligências investigatórias.

Por fim, é possível que haja **convênios** entre os particulares, como centros de pesquisas, fundações ou universidades privadas e o Ministério Público para que se realizem perícias e exames.

> VI – instaurar sindicâncias, requisitar diligências investigatórias e a instauração de inquérito policial, para a apuração de ilícitos ou infrações às normas de proteção à pessoa idosa.

A sindicância é um procedimento administrativo que poderá ser utilizado como **medida preparatória** para apurar os fatos que possam ensejar a prática de infrações previstas no art. 55, § 3º, do EPI (pedido judicial para a suspensão de atividade, dissolução de atendimento etc.).

▸ Atenção!

O Ministério Público, embora possua o **poder de investigação criminal** reconhecido pela doutrina e pela jurisprudência, não possui legitimidade para instaurar inquérito policial (STF – RE 205473, Relator (a): Min. CARLOS VELLOSO, Segunda Turma, julgado em 15/12/1998, DJ 19-03-1999 PP-00019 EMENT VOL-01943-02 PP-348).

A instauração de inquérito policial é exclusiva da polícia, contudo, sua instauração poderá ser **requisitada** pelo Ministério Público, porém este não é o único meio de investigação criminal.

A requisição para a **instauração** de inquérito policial do Ministério Público já possuía previsão no art. 26, inc. IV, da Lei Orgânica Nacional do Ministério Público.

Sobre o **poder de investigação criminal** do Ministério Público, merecem destaques os julgados recentes dos Tribunais Superiores. O STF já decidiu, em repercussão geral reconhecida, que o Ministério

Público possui competência e autoridade própria para **promover**, por um prazo razoável, **investigação de natureza penal**, desde que respeitados os direitos e garantias constitucionais que assistem a quaisquer pessoas que estejam sendo investigadas pelo Estado (RE 593727, Relator(a): Min. CEZAR PELUSO, Relator(a) p/Acórdão: Min. GILMAR MENDES, Tribunal Pleno, julgado em 14/05/2015, ACÓRDÃO ELETRÔNICO REPERCUSSÃO GERAL - MÉRITO DJe-175 DIVULG 04-09-2015 PUBLIC 08-09-2015). Ainda, a tese do poder investigatório também tem acolhida no STJ, ressaltando que o Ministério Público possui a prerrogativa de instaurar **procedimento administrativo de investigação** e conduzir diligências investigatórias cíveis e criminais (HC 351.763/AP, Rel. Ministro REYNALDO SOARES DA FONSECA, QUINTA TURMA, julgado em 24/05/2016, DJe 01/06/2016).

VII - zelar pelo efetivo respeito aos direitos e garantias legais assegurados à pessoa idosa, promovendo as medidas judiciais e extrajudiciais cabíveis.

É possível que o Ministério Público, na defesa da pessoa idosa, utilize **todos os meios judiciais ou extrajudiciais** que estejam previstos não só no EPI, mas em todo o ordenamento jurídico.

São **inúmeros** os mecanismos e os instrumentos que são postos à disposição do Ministério Público para o cumprimento da mencionada função.

Entre as medidas a serem utilizadas pelo Ministério Público está o **Mandado de Injunção Coletivo,** previsto no art. 12, inc. I, da Lei nº 13.300/16, quando a tutela requerida for especialmente relevante para a defesa da ordem jurídica, do regime democrático ou dos interesses sociais ou individuais indisponíveis. Sobre o Mandado de Injunção Coletivo, verificar os comentários abaixo.

O mandado de injunção será utilizado sempre que a **falta** total ou parcial de norma regulamentadora torne inviável o exercício dos direitos e liberdades constitucionais e das prerrogativas inerentes à nacionalidade, à soberania e à cidadania.

VIII - inspecionar as entidades públicas e particulares de atendimento e os programas de que trata esta Lei, adotando de pronto as medidas administrativas ou judiciais necessárias à remoção de irregularidades porventura verificadas.

Tal atribuição já possui previsão em outras Leis que estabelecem as funções do Ministério Público, com a Lei Orgânica Nacional do Ministério Público em seu **art. 25, inc. VI:**

> "exercer a fiscalização dos estabelecimentos prisionais e dos que abriguem idosos, menores, incapazes ou pessoas portadoras de deficiência;"

A inspeção e a fiscalização nas entidades e programas de atendimento à pessoa idosa, públicos ou privados, devem ser feitas de **forma pessoal** por membro do Ministério Público, de forma periódica, para que sejam verificadas as condições do local e se todos os requisitos legais estão sendo cumpridos, devendo-se verificar todas as instalações físicas, as rotinas da casa, a oferta de medicamentos, em especial os controlados, o armazenamento de alimentação, a assistência médica praticada no local, entre outras situações.

Se necessário, poderá o membro do Ministério Público se valer de **técnicos da própria instituição ou de outras áreas**, como a Vigilância Sanitária, o Corpo de Bombeiros, engenheiros, profissionais da medicina, arquitetos, entre outros.

É fato que tais entidades podem ser **fiscalizadas** pelos Conselhos das pessoas idosas, pelas Vigilâncias Sanitárias, pelo Poder Judiciário, entre outros.

Ao detectar irregularidades, o Ministério Público tem o dever de adotar as **providências necessárias** para saná-las, eliminando os riscos ou resguardando os interesses das pessoas idosas, sendo que, para isso, poderá se valer de todos os instrumentos de atuação previstos no EPI, bem como quaisquer outros encontrados na Constituição Federal ou leis.

O EPI ainda prevê como **crime** (art. 109) o fato de impedir ou embaraçar ato do representante do Ministério Público ou de qualquer outro agente fiscalizador.

> IX – requisitar força policial, bem como a colaboração dos serviços de saúde, educacionais e de assistência social, públicos, para o desempenho de suas atribuições.

O **poder de requisição** do Ministério Público já está previsto na Constituição Federal, bem como nas suas respectivas Leis Orgânicas, sendo este um instrumento necessário para que a Instituição possa desenvolver suas funções e conferir ao idoso toda a proteção necessária, em especial as previstas no EPI.

> X – referendar transações envolvendo interesses e direitos das pessoas idosas.

O instrumento de transação homologado pelo Ministério Público valerá como **título executivo extrajudicial** (art. 784, IV, do CPC), de forma que permitirá a execução judicial direta. Assim, trata-se de importante instrumento para que se possam efetivar os direitos da pessoa idosa.

Deverá o membro do Ministério Público analisar com todo cuidado possível as cláusulas e condições do acordo a ser referendado, para que se verifique se todos os interesses da pessoa idosa estão sendo atendidos, bem como se há discussão de direitos que não admitam a transação.

A **legitimação** do Ministério Público para as ações cíveis é concorrente, ou seja, não impedirá a de terceiros, nas mesmas hipóteses, segundo disposto na legislação (art. 74, § 1º, do EPI).

Por não haver exclusividade do MP no exercício do direito de ação, trata-se de uma **legitimação concorrente e disjuntiva** que poderá permitir, se for o caso, a formação de litisconsorte facultativo.

> Segundo precedentes do STJ, bem como do STF, há o reconhecimento de que o evidente relevo social da situação em concreto atrai a legitimação do Ministério Público para a propositura de ação civil pública em defesa de **interesses individuais homogêneos**, mesmo que **disponíveis,** em razão de sua vocação constitucional para defesa dos direitos fundamentais ou dos objetivos fundamentais da República, como o é caso do idoso, e ainda a dignidade da pessoa humana, meio ambiente, saúde, educação, consumidor, previdência, criança e adolescente, moradia, salário mínimo, serviço público, dentre outros. Portanto, é possível a propositura de ação civil pública para assegurar direito individual de idoso (AgRg no REsp 1094914/RS, Rel. Ministro MASSAMI UYEDA, TERCEIRA TURMA, julgado em 06/09/2012, DJe 13/09/2012).

▸ Como esse assunto foi cobrado em concurso?

No concurso para Defensor Público da Paraíba- (DP/PB/2014 - FCC) foi perguntado sobre a legitimidade da defesa do idoso em juízo, inclusive sobre a possibilidade de a Defensoria Pública possuir legitimidade para a tutela coletiva do idoso.

Preceitua o EPI que as **atribuições** do Ministério Público previstas na mencionada lei não excluíram outras, desde que compatíveis com a finalidade e atribuições do Ministério Público (art. 74, § 2º, do EPI). O **art. 129, inc. IX, da CF,** já prevê como função institucional do Ministério Público o exercício de outras funções que lhe forem conferidas, desde que compatíveis com sua finalidade, sendo-lhe vedadas a representação judicial e a consultoria jurídica de entidades públicas.

Tal disposição já possuía previsão no **art. 129, inc. IX, da CF,** como função institucional do Ministério Público, o exercício de outras funções que lhe forem conferidas, desde que compatíveis com sua finalidade, sendo-lhe vedadas a representação judicial e a consultoria jurídica de entidades públicas.

Ainda, o EPI estipula que o representante do Ministério Público, no exercício de suas funções, terá **livre acesso** a toda entidade de atendimento à pessoa idosa (art. 74, § 3º, do EPI).

O art. 75 do EPI prevê a figura de ***custos iuris*** do membro do Ministério Público, nos processos e procedimentos em que for parte a Instituição. Assim, nos processos e procedimentos em que não for parte, atuará obrigatoriamente o Ministério Público na defesa dos direitos e interesses de que cuida esta Lei, hipótese em que terá vistas dos autos depois das partes, podendo juntar documentos, requerer diligências e produção de outras provas, usando os recursos cabíveis.

A **intimação** do Ministério Público sempre será feita **pessoalmente**. Tanto na sistemática do processo penal (art. 370, § 4º, do CPP) e do processo civil (art. 180, *caput*, do CPC) essa hipótese já se encontrava prevista. Aliás, trata-se de **prerrogativa** do membro do Ministério Público assegurada na Lei Orgânica Nacional do Ministério Público (art. 41, inc. IV) e na Lei Orgânica do Ministério Público da União (art. 18, inc. II, *h*).

Qualquer que seja a posição que o Ministério Público assuma na lide irá possuir a prerrogativa de ser intimado pessoalmente com a entrega dos autos para manifestação.

> **Atenção!**
>
> Já decidiu o STF que a contagem do prazo não se computa a partir do "ciente" do membro do Ministério Público no processo, mas a partir do ingresso dos autos no setor administrativo do Ministério Público (HC 83255, Relator (a): Min. MARCO AURÉLIO, Tribunal Pleno, julgado em 05/11/2003, DJ 12-03-2004 PP-00038 EMENT VOL-02143-03 PP-00652 RTJ VOL-00195-03 PP-00966). Em igual sentido, já decidiu o STJ no REsp 628.621/DF, Rel. Ministro CARLOS ALBERTO MENEZES DIREITO, CORTE ESPECIAL, julgado em 04/08/2004, DJ 06/09/2004, p. 155.

A falta de intervenção do Ministério Público acarreta na **nulidade** do feito, que será declarada de ofício pelo juiz ou a requerimento de qualquer interessado.

O STJ já decidiu que **não há obrigatoriedade** de **intervenção do Ministério Público** em processos em que idosos capazes sejam parte e postulem direito individual disponível. Só é necessária a intervenção em situações que o idoso se tratar-se de direito individual indisponível, de grande relevância social ou de comprovada situação de risco a justificar a intervenção do MP (Resp 1.235.375-PR, Rel. Min. Gilson Dipp, julgado em 12/4/2011).

Na mesma linha de entendimento já se manifestou o STF, no sentido de que somente haverá **nulidade** por ausência de intervenção do Ministério Público quando em discussão direito do idoso em situação de risco (ARE 809.245, Rel. Min. Gilmar Mendes, *Dje* 8-5-2014).

A nulidade que origina no processo se dá pela **falta de intimação** do Ministério Público e não pela falta de efetiva manifestação, conforme já decidiu o STJ no REsp 5.469/MS, Rel. MIN. SALVIO DE FIGUEIREDO TEIXEIRA, QUARTA TURMA, julgado em 20/10/1992. No mesmo sentido voltou a afirmar o STF no julgamento da ADI 1936, Relator (a): Min. GILMAR MENDES, Tribunal Pleno, julgado em 21/08/2002.

▸ Como esse assunto foi cobrado em concurso?

No concurso público para Promotor de Justiça de Mato Grosso (MP/MT/2014 - UFMT), foi perguntado sobre a competência e a atuação do Ministério Público de acordo com o Estatuto do Idoso.

As consequências da **ausência de intimação** do Ministério Público nos processos em que seja obrigatória, não possui entendimento pacífico de suas consequências:

1 - a falta da intervenção gera nulidade insanável, não se convalidando com intervenção posterior (RTJ 72/267; RT 469/92);

2 - a nulidade só ocorrerá se houver prejuízo (AgRg no REsp 915.539/RJ, Rel. Ministra MARIA THEREZA DE ASSIS MOURA, SEXTA TURMA, julgado em 11/09/2007, DJ 01/10/2007, p. 382);

3 - a falta de intervenção do Ministério Público em primeiro grau poderá ser suprida com a manifestação da Procuradoria de Justiça perante o colegiado de segundo grau, quando não arguir nulidade ou prejuízo (REsp 2.903/MA, Rel. Ministro ATHOS CARNEIRO, QUARTA TURMA, julgado em 07/05/1991, DJ 10/06/1991, p. 7852);

4 - quando a nulidade decorrer da manifestação como *custos legis*, a nulidade será insanável, não se aplicando o critério do prejuízo (RT 636/63; RT 586/227).

A nulidade poderá ser arguida de **ofício**, em qualquer momento e grau de jurisdição ou ainda a pedido de qualquer interessado, incluído o próprio membro do Ministério Público que não fora intimado.

▸ **Como esse assunto foi cobrado em concurso?**

No Concurso para Promotor de Justiça (FMP Concursos. MPE-RO. 2017) foi perguntado:

Dentre os modos de proteção do idoso, segundo a legislação em vigor, é CORRETO afirmar que

a) não se inclui na competência do Ministério Público promover o encaminhamento à família ou curador, mediante termo de responsabilidade;

b) não se inclui na competência do Ministério Público requerer a imposição de penalidade administrativa por infração às normas de proteção ao idoso;

c) não se inclui na competência do Ministério Público promover ação civil pública em proteção de interesses ou direitos individuais do idoso;

d) compete ao Ministério Público atuar como substituto processual do idoso, o que se exclui apenas quando a pretensão se dirija contra seus próprios familiares;

e) a falta de intervenção do Ministério Público em processos em defesa dos direitos e interesses difusos é causa de nulidade do feito.

A alternativa e) foi considerada correta.

▸ **Como esse assunto foi cobrado em concurso?**

No concurso para Promotor de Justiça do Estado de Santa Catarina (MP/SC/2012), foi questionado se compete ao Ministério Público atuar como assistente do idoso em ações individuais que tratem de direitos indisponíveis, sendo que nos processos que envolvam interesses e direitos de idosos previstos no Estatuto do Idoso, a ausência de intervenção do Ministério Público acarreta nulidade que será declarada de ofício pelo juiz ou a requerimento de qualquer interessado.

Todas as manifestações processuais do Ministério Público deverão ser **fundamentadas**, conforme preceitua o art. 78 do EPI.

▸ **Cuidado!**

Tanto as manifestações escritas, como **as orais**, devem ser fundamentadas.

Tal preceito possui fundamento constitucional, conforme se observa no art. 129, VIII, da CF, determinando ao membro do Ministério Público o **dever de motivação** em todas as manifestações processuais judiciais ou extrajudiciais. Ademais, aplica-se ao Ministério Público o disposto no art. 93 da CF, conforme preceitua o art. 129, § 4º. Assim, o princípio da fundamentação das decisões judiciais, também é aplicável ao Ministério Público. Nesse sentido, já esclareceu o STF no julgamento do MS 24268, Relator (a): Min. ELLEN GRACIE, Relator(a) p/ Acórdão: Min. GILMAR MENDES, Tribunal Pleno, julgado em 05/02/2004.

É certo que os despachos de mero expediente, manifestações de ciência ou singelas cotas de andamento **dispensam** a motivação, contudo, tratam-se de exceção.

Ainda, o art. 43, III, da Lei Orgânica Nacional do Ministério Público, impõe como dever funcional a indicação dos **fundamentos jurídicos** nas manifestações processuais.

5.3. DA PROTEÇÃO JUDICIAL DOS INTERESSES DIFUSOS, COLETIVOS E INDIVIDUAIS INDISPONÍVEIS OU HOMOGÊNEOS

Os assuntos abordados nesse tópico **complementam** as explicações feitas por ocasião dos comentários elaborados do art. 74, I, do EPI, quando se tratou da ação civil pública e inquérito civil na defesa dos direitos do idoso.

Ofensa a direitos assegurados às pessoas idosas (art. 79 do EPI):

Ações de responsabilidade por ofensas aos direitos dos idosos:	**em razão de omissão ou oferecimento insatisfatório:**	• acesso às ações e serviços de saúde;
		• atendimento especializado à pessoa idosa portadora de deficiência ou com limitação incapacitante;
		• atendimento especializado à pessoa idosa portadora de doença infectocontagiosa;
		• serviço de assistência social visando ao amparo a pessoa idosa.
OBS.: Essas hipóteses não excluem da proteção judicial outros **interesses difusos, coletivos, individuais indisponíveis ou homogêneos** próprios a pessoa idosa.		

O rol de hipóteses previsto no artigo acima mencionado é **exemplificativo.**

Cumpre, primeiramente, realizar a **distinção** entre o que são interesses difusos, coletivos e individuais homogêneos:

- **Interesses difusos:** são aqueles de natureza transindividual, de natureza indivisível, de que sejam titulares pessoas indeterminadas e ligadas por circunstância de fato;
- **Interesses coletivos:** são aqueles também de natureza transindividual e indivisível, mas o titular dos direitos é um grupo, categoria ou classe de pessoas que estejam ligadas entre si ou com a parte contrária por uma relação jurídica base;
- **Interesses individuais homogêneos:** são aqueles interesses de pessoas determinadas ou determináveis, titulares de objetos divisíveis, as quais estão ligadas entre si por um vínculo fático, decorrente da origem das lesões.

O art. 81, parágrafo único, do Código de Defesa do Consumidor, **conceitua** os direitos coletivos como:

> I – interesses ou direitos difusos, assim entendidos, para efeitos deste código, os transindividuais, de natureza indivisível, de que sejam titulares pessoas indeterminadas e ligadas por circunstâncias de fato;
>
> II – interesses ou direitos coletivos, assim entendidos, para efeitos deste código, os transindividuais, de natureza indivisível de que seja titular grupo, categoria ou classe de pessoas ligadas entre si ou com a parte contrária por uma relação jurídica base;
>
> III – interesses ou direitos individuais homogêneos, assim entendidos os decorrentes de origem comum.

Para a defesa destes direitos transindividuais são utilizadas as regras pertinentes especificadas no EPI, bem como a Lei de Ação Civil Pública e o Código de Defesa do Consumidor (que possui uma **norma de integração** onde se aplicam à defesa dos direitos e interesses difusos, coletivos e individuais, no que forem cabíveis, os dispositivos do Título III da lei que instituiu o Código de Defesa do Consumidor).

5.3.1. Competência para julgamento

A **competência** para a propositura de ações para a proteção judicial dos interesses difusos, coletivos e individuais indisponíveis ou homogêneos será do **foro do domicílio da pessoa idosa** (art. 80 do EPI).

> ▸ **Atenção!**
>
> Trata-se de **competência absoluta**, com exceção das competências da Justiça Federal e a competência originária dos Tribunais Superiores.

▸ **Como esse assunto foi cobrado em concurso?**

No concurso para Juiz do Estado de Mato Grosso do Sul (Juiz Substituto – MS/2010), foi perguntado se as ações correspondentes serão propostas no foro do domicílio do idoso, cujo juízo terá competência absoluta para processar a causa, ressalvadas as competências da Justiça Federal e a competência originária dos Tribunais Superiores.

5.3.2. *Legitimidade*

Segundo o EPI, possuem **legitimação** para a propositura das ações:

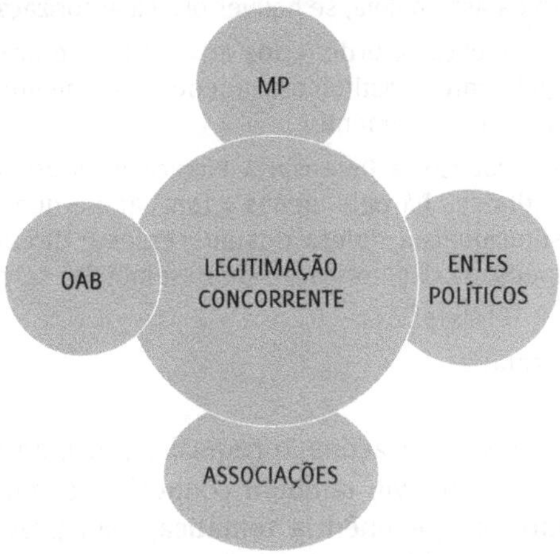

▸ **Como esse assunto foi cobrado em concurso?**

No concurso público para Defensor Público da Paraíba (DP/PB/2014 – FCC), foi perguntado acerca da defesa do idoso em juízo, se a União, os Estados e os Municípios têm legitimidade para atuar na defesa dos direitos individuais indisponíveis do idoso.

▸ **Como esse assunto foi cobrado em concurso?**

No concurso do MP/PR/2019, foi perguntado: Nos termos do que expressamente estabelece a Lei n. 10.741/2003 (Estatuto do Idoso), assinale a alternativa ***correta***. Para as ações cíveis fundadas em interesses difusos, coletivos, individuais indisponíveis ou homogêneos, consideram-se legitimados, concorrentemente:

a) O Ministério Público, a União, os Estados, o Distrito Federal e os Municípios, a Ordem dos Advogados do Brasil e as associações legalmente constituídas há pelo menos 1 (um) ano e que incluam entre os fins institucionais a defesa dos interesses e direitos da pessoa idosa, dispensada a autorização da assembleia, se houver prévia autorização estatutária.

b) O Ministério Público, a Defensoria Pública, a União, os Estados, o Distrito Federal e os Municípios e as associações legalmente constituídas, independentemente do prazo de constituição e funcionamento.

c) O Ministério Público, a União, os Estados, o Distrito Federal e os Municípios, a Defensoria Pública e as associações legalmente constituídas há pelo menos 1 (um) ano e que incluam entre os fins institucionais a defesa dos interesses e direitos da pessoa idosa, dispensada a autorização da assembleia, se houver prévia autorização estatutária.

d) O Ministério Público, a Ordem dos Advogados do Brasil e as associações legalmente constituídas, independentemente do prazo de constituição e funcionamento.

e) O Ministério Público, a Defensoria Pública e as associações legalmente constituídas há pelo menos 1 (um) ano e que incluam entre os fins institucionais a defesa dos interesses e direitos da pessoa idosa, dispensada a autorização da assembleia, se houver prévia autorização estatutária.

Alternativa correta: a

Na hipótese das associações, o requisito pertinente ao interesse de agir da associação civil, também conhecido como **representatividade adequada ou pertinência temática,** está previsto expressamente. A representatividade adequada consiste na necessidade de que as **finalidades institucionais** das associações legitimadas estejam relacionadas com o **objeto a ser tutelado,** qual seja a defesa dos interesses e direitos da pessoa idosa.

As **associações,** para serem **legitimadas,** precisam preencher os seguintes **requisitos** legais:

a) legalmente constituídas há pelo menos 1 (um) ano;

b) incluam entre os fins institucionais a defesa dos interesses e direitos da pessoa idosa;

c) dispensa de autorização da assembleia, se houver prévia autorização estatutária.

O EPI não contemplou a dispensa da pré-constituição, prevista no art. 5º, § 4º, da Lei de Ação Civil Pública; assim, é possível sua aplicação subsidiária?

O art. 93 do EPI prevê a possibilidade de aplicação subsidiária, no que couber, da Lei de Ação Civil Pública, portanto, pode-se permitir a utilização do dispositivo mencionado, de modo a dispensar a pré-constituição quando haja manifesto interesse social evidenciado pela dimensão ou característica do dano, ou ainda pela relevância do bem jurídico protegido.

A atuação do **Ministério Público** na defesa dos direitos e interesses das pessoas idosas já foi devidamente explicitada nos capítulos anteriores.

▸ **Como esse assunto foi cobrado em concurso?**

No Concurso para Assistente Jurídico (FCC.AL-MS. 2016) foi perguntado: Segundo o Estatuto do Idoso, para as ações cíveis fundadas em interesses difusos, coletivos, individuais indisponíveis ou homogêneos, consideram-se legitimados.

A alternativa d) foi considerada a correta: concorrentemente, o Ministério Público; a União, os Estados, o Distrito Federal e os Municípios; a Ordem dos Advogados do Brasil; as associações legalmente constituídas há pelo menos um ano e que incluam entre os fins institucionais a defesa dos interesses e direitos da pessoa idosa.

Registrem-se, ainda, os dispositivos dos arts. 89 e 90 que tratam da **provocação de iniciativa** de atuação do Ministério Público na defesa da pessoa idosa:

<table>
<tr><td rowspan="2">Provocação de iniciativa do MP no cível (art. 89 do EPI):</td><td>- qualquer pessoa pode</td><td rowspan="2">• prestar informações sobre fatos que constituem objeto de ação civil; e
• indicar elementos de convicção.</td></tr>
<tr><td>- o servidor deve</td></tr>
</table>

O EPI já prevê em seu art. 6º que **todo cidadão** possui o **dever** de comunicar às autoridades eventuais ofensas à pessoa idosa que tenha testemunhado ou ainda que tenha tomado conhecimento. É de similar teor o disposto no art. 10, § 3º, da Lei nº 8.842/94.

O art. 6º do EPI trata como dever, enquanto o art. 89 do EPI trata como faculdade. Questiona-se, o EPI confere a pessoa um dever ou uma faculdade a provocação à iniciativa do Ministério Público?

É certo que o art. 6º do EPI engloba o art. 89 do EPI, pois o primeiro dispositivo incumbe como dever a pessoa comunicar a autoridade competente qualquer tipo de agressão aos direitos da pessoa idosa. Contudo, como não há sanção para o seu descumprimento, interpreta-se o dispositivo como uma **faculdade**.

O **servidor público** é aquele que exerce um cargo, emprego ou função pública, ainda que de forma temporária. Este possui o **dever** de comunicar o Ministério Público caso tenha conhecimento de fatos que constituam objeto de ação civil.

Na medida do possível, a representação ofertada ao Ministério Público deverá conter **provas** sobre os fatos, ainda que sejam indiciárias ou referidas.

Provocação do MP no crime (art. 90 do EPI):

Os agentes públicos em geral, os juízes e tribunais, no exercício de suas funções, quando tiverem conhecimento de fatos que possam configurar crime de ação pública contra pessoa idosa ou ensejar a propositura de ação para sua defesa, devem encaminhar as peças.

Nessa hipótese, há uma **obrigação legal** para que os agentes públicos em geral e para os juízes, incluindo os tribunais, comuniquem fatos ao Ministério Público que, em tese, caracterizem crime de ação penal pública contra pessoa idosa.

Por se tratar de obrigação legal, o descumprimento (omissão) poderá ensejar **infração funcional** e sujeitar o infrator à sujeição disciplinar, bem como poderá caracterizar, em tese, o **crime** de prevaricação (art. 319 do CP).

Para instruir a petição inicial, o interessado poderá **requerer** às autoridades competentes as **certidões e informações** que julgar necessárias, que serão fornecidas no prazo de 10 (dez) dias.

Lembra o EPI que, na hipótese de o Ministério Público não ser parte na ação civil pública, de forma obrigatória será **fiscal da lei** (art. 75 do EPI), sob pena de nulidade.

E a Defensoria Pública? Possui legitimidade para a defesa de direitos transindividuais das pessoas idosas?

A **Defensoria Pública** terá legitimidade para a propositura de ação civil pública desde que o interesse a ser tutelado pertença a pessoas necessitadas de assistência jurídica do Estado, a quem cabe ao órgão público representar, conforme disposição do art. 134 da CF. A legitimação da Defensoria Pública já possui previsão expressa do art. 82, III, do CDC. Contudo, posteriormente, a Lei nº 11.448/07, incluiu no rol do art. 5º da LACP a legitimidade da Defensoria Pública, que, aliás, possui aplicação subsidiária autorizada pelo art. 93 do EPI.

No julgamento da ADI 3.943/DF proposta pela CONAMP contra a possibilidade da legitimidade da Defensoria Pública para a propositura de ação civil pública, foram discutidas diversas questões jurídicas sobre a questão, incluindo o alcance da legitimidade. No julgado da referida ADI, o STF deixou consignado a **possibilidade** de a Defensoria Pública propor ação civil pública, vez que inexiste vedação constitucional, bem como há compatibilidade com as suas funções institucionais (ADI 3943, Relator(a): Min. CÁRMEN LÚCIA, Tribunal Pleno, julgado em 07/05/2015).

> **STJ** – Tal quando objetiva proteger o interesse individual do menor carente (arts. 11, 201, V, 208, VI e VII, da Lei n. 8.069/1990), o Ministério Público tem legitimidade ativa *ad causam* para propor ação civil pública diante da hipótese de aplicação do Estatuto do Idoso (arts. 15, 74 e 79 da Lei n. 10.741/2003). No caso, cuidava-se de fornecimento de remédio. Precedentes citados: REsp 688.052-RS, DJ 17/8/2006, e Resp 790.920-RS, DJ 4/9/2006. (Resp 855.739-RS, Rel. Min. Castro Meira, julgado em 21/9/2006).

É possível o **litisconsórcio facultativo** entre Ministérios Públicos da União e dos Estados na defesa dos interesses das pessoas idosas (art. 81, § 1º, do EPI).

Dispositivos **similares** já se encontravam presentes no ordenamento jurídico vigente: art. 5º, § 5º, da Lei de Ação Civil Pública e art. 90 do Estatuto da Criança e do Adolescente.

> Já decidiu o STJ que não há qualquer óbice para que o MPT atue em **litisconsórcio ativo facultativo** com o MPF e o MPE, desde que a ação civil pública também vise à tutela de interesse difuso ou coletivo de natureza trabalhista. (REsp 1.444.484-RN, Rel. Min. Benedito Gonçalves, julgado em 18/9/2014). O STF já se posicionou também pela possibilidade de litisconsórcio facultativo entre o Ministério Público da União e dos Estados (STF – ACO 1020/SP, Rel. Min. Carmen Lúcia, Tribunal Pleno, DJE 20/03/2009, p. 237).

Caso a associação legitimada desista ou abandone a ação, o Ministério Público ou outro legitimado deverá **assumir** a titularidade ativa (art. 81, § 2º, do EPI). Tal dispositivo também já se encontra previsto na Lei de Ação Civil Pública e no Estatuto da Criança e do Adolescente. Assim, os colegitimados possuem a **faculdade** de assumir o polo ativo da demanda, a exceção do Ministério Público que possui o **dever** de assumir a posição de autor.

Tem-se interpretado que não só a desistência infundada ou ao abandono das associações aplica-se a regra da legitimidade subsidiária, mas também por **quaisquer outros legitimados**, em razão do princípio da razoabilidade.

5.3.3. Tutela provisória de urgência ou evidência

Na ação que tenha por objeto o cumprimento de obrigação de fazer ou não fazer, o juiz concederá **a tutela específica da obrigação** ou determinará **providências que assegurem o resultado prático** equivalente ao adimplemento.

Trata-se de dispositivo semelhante ao previsto no **art. 84 do CDC e no art. 596 do CPC.**

O EPI faz remissão aos arts. 294 a 311 do CPC (antigo art. 273 do CPC), que tratam da **tutela provisória de urgência ou evidência.**

É possível que haja uma **tutela liminar**, com ou sem justificação prévia, sendo relevante o fundamento da demanda e havendo justificado receio de ineficácia do provimento final.

> Já decidiu o STJ que **não** é possível a concessão de antecipação de tutela de **ofício**, dependendo de requerimento da parte interessada (REsp 1178500/SP, Rel. Ministra NANCY ANDRIGHI, TERCEIRA TURMA, julgado em 04/12/2012, DJe 18/12/2012).

Outro ponto que ainda gera muita discussão na jurisprudência é a **concessão de liminar contra a Fazenda Pública.** O art. 1.059 do CPC restringe a concessão de liminares contra o Poder Público. Sobre o tema, já decidiu o STJ que, de forma excepcional, é possível conceder liminar sem prévia oitiva da pessoa jurídica de direito público, desde que não ocorra prejuízo a seus bens e interesses ou quando presentes os requisitos legais para a concessão de medida liminar em ação civil pública (AgRg no REsp 1372950/PB, Rel. Ministro HUMBERTO MARTINS, SEGUNDA TURMA, julgado em 11/06/2013, DJe 19/06/2013).

Para fins de tutela liminar ou na sentença, o juiz poderá impor **multa diária ao réu**, independentemente do pedido do autor, se for suficiente ou compatível com a obrigação, fixando prazo razoável para o cumprimento do preceito.

A multa diária é necessária para a garantia da efetividade das providências judiciais, tais multas são conhecidas como ***astreinte*** e poderão ser concedidas tanto na medida liminar quanto na sentença.

O STJ tem rechaçado o argumento do Estado de que a imposição de sanção pecuniária **não** pode ser imposta, pois a própria sociedade estaria sendo prejudicada (REsp 784.188/RS, Rel. Ministro TEORI ALBINO ZAVASCKI, PRIMEIRA TURMA, julgado em 25/10/2005, DJ 14/11/2005, p. 230).

Essa multa poderá ser **cumulada** com outra, que poderá ser de natureza diferente, como por exemplo, a do art. 77, IV e §§ 1º e 2º, do CPC.

A multa, segundo prevê o EPI, será **exigida do réu após o trânsito em julgado** da sentença favorável ao réu (improcedência ou extinta sem julgamento do mérito), mas será devida desde o dia em que houver configurado consoante art. 83, § 3º, do EPI.

A intimação do devedor deverá ser pessoal, conforme **Súmula 410 do STJ**: "A prévia intimação pessoal do devedor constitui condição necessária para a cobrança de multa pelo descumprimento de obrigação de fazer ou não fazer".

5.3.4. *Fundo da Pessoa Idosa*

O **art. 13, *caput*, da Lei de Ação Civil Pública** já previa a destinação das condenações em ações envolvendo direitos difusos, coletivos e individuais homogêneos a um Fundo: "Havendo condenação em dinheiro, a indenização pelo dano causado reverterá a um fundo gerido por um Conselho Federal ou por Conselhos Estaduais de que participarão necessariamente o Ministério Público e representantes da comunidade, sendo seus recursos destinados à reconstituição dos bens lesados."

A partir desta normativa, **outros Fundos** específicos foram criados, como nas matérias relativas ao meio ambiente (art. 73 da Lei nº 9.605/98) e da criança e do adolescente (art. 214 do Estatuto da Criança e do Adolescente).

Dessa forma seguiu o Estatuto da Pessoa Idosa. Previu, assim, o **Fundo do Idoso** no art. 84, *caput*, do EPI: "Os valores das multas, previstas no Estatuto da Pessoa Idosa, serão revertidas ao Fundo da Pessoa Idosa, onde houver, ou na falta deste, ao Fundo Municipal de Assistência Social, ficando vinculados ao atendimento à pessoa idosa.".

> ▸ **Como esse assunto foi cobrado em concurso?**
>
> No concurso para Defensor Público do Estado de Mato Grosso do Sul (DP/MS/2014 – VUNESP) foi perguntado: em relação às ações civis para a tutela de direitos coletivos em sentido amplo, ajuizadas nos termos do Estatuto do Idoso, se os valores oriundos de multas impostas no transcorrer da ação reverterão ao Fundo do Idoso, onde houver, ou na falta deste, ao Fundo Municipal de Assistência Social, ficando vinculados ao atendimento ao idoso.

Nessa linha seguiu o Estatuto da Pessoa Idosa, conforme se observa o disposto no **art. 115 do EPI**:

> "O Orçamento da Seguridade Social destinará ao Fundo Nacional de Assistência Social, até que o Fundo Nacional da Pessoa Idosa seja criado, os recursos necessários, em cada exercício financeiro, para aplicação em programas e ações relativos à pessoa idosa."

A **Lei nº 12.213/10** cria o Fundo Nacional da Pessoa Idosa. A mencionada Lei instituiu o Fundo Nacional do Idoso, o qual será destinado a financiar os programas e as ações relativas à pessoa idosa com vistas em assegurar os seus direitos sociais, além de criar condições para promover sua autonomia, integração e participação efetiva na sociedade.

O Fundo da Pessoa Idosa terá como **receita**:

I – os recursos que, em conformidade com o art. 115 da Lei nº 10.741, de 1º de outubro de 2003, foram destinados ao Fundo Nacional de Assistência Social, para aplicação em programas e ações relativos ao idoso;
II – as contribuições feitas aos Fundos controlados pelos Conselhos Municipais, Estaduais e Nacional dos Direitos da Criança e do Adolescente e pelos Conselhos Municipais, Estaduais e Nacional do Idoso e as doações feitas em imposto de renda, conforme especificado na Lei;
III – os recursos que lhe forem destinados no orçamento da União;
IV – contribuições dos governos e organismos estrangeiros e internacionais;
V – o resultado de aplicações do governo e organismo estrangeiros e internacionais;
VI – o resultado de aplicações no mercado financeiro, observada a legislação pertinente;
VII – outros recursos que lhe forem destinados.

Há entendimento de que além das multas aplicadas administrativamente e judicialmente, as **multas de caráter criminal** podem ser destinadas ao Fundo da Pessoa Idosa e não ao Fundo Nacional Penitenciário (AZEVEDO, Vitor Emanuel de Medeiros. In: PINHEIRO, Naide Maria (Coord.). *Estatuto do Idoso comentado*, p. 523).

As multas penais em regra serão destinadas ao Fundo Penitenciário Nacional, em razão do disposto no art. 2º, inc. V, da Lei Complementar nº 79/94. Porém, o art. 84 do EPI **não restringe** quanto às multas nele previstas, interpretando-se também as multas de caráter penal, aplicando-se o princípio da especialidade.

Permite a Lei nº 12.213/10 que a **pessoa jurídica** deduza do **imposto de renda devido**, em cada período de apuração, o total das doações feitas aos Fundos Nacional, Estaduais ou Municipais do Idoso devidamente comprovadas, vedada a dedução como despesa operacional. A dedução não poderá passar do total de 1% do imposto devido.

O Conselho Nacional dos Direitos da Pessoa Idosa - CNDI possui a **competência para gerir** o Fundo Nacional da Pessoa Idosa e para fixar os critérios para sua utilização.

O que ocorre se não houver o Fundo Municipal da Pessoa Idosa nem o Fundo Municipal de Assistência Social?

O EPI **não confere resposta**, devendo ser realizada interpretação sistemática em relação aos direitos e interesses transindividuais. O art. 13, parágrafo único, da Lei de Ação Civil Pública e o art. 214, § 2º, do Estatuto da Criança e do Adolescente estabelecem que o dinheiro será depositado em estabelecimento oficial de crédito, em conta com correção monetária.

5.3.5. Dos recursos

O EPI **não prevê** um sistema recursal próprio.

Há previsão apenas de uma regra especial quanto aos efeitos do recurso. Na hipótese de recurso, poderá o juiz conferir **efeito suspensivo** para evitar dano irreparável à parte (art. 85 do EPI). Quando no Tribunal, o relator será quem analisará o eventual efeito suspensivo do art. 85 do EPI. Tal efeito não será concedido nos recursos especial e extraordinário, por ambos possuírem processamento diferenciado.

Portanto, os recursos admitidos nas ações a que se refere o capítulo III do título V do Estatuto da Pessoa Idosa são os mesmos que estão previstos no **art. 994 do CPC**.

Os prazos para recursos serão de **15 dias**, conforme dispõe o art. 1.003, § 5º do CPC, salvo os embargos de declaração, que possuem o prazo de **5 dias** (art. 1.023, *caput*, do CPC).

A Fazenda Pública possui o **prazo em dobro** para todos os atos (art. 183 do CPC). O prazo não será contado em dobro quando a lei estabelecer, de forma expressa, prazo próprio para o ente público.

A **admissibilidade do recurso** será feita pelo tribunal *ad quem*, conforme art. 1.010, § 3º c.c. art. 1.011, *caput*, todos do CPC.

É possível a concessão do efeito suspensivo de ofício pelo juiz?

Em regra, o efeito suspensivo somente poderá ser concedido a **requerimento da parte**, pois a lei não conferiu a possibilidade ao juiz.

Uma vez transitada em julgado a sentença que **impuser condenação** ao Poder Público, o juiz determinará a remessa de peças à autoridade competente, para apuração da responsabilidade civil e administrativa do agente a que se atribua a ação ou omissão (art. 86 do EPI).

No que tange a **responsabilidade administrativa**, a autoridade competente será aquela superior ao agente administrativo que praticou a ação ou omissão.

A **responsabilidade civil** caberá ao Ministério Público, desde que verificada a situação de risco prevista no art. 74 do EPI.

5.3.6. Da execução da multa e da decisão condenatória

O Ministério Público **executará**, nos mesmos autos, as **multas** não recolhidas até **30 (trinta) dias** após o trânsito em julgado da decisão, **facultada** igual iniciativa aos demais legitimados em caso de inércia daquele (art. 84, parágrafo único do EPI).

> ▸ **Como esse assunto foi cobrado em concurso?**
>
> No concurso para Promotor de Justiça do Estado de Santa Catarina(MP/SC/2012) foi perguntado foi elaborada a seguinte assertiva: IV – Os valores das multas reverterão ao Fundo do Idoso, onde houver, ou na falta deste, ao Fundo Municipal de Assistência Social, ficando vinculados ao atendimento ao idoso, sendo que as multas não recolhidas até 60 (sessenta) dias após o trânsito em julgado da decisão serão exigidas por meio de execução promovida pelo Ministério Público, nos mesmos autos, facultada igual iniciativa aos demais legitimados em caso de inércia daquele. A assertiva foi considerada errada.

Decorridos 60 (sessenta) dias do trânsito em julgado da sentença condenatória favorável à pessoa idosa sem que o autor lhe promova a execução, **deverá fazê-lo o Ministério Público**, facultada igual iniciativa aos demais legitimados, como assistentes, ou assumindo o polo ativo em caso de inércia desse órgão.

A execução terá o **rito** previsto no CPC, conforme art. 93 do EPI e art. 19 da Lei de Ação Civil Pública. Caso seja a execução relativa a direitos individuais homogêneos, a execução terá de observar os arts. 97, 98 e 100 do Código de Defesa do Consumidor.

▸ **Como esse assunto foi cobrado em concurso?**

No concurso para Defensor Público de Rondônia - (DP/RO/2012 - CESPE), foi perguntado se decorridos sessenta dias do trânsito em julgado de sentença condenatória favorável a pessoa idosa sem que o autor lhe promova a execução, deverá fazê-lo o MP.

5.3.7. *Das despesas processuais e a sucumbência*

Nas ações para a proteção judicial dos interesses difusos, coletivos e individuais indisponíveis ou homogêneos **não haverá** adiantamento de custas, emolumentos, honorários periciais e quaisquer outras despesas (art. 88 do EPI). Por força do art. 93 do EPI, em relação ao adiantamento de despesas processuais, aplicam-se os arts. 18 e 21 da Lei de Ação Civil Pública e 87, *caput*, e 90 do Código de Defesa do Consumidor.

Os réus serão beneficiados pelo art. 88 do EPI?

Os beneficiários desta norma processual são os legitimados do art. 81 do EPI. Os réus nessas ações recebem o tratamento geral previsto no CPC, pois não há posicionamento diferente previsto no EPI. Portanto, a isenção **não atingirá o réu**, que deverá custear a produção de provas que for de seu interesse. Nesse sentido já decidiu o STJ no REsp 479.830/GO, Rel. Ministro TEORI ALBINO ZAVASCKI, PRIMEIRA TURMA, julgado em 03/08/2004, DJ 23/08/2004, p. 122.

O requerido deverá **antecipar** o pagamento de todas as despesas de atos processuais decorrentes de iniciativa própria, inclusive o preparo recursal.

O STJ já decidiu que a isenção do adiantamento das despesas processuais estabelecida no art. 18 da Lei da Ação Civil Pública dirige-se somente à parte autora e não ao réu. (AgRg no Ag 1189728/SP, Rel. Ministro JORGE MUSSI, QUINTA TURMA, julgado em 18/02/2010, DJe 15/03/2010).

A vantagem do art. 88, *caput*, do EPI, aplica-se a **ação individual indisponível de pessoa idosa**, que, embora não se trate de ação coletiva, pois o objeto da ação trata-se apenas de uma pessoa, refere-se a um direito individual indisponível.

> Já decidiu o STJ que é possível utilizar verba do Fundo Especial de Reparação de Interesses Difusos Lesados para que haja o **pagamento dos honorários periciais** (AgRg no REsp 1423840/SP, Rel. Ministro HUMBERTO MARTINS, SEGUNDA TURMA, julgado em 08/03/2016, DJe 15/03/2016).

> O STJ já decidiu que é inviável a antecipação de honorários periciais pelo Ministério Público (EREsp 981.949/RS, Rel. Ministro HERMAN BENJAMIN, PRIMEIRA SEÇÃO, julgado em 24/02/2010, DJe 15/08/2011).

Ao Ministério Público **não** se imporá **sucumbência.**

> O STJ já decidiu que no sistema normativo vigente, incluída a Constituição, está consagrado o princípio de que, em ações que visam a tutelar os interesses sociais dos cidadãos, os demandantes, salvo em caso de comprovada má-fé, não ficam sujeitos a ônus sucumbenciais (art. 5º, incisos LXXIII e LXXVII da Constituição e o art. 18 da Lei 7.347/85). Assim, ainda que não haja regra específica a respeito, justifica-se, em nome do referido princípio, o Ministério Público será dispensado de ônus sucumbenciais, a não ser quando comprovada a abusividade de sua atuação. (REsp 577.804/RS, Rel. Ministro TEORI ALBINO ZAVASCKI, PRIMEIRA TURMA, julgado em 28/11/2006, DJ 14/12/2006, p. 250)

5.3.8. *Das ações em defesa aos direitos transindividuais das pessoas idosas*

O art. 82 do EPI estabelece que para a defesa dos interesses e direitos das pessoas idosas são admissíveis **todas as espécies** de ação pertinentes.

São várias as ações previstas no ordenamento jurídico brasileiro que poderão ser utilizadas para a defesa dos interesses e direitos das pessoas idosas.

Contudo, merece destaque a novel **Lei do Mandado de Injunção,** Lei nº 13.300/16.

O mandado de injunção é mais um poderoso instrumento conferido ao Ministério Público para a **promoção** da defesa dos interesses e direitos das pessoas idosas, vez que frequentemente direitos das pessoas idosas são negados ou omitidos aos idosos, por ausência de regulamentação legal.

Por sua vez, dispõe o parágrafo único do art. 82 do EPI que contra atos ilegais ou abusivos de autoridade pública ou agente de pessoa jurídica no exercício de atribuições de Poder Público que lesem direito líquido e certo previsto nesta Lei, caberá **ação mandamental**, que se regerá pelas normas da lei do mandado de segurança.

5.3.8.1. *Mandado de injunção*

O mandado de injunção é uma **ação constitucional** prevista no art. 5º, inc. LXXI, da CF:

> "conceder-se-á mandado de injunção sempre que a falta de norma regulamentadora torne inviável o exercício dos direitos e liberdades constitucionais e das prerrogativas inerentes à nacionalidade, à soberania e à cidadania;".

Antes da regulamentação da Lei nº 13.300/16, de 23 de junho de 2016, o STF entendia que a norma constitucional, em sendo autoaplicável, utilizava-se, no que couber, o rito do mandado de segurança.

O Instrumento constitucional é utilizado nas hipóteses em que **faltar** norma regulamentadora que torne inviável o exercício de direitos constitucionais, situação esta conhecida como "mora legislativa".

O mandado de injunção será concedido sempre que a falta total ou parcial de norma regulamentadora torne inviável o **exercício dos direitos e liberdades constitucionais** e das prerrogativas inerentes à nacionalidade, à soberania e à cidadania.

A **falta parcial** de regulamentação será considerada quando forem insuficientes as normas editadas pelo órgão legislador competente.

Os direitos das pessoas idosas previstos 3º, 8º ao 42 do EPI, bem como em outros dispositivos previstos no EPI, já estudados anteriormente, revestem em direitos **constitucionalmente previstos**, razão pela qual, em tese, pode-se utilizar o mandado de injunção para proteção dos mencionados direitos, visando sua concretização.

Não serão todas as **espécies de normas constitucionais** que autorizaram propositura da mencionada ação. Não será admitida na hipótese de a **norma constitucional ser autoaplicável**, ou seja, deverá ser uma norma constitucional de eficácia limitada. Também não será admitida a ação constitucional para que haja uma nova legislação, a fim de modificar a já existente, ainda que seja incompatível com a CF. Por fim, não será possível quando a finalidade do pedido foi buscar junto ao Poder Judiciário interpretação correta da legislação já existente.

O mandado de injunção poderá ser **individual ou coletivo.**

São **legitimados** do mandado de injunção **individual:**

- **IMPETRANTES:** as pessoas naturais ou jurídicas que se afirmam titulares dos direitos, das liberdades ou das prerrogativas.
- **IMPETRADOS:** poder, o órgão ou a autoridade com atribuição para editar a norma regulamentadora.

Já no mandado de injunção **coletivo:**

Os legitimados do mandado de injunção coletivo ainda possuem **interesse de agir específico** que os autorizarão a propositura da referida ação constitucional:

<table>
<tr><th>LEGITIMADO</th><th>TUTELA REQUERIDA</th></tr>
<tr><td rowspan="3">MINISTÉRIO PÚBLICO</td><td>• especialmente relevante para a defesa da ordem jurídica;</td></tr>
<tr><td>• especialmente relevante para a defesa do regime democrático;</td></tr>
<tr><td>• dos interesses sociais ou individuais indisponíveis.</td></tr>
<tr><td>PARTIDO POLÍTICO COM REPRESENTAÇÃO NO CONGRESSO NACIONAL</td><td>• para assegurar o exercício de direitos, liberdades e prerrogativas de seus integrantes ou relacionados com a finalidade partidária;</td></tr>
<tr><td>ORGANIZAÇÃO SOCIAL</td><td rowspan="3">• para assegurar o exercício de direitos, liberdades e prerrogativas em favor da totalidade ou de parte de seus membros ou associados, na forma de seus estatutos e desde que pertinentes a suas finalidades, dispensada, para tanto, autorização especial;</td></tr>
<tr><td>ENTIDADE DE CLASSE</td></tr>
<tr><td>ASSOCIAÇÃO LEGALMENTE CONSTITUÍDA (com um ano de funcionamento)</td></tr>
<tr><td rowspan="2">DEFENSORIA PÚBLICA</td><td>• promoção dos direitos humanos;</td></tr>
<tr><td>• defesa dos direitos individuais e coletivos dos necessitados, na forma do inciso LXXIV do art. 5º da Constituição Federal.</td></tr>
</table>

A **competência** está prevista na Carta Magna.

Será **competência do STF**, nos termos do art. 102, I, *q*:

> "o mandado de injunção, quando a elaboração da norma regulamentadora for atribuição do Presidente da República, do Congresso Nacional, da Câmara dos Deputados, do Senado Federal, das Mesas de uma dessas Casas Legislativas, do

> Tribunal de Contas da União, de um dos Tribunais Superiores, ou do próprio Supremo Tribunal Federal;"

Será **competência do STJ**, art. 105, I, *h*:

> "o mandado de injunção, quando a elaboração da norma regulamentadora for atribuição de órgão, entidade ou autoridade federal, da administração direta ou indireta, excetuados os casos de competência do Supremo Tribunal Federal e dos órgãos da Justiça Militar, da Justiça Eleitoral, da Justiça do Trabalho e da Justiça Federal;"

Procedimento do mandado de injunção:

A **petição inicial**, quando não for transmitida por meio eletrônico, serão acompanhados a peça e os documentos que a instruem de tantas vias quantos forem os impetrados.

Caso o documento necessário à prova do alegado encontre-se em repartição ou estabelecimento público, em poder de autoridade ou de terceiro, se houver **recusa** em fornecê-lo por certidão, no original, ou em cópia autêntica, será ordenada, caso seja pedido pelo impetrante, a **exibição do documento** no prazo de 10 (dez) dias, devendo, nesse caso, ser juntada cópia à segunda via da petição.

Na hipótese em que a recusa em fornecer o documento for do impetrado, a ordem será feita no próprio instrumento da **notificação.**

Quando a decisão de relator for de indeferimento da petição inicial, será possível interpor **agravo,** em 5 (cinco) dias, para o órgão colegiado competente para o julgamento da impetração.

Na situação em que o Poder Judiciário reconhecer a **mora legislativa**, será deferida a injunção para:

> I – determinar prazo razoável para que o impetrado promova a **edição da norma** regulamentadora;
>
> II – **estabelecer as condições** em que se dará o exercício dos direitos, das liberdades ou das prerrogativas reclamados ou, se for o caso, as condições em que poderá o interessado promover ação própria visando a exercê-los, caso não seja suprida a mora legislativa no prazo determinado.

Caso a norma regulamentadora seja **editada** antes da decisão, a ação estará prejudicada, caso em que o processo será extinto sem resolução de mérito.

A decisão terá eficácia subjetiva **limitada às partes** e produzirá efeitos até o advento da norma regulamentadora. Contudo, poderá à decisão ser conferida eficácia ***ultra partes*** ou ***erga omnes***, quando isso for inerente ou indispensável ao exercício do direito, da liberdade ou da prerrogativa objeto da impetração.

Uma vez transitada em julgado a decisão, poderão seus efeitos se estenderem aos **casos análogos** por decisão monocrática do relator.

Caso o mandado de injunção tenha seu pedido indeferido, com lastro na insuficiência de prova, a ação poderá ser novamente proposta, mas fundada em **outros elementos probatórios**.

A decisão poderá ser **revista** a pedido de qualquer interessado, sem prejuízo dos efeitos já produzidos, quando sobrevierem relevantes modificações das circunstâncias de fato ou de direito, hipótese em que a ação de revisão observará, no que couber, o procedimento acima já referido.

A norma regulamentadora superveniente produzirá efeitos ***ex nunc*** em relação aos beneficiados por decisão transitada em julgado, salvo se a aplicação da norma editada lhes for mais favorável.

No mandado de injunção coletivo, a sentença fará coisa julgada limitadamente às **pessoas integrantes** da coletividade, do grupo, da classe ou da categoria substituídos pelo impetrante, sem prejuízo de conferir eficácia ***ultra partes*** ou ***erga omnes*** à decisão, quando isso for inerente ou indispensável ao exercício do direito, da liberdade ou da prerrogativa objeto da impetração, bem como após o transito em julgado a decisão e os efeitos da decisão poderão ser estendidos aos casos análogos por decisão monocrática do relator.

O mandado de injunção coletivo **não induz litispendência** em relação aos individuais, mas os efeitos da coisa julgada não beneficiarão o impetrante que não requerer a desistência da demanda individual no prazo de 30 (trinta) dias a contar da ciência comprovada da impetração coletiva.

Serão aplicadas de forma **subsidiária**, as normas do Código de Processo Civil e as normas do mandado de segurança, disciplinadas pela Lei nº 12.016, de 7 de agosto de 2009.

5.3.8.2. *Mandado de segurança*

5.3.8.2.1. Conceito

O mandado de segurança é uma ação constitucional prevista para conceder a **proteção** a direito líquido e certo, não amparado por *habeas corpus* ou *habeas data*, quando o agente coator da ilegalidade ou abuso de poder for autoridade pública ou agente de pessoa jurídica que esteja no exercício de atribuições do Poder Público.

Assim prevê o **art. 5º, inc. LXIX, da CF**:

> "conceder-se-á mandado de segurança para proteger direito líquido e certo, não amparado por *habeas corpus* ou *habeas data*, quando o responsável pela ilegalidade ou abuso de poder for autoridade pública ou agente de pessoa jurídica no exercício de atribuições do Poder Público;".

A CF ainda prevê o **mandado de segurança coletivo**, conforme art. 5º, inc. LXX:

> "o mandado de segurança coletivo pode ser impetrado por:
>
> a) partido político com representação no Congresso Nacional;
>
> b) organização sindical, entidade de classe ou associação legalmente constituída e em funcionamento há pelo menos um ano, em defesa dos interesses de seus membros ou associados;".

O mandado de segurança possui disciplina jurídica prevista na **Lei nº 12.016/09**.

5.3.8.2.2. Legitimidade

O **sujeito ativo**, denominado de impetrante, poderá ser qualquer pessoa, seja ela física ou jurídica, que estiver sofrendo ou estiver com justo receio de sofrer violação a direito líquido e certo não amparado por *habeas corpus* ou *habeas data* por ilegalidade ou abuso de poder de autoridade.

Na hipótese de o Ministério Público impetrar mandado de segurança em **matéria criminal**, é obrigatória a citação do réu como litisconsorte passivo, assim dispõe a Sumula nº 701 do STF: "no mandado de segurança impetrado pelo Ministério Público contra decisão proferida em processo penal, é obrigatória a citação do réu como litisconsorte passivo". (RHC 30.946/MG, Rel. Ministro JORGE MUSSI, QUINTA TURMA, julgado em 10/12/2013, DJe 03/02/2014)

Caso **várias pessoas** tenham seus direitos ameaçados ou violados, quaisquer destas poderão impetrar mandado de segurança. Os entes com personalidade jurídica, os órgãos públicos, os fundos financeiros, ou seja, todos que possuem capacidade processual poderão utilizar-se e ainda ser pacientes do mandado de segurança.

Não são todas as pessoas privadas que exigem a personalidade jurídica, vez que basta possuir a **personalidade judiciária,** ou seja, a capacidade de ser parte para a defesa de direitos próprios ou coletivos para a impetração da segurança, como, por exemplo, a Câmara de Vereadores, conforme, aliás, o que ficou editado na **Súmula nº 525 do STJ:** "A Câmara de Vereadores não possui personalidade jurídica, apenas personalidade judiciária, somente podendo demandar em juízo para defender os seus direitos institucionais.".

Para agir em defesa de prerrogativas, pode ajuizar mandado de segurança a Presidência da República, Presidência da Câmara dos Deputados, Mesa do Senado Federal, Prefeitos, segundo já decidiu o STF. (MS 21239, Relator(a): Min. SEPÚLVEDA PERTENCE, Tribunal Pleno, julgado em 05/06/1991, DJ 23-04-1993 PP-06920 EMENT VOL-01700-02 PP-00237).

São **legitimados** para impetrar o Mandado de Segurança Coletivo:

- partido político com representação no Congresso Nacional;
- organização sindical, entidade de classe ou associação legalmente constituída e em funcionamento há pelo menos um ano, em defesa dos interesses de seus membros e associados.

Sobre a legitimidade da associação de classe, dispõe a **Súmula nº 630 do STF:** "A entidade de classe tem legitimação para o mandado de segurança ainda quando a pretensão veiculada interesse apenas a uma parte da respectiva categoria.".

Na hipótese de impetração de mandado de segurança coletivo por entidade de classe em favor de associados, não será necessária a autorização destes (**Súmula nº 629 do STF**).

Os **direitos protegidos** no mandado de segurança coletivo estão previstos no art. 21, parágrafo único, da Lei do Mandado de Segurança:

> I - coletivos, assim entendidos, para efeito desta Lei, os transindividuais, de natureza indivisível, de que seja titular grupo ou categoria de pessoas ligadas entre si ou com a parte contrária por uma relação jurídica básica;
>
> II - individuais homogêneos, assim entendidos, para efeito desta Lei, os decorrentes de origem comum e da atividade

ou situação específica da totalidade ou de parte dos associados ou membros do impetrante.

No mandado de segurança, o **sujeito passivo** é a autoridade coatora.

São equiparados para efeitos de autoridade coatora:

- os representantes ou órgãos de partidos políticos;
- os administradores de entidades autárquicas;
- assim como os dirigentes de pessoas jurídicas ou as pessoas naturais no exercício de atribuições do poder público, somente no que disser respeito a essas atribuições.

Já decidiu o STJ que o Governador do Estado é parte ilegítima para figurar como autoridade coatora em mandado de segurança no qual se impugna a elaboração, aplicação, anulação ou correção de testes ou questões de concurso público, cabendo à banca examinadora, executora direta da ilegalidade atacada, figurar no polo passivo da demanda. (AgRg no RMS 37.924/GO, Rel. Ministro MAURO CAMPBELL MARQUES, SEGUNDA TURMA, julgado em 09/04/2013, DJe 16/04/2013).

5.3.8.2.3. Pressupostos para impetração

São pressupostos do Mandado de Segurança:

a) Ato de autoridade
b) Ilegalidade ou abuso de poder
c) Lesão ou ameaça de lesão
d) Direito líquido e certo não amparado por *habeas corpus* ou *habeas data*

Segundo o STJ, a errônea indicação da autoridade coatora não implica ilegitimidade *ad causam* passiva se aquela pertence à mesma pessoa jurídica de direito público; porquanto, nesse caso não se altera a polarização processual, o que preserva a condição da ação (AgRg no AREsp 188.414/BA, Rel. Ministro NAPOLEÃO NUNES MAIA FILHO, PRIMEIRA TURMA, julgado em 17/03/2015, DJe 31/03/2015).

Na hipótese de ato praticado por autoridade no exercício de competência delegada, contra caberá o mandado de segurança. Nesse sentido a **Súmula 510 do STF**.

Aplica-se ao mandado de segurança a teoria denominada de encampação, com vistas a superar a indicação equivocada da autoridade coatora pelo impetrante, desde que preenchidos determinados requisitos, a **ilegitimidade passiva originária seria suprimida**, dando prosseguimento regular ao feito, visando à celeridade e à economia processual.

Os **pressupostos** para a aplicação da **teoria da encampação** no mandado de segurança são:

a) Subordinação hierárquica entre a autoridade efetivamente coatora e apontada na petição inicial, discussão de mérito nas informações; e

b) Ausência de modificação de competência (MS 15.114/DF, Rel. Ministro NEFI CORDEIRO, TERCEIRA SEÇÃO, julgado em 26/08/2015).

São hipóteses em que **não é cabível** a impetração da segurança:

-	contra ato que caiba recurso administrativo com efeito suspensivo, independente de caução;
-	contra decisão judicial que caiba recurso com efeito suspensivo ou correição (**Súmula nº 267 do STF**);
-	contra decisão judicial transitada em julgado (**Súmula 268 do STF**);
-	contra lei em tese (**Súmula 266 do STF**);
-	para assegurar liberdade de locomoção;
-	para assegurar informações relativas à pessoa do impetrante constantes de registro ou bancos de dados de caráter público ou a retificação dessas informações;
-	como substituto de ação popular (**Súmula nº 101 do STF**);
-	não cabe mandado de segurança contra atos de gestão comercial praticados pelos administradores de empresas públicas, da sociedade de economia mista e de concessionárias de serviço público;
-	como substituto de ação de cobrança (**Súmula nº 269 do STF**).

Ainda sobre a **impossibilidade** de impetração de segurança, foram editadas as seguintes Súmulas dos Tribunais Superiores:

- **Súmula nº 270 do STF:** "Não cabe mandado de segurança para impugnar enquadramento da L. 3.780, de 12.7.60, que envolva exame de prova ou de situação funcional complexa."
- **Súmula nº 460 do STJ:** "É incabível o mandado de segurança para convalidar a compensação tributária realizada pelo contribuinte."

5.3.8.2.4. Liminar e suspensão da liminar

Para a **concessão de liminar** em mandado de segurança são necessários o preenchimento simultâneo dos **seguintes requisitos**:

a) fundamento relevante; e

b) que do ato impugnado possa resultar a ineficácia da segurança, caso seja deferida.

Caso a segurança seja denegada, a liminar ficará sem efeito, e ainda irá retroagir os efeitos da decisão contrária. Nesse sentido, a **Súmula nº 405 do STF**: "Denegado o mandado de segurança pela sentença, ou no julgamento do agravo, dela interposto, fica sem efeito a liminar concedida, retroagindo os efeitos da decisão contrária."

Os efeitos da concessão da medida liminar deverão ter efeito até que a **sentença** seja prolatada, salvo se revogada ou cassada.

Uma vez concedida a liminar, o processo terá **prioridade** para julgamento.

A Lei do Mandado de Segurança (art. 7º, § 2º) **proíbe** a concessão de liminar que tenha por objeto:

- compensação de créditos tributários;
- entrega de mercadorias e bens provenientes do exterior;
- reclassificação ou equiparação de servidores públicos; e
- concessão de aumento ou a extensão de vantagens de pagamentos de qualquer natureza.

A concessão liminar da segurança poderá sofrer a decretação de **perempção ou caducidade**, de forma **ex *officio*** ou a requerimento do Ministério Público quando, uma vez concedida a medida, o impetrante criar obstáculo ao normal andamento do processo ou deixar de promover, por mais de 3 (três) dias úteis, os atos e as diligências que lhe cumprirem.

Dispõe a **Súmula nº 622 do STF** que: "Não cabe agravo regimental contra decisão do relator que concede ou indefere liminar em mandado de segurança."

Sobre a suspensão de liminar em mandado de segurança conferir a **Súmula nº 626 do STF:** "A suspensão da liminar em mandado de segurança, salvo determinação em contrário da decisão que a deferir, vigorará até o trânsito em julgado da decisão definitiva de concessão da segurança ou, havendo recurso, até a sua manutenção pelo Supremo Tribunal Federal, desde que o objeto da liminar deferida coincida, total ou parcialmente, com o da impetração".

A **liminar** a ser proferida em mandado de segurança coletivo deverá observar o disposto no art. 22, § 2º: "No mandado de segurança coletivo, a liminar só poderá ser concedida após a audiência do representante judicial da pessoa jurídica de direito público, que deverá se pronunciar no prazo de 72 (setenta e duas) horas".

5.3.8.2.5. Prazo para impetração da segurança

O prazo para a impetração do Mandado de Segurança é de **120 dias**, contados da ciência do ato impugnado pelo interessado.

> O prazo, em se tratando de impetração contra ato omissivo da Administração, que envolve obrigação de **trato sucessivo** para o ajuizamento da ação mandamental, se renova mês a mês (AgRg no AREsp 593.738/PB, Rel. Ministra ASSUSETE MAGALHÃES, SEGUNDA TURMA, julgado em 20/08/2015, DJe 03/09/2015).

Na hipótese de pedido de reconsideração em procedimento administrativo, o prazo para a impetração de segurança não será interrompido. Nesse sentido a **Súmula nº 430 do STF:** "Pedido de reconsideração na via administrativa não interrompe o prazo para o mandado de segurança".

É possível a fixação legal em **lei** de prazo para a configuração da decadência, consoante se observa o disposto na **Súmula nº 632 do STF:** "É constitucional lei que fixa o prazo de decadência para a impetração de mandado de segurança".

5.3.8.2.6. Processamento do mandado de segurança

Na **petição inicial** do mandado de segurança, deverão ser preenchidos os requisitos estabelecidos pela lei processual e, ainda, deverão ser apresentadas em 2 (duas) vias com os documentos que instruírem a primeira reproduzidos na segunda.

A inicial ainda deverá indicar, além da autoridade coatora, a pessoa jurídica que esta **integra**, à qual se acha vinculada ou da qual exerce atribuições.

No caso em que o documento necessário à prova do alegado se ache em repartição ou estabelecimento público ou em poder de autoridade que se recuse a fornecê-lo por certidão ou de terceiro, o juiz ordenará, preliminarmente, por ofício, a exibição desse documento em original ou em cópia autêntica e marcará, para o cumprimento da ordem, o prazo de 10 (dez) dias. O escrivão extrairá cópias do documento para juntá-las à segunda via da petição.

No **despacho a inicial**, o juiz deverá ordenar:

> I – a **notificação do coator** do conteúdo da petição inicial, enviando-lhe a segunda via apresentada com as cópias dos documentos, a fim de que, no prazo de 10 (dez) dias, preste as informações;
>
> II – a **ciência** do feito ao órgão de representação judicial da pessoa jurídica interessada, enviando-lhe cópia da inicial sem documentos, para que, querendo, ingresse no feito;
>
> III – a suspensão do ato que deu motivo ao pedido, casa haja **fundamento relevante** e do ato impugnado puder resultar a **ineficácia da medida**, caso seja finalmente deferida, sendo facultado exigir do impetrante caução, fiança ou depósito, com o objetivo de assegurar o ressarcimento à pessoa jurídica.

Será **indeferida a inicial**, fundamentadamente, desde logo:

- quando não for o caso de mandado de segurança;
- faltar algum dos requisitos legais;
- quando decorrido o prazo legal para a impetração.

Após as notificações, o serventuário em cujo cartório corra o feito juntará aos autos **cópia autêntica** dos ofícios endereçados ao coator e ao órgão de representação judicial da pessoa jurídica interessada, bem como a **prova da entrega** a estes ou da sua recusa em aceitá-los ou dar recibo e, no caso de telegrama, radiograma, fax ou outro meio eletrônico de autenticidade comprovada, a prova da remessa.

Encerrado o prazo para que as informações sejam prestadas, o juiz **ouvirá o representante do Ministério Público**, que opinará dentro do prazo improrrogável de **10 (dez) dias**.

Com ou sem o parecer do Ministério Público, os autos serão conclusos ao juiz para a **decisão**, a qual deverá ser necessariamente proferida em 30 (trinta) dias.

Caso a segurança seja **concedida**, o juiz transmitirá em ofício, por intermédio do oficial do juízo, ou pelo correio, mediante correspondência com aviso de recebimento, o inteiro teor da sentença à autoridade coatora e à pessoa jurídica interessada. Na hipótese de urgência, poderá o juiz enviar por telegrama, radiograma, fax ou outro meio eletrônico de autenticidade comprovada.

5.3.7.8.7. Competência

A **competência** para o julgamento do mandado de segurança será de acordo com a autoridade coatora, devendo ser observado o Texto Maior para que se cumpram as prerrogativas relacionadas a determinadas funções.

COMPETÊNCIA PARA JULGAMENTO EM MANDADO DE SEGURANÇA	
Supremo Tribunal Federal Art. 102, inc. I, *d*, da CF	◙ julgar mandado de segurança contra atos do Presidente da República, das Mesas da Câmara dos Deputados e do Senado Federal, do Tribunal de Contas da União, do Procurador-Geral da República e do próprio Supremo Tribunal Federal e atos do Conselho Nacional do Ministério Público e Conselho Nacional de Justiça;
Superior Tribunal de Justiça Art. 105, inc. I, *b*, da CF	◙ contra ato de Ministro de Estado, dos Comandantes da Marinha, do Exército e da Aeronáutica ou do próprio Tribunal;
Tribunal Regional Federal	◙ contra ato do próprio tribunal ou de juiz federal;
Tribunal de Justiça	◙ a competência será definida nas constituições estaduais;
Justiça Federal	◙ demais autoridades federais;
Justiça Estadual	◙ demais autoridades estaduais ou municipais.

O STF já decidiu que a competência desta Corte para conhecer e julgar ações que questionam atos do Conselho Nacional de Justiça - CNJ e do Conselho Nacional do Ministério Público - CNMP se limita às ações tipicamente constitucionais: mandados de segurança, mandados de injunção, *habeas corpus* e *habeas data*. Na hipótese de ação ordinária de declaração de nulidade de ato administrativo, não será de competência do STF para processar e julgar o feito. (Pet 4794 ED, Relator(a): Min. LUIZ FUX, Primeira Turma, julgado em 13/10/2015, PROCESSO ELETRÔNICO DJe-216 DIVULG 27-10-2015 PUBLIC 28-10-2015).

Sobre **competência** ainda conferir as Súmulas dos Tribunais Superiores:

Súmula nº 330 do STF: O Supremo Tribunal Federal não é competente para conhecer de mandado de segurança contra atos dos tribunais de justiça dos estados.

Súmula nº 376 do STJ: Compete a turma recursal processar e julgar o mandado de segurança contra ato de juizado especial.

> Consoante a jurisprudência do STJ, admite-se a impetração de mandado de segurança perante os Tribunais de Justiça dos Estados para o exercício do controle de competência dos juizados especiais, ficando a cargo das Turmas Recursais, a teor do que dispõe a Súmula nº 376 do STJ, o *writ* que tenha por escopo o controle de mérito dos atos de juizado especial. (RMS 46.955/GO, Rel. Ministro MOURA RIBEIRO, TERCEIRA TURMA, julgado em 23/06/2015, DJe 17/08/2015).

Súmula nº 177 do STJ – O superior tribunal de justiça é incompetente para processar e julgar, originariamente, mandado de segurança contra ato de órgão colegiado presidido por ministro de estado.

Súmula nº 624 do STF: Não compete ao Supremo Tribunal Federal conhecer originariamente de mandado de segurança contra atos de outros tribunais.

Súmula nº 623 do STF: "Não gera por si só a competência originária do Supremo Tribunal Federal para conhecer do mandado de segurança com base no art. 102, I, n, da Constituição, dirigir-se o pedido contra deliberação administrativa do Tribunal de origem, da qual haja participado a maioria ou a totalidade de seus membros."

5.3.8.2.8. Sentença

A sentença no mandado de segurança possui **efeito *inter partes*.**

Na hipótese de mandado de segurança coletivo, o efeito será para **todos** os integrantes da pessoa impetrante, conforme art. 22, *caput*, da Lei de Mandado de Segurança:

> "No mandado de segurança coletivo, a sentença fará coisa julgada limitadamente aos membros do grupo ou categoria substituídos pelo impetrante."

O **art. 26 da Lei de Mandado de Segurança** prevê que:

> "Constitui crime de desobediência, nos termos do art. 330 do Decreto-Lei nº 2.848, de 7 de dezembro de 1940, o não

> cumprimento das decisões proferidas em mandado de segurança, sem prejuízo das sanções administrativas e da aplicação da Lei nº 1.079, de 10 de abril de 1950, quando cabíveis."

A **coisa julgada** dependerá do tipo de decisão proferida:

a) Se houver a concessão da ordem ou a denegação, a decisão fará coisa julgada material;

b) Extinguindo o processo sem julgamento do mérito, o mandado de segurança poderá ser novamente ajuizado.

No caso de mandado de segurança coletivo, o **art. 22, § 1º**, prevê que:

> "O mandado de segurança coletivo não induz litispendência para as ações individuais, mas os efeitos da coisa julgada não beneficiarão o impetrante a título individual se não requerer a desistência de seu mandado de segurança no prazo de 30 (trinta) dias a contar da ciência comprovada da impetração da segurança coletiva."

5.3.8.2.9. Recursos

A Lei do Mandado de Segurança estabelece a possibilidade de **recursos** para as seguintes hipóteses:

RECURSOS NA LEI DO MANDADO DE SEGURANÇA		
RECURSO	**DISPOSITIVO LEGAL**	**HIPÓTESE LEGAL**
APELAÇÃO	10, § 1º	Do indeferimento da inicial pelo juiz de primeiro grau.
APELAÇÃO	14	Da sentença, denegando ou concedendo o mandado.
AGRAVO	7º, § 1º	Da decisão de juiz de primeiro grau que conceder ou denegar a liminar.
AGRAVO	10, § 1º	Do indeferimento da inicial quando a competência para o julgamento do mandado de segurança couber originariamente a um dos tribunais.
AGRAVO	15	Da decisão que suspende a execução da liminar.

RECURSOS NA LEI DO MANDADO DE SEGURANÇA		
RECURSO	**DISPOSITIVO LEGAL**	**HIPÓTESE LEGAL**
AGRAVO	15, par. único	Da decisão do relator que conceder ou denegar a medida liminar.
Não cabem a interposição de **embargos infringentes**		
Recurso Especial	18	Das decisões em mandado de segurança proferidas em única instância pelos tribunais.
Recurso Extraordinário	18	Das decisões em mandado de segurança proferidas em única instância pelos tribunais.
Recurso Ordinário	18	Quando a ordem for denegada.

Capítulo VI

Crimes em Espécie do Estatuto da Pessoa Idosa

6.1. DISPOSIÇÕES GERAIS

O EPI prevê no Título VI as **disposições penais**, estabelecendo normas tanto de direito processual penal, como de direito material penal.

O **art. 94 do EPI** prevê que:

> "Aos crimes previstos nesta Lei aplicam-se, no que couber, as disposições do Decreto-Lei nº 2.848, de 7 de dezembro de 1940 (Código Penal), e do Decreto-Lei nº 3.689, de 3 de outubro de 1941 (Código de Processo Penal). (Redação dada pela Lei nº 15.163, de 2025)
>
> Parágrafo único. Aos crimes previstos nesta Lei e aos crimes praticados com violência contra a pessoa idosa, independentemente da pena prevista, não se aplica a Lei nº 9.099, de 26 de setembro de 1995. (Incluído pela Lei nº 15.163, de 2025)"

O dispositivo foi alvo de intensa discussão jurídica na doutrina e nos Tribunais, em especial sobre a aplicação de medidas despenalizadoras ao agente que pratica crimes contra as pessoas idosas.

O STF, na ADI 3096, firmou entendimento de que o dispositivo legal acima mencionado deve ser interpretado em favor da pessoa idosa, não devendo ser beneficiado quem lhe viole os direitos. Por isso, os agentes que praticam crimes contra pessoa idosa **não poderão** ter acesso a benefícios despenalizadores de direito material, como conciliação, transação penal, composição civil de danos ou conversão da pena. Somente se aplicam as normas estritamente processuais para que o processo termine mais rapidamente, em benefício do idoso: "(...) 2. Art. 94 da Lei n. 10.741/2003: interpretação conforme à Constituição do Brasil, com redução de texto, para suprimir a expressão "do Código Penal e". Aplicação apenas do procedimento sumaríssimo previsto na Lei n. 9.099/95: benefício do idoso com a celeridade processual. Impossibilidade de aplicação de quaisquer medidas despenalizadoras e de interpretação benéfica ao autor do crime. 3. Ação direta de inconstitucionalidade julgada parcialmente procedente para dar interpretação conforme à Constituição do Brasil, com redução de texto, ao art. 94 da Lei n. 10.741/2003." (ADI 3096, Relator(a): Min. CÁRMEN LÚCIA, Tribunal Pleno, julgado em 16/06/2010)

A sistemática do rito previsto para os crimes previstos no Estatuto da Pessoa Idosa mudou com alteração da Lei nº 15.163, de 2025, vedando o rito do Juizado Especial aos crimes previstos no Estatuto da Pessoa Idosa, bem como a vedação do mesmo rito sumaríssimo a qualquer crime praticado contra a pessoa idosa, qualquer que for a pena cominada.

Portanto, os crimes previstos no Estatuto da Pessoa Idosa hoje se sujeitam aos ritos processuais previstos no Código de Processo Penal, no que for aplicável.

Nota-se, portanto, que não estão inclusos no procedimento processual, as fases que **antecedem a denúncia** (peça inicial da ação penal). Assim, a investigação criminal, competência, questões e processos incidentes, prisão e liberdade, entre outros temas, na hipótese de tipificação no Estatuto da Pessoa Idosa, serão tratados pelo Código de Processo Penal que possui aplicação subsidiária.

Sobre a circunstância agravante disposta no art. 61, II, h, do Código Penal, o STJ já decidiu que trata-se de natureza objetiva e independe da prévia ciência pelo réu sobre idade da vítima, pois a vulnerabilidade da pessoa idosa é presumida (AgRg no AREsp n. 2.699.089/SC, relator Ministro Joel Ilan Paciornik, Quinta Turma, julgado em 11/2/2025, DJEN de 17/2/2025).

Não haverá, portanto, fase preliminar prevista nos arts. 69 a 76 da Lei nº 9.099/95, pois tal fase apenas antecede o procedimento processual.

Também **não será possível**, em razão da impossibilidade da transação penal, a aplicação dos arts. 76, 77 e 78 da Lei nº 9.099/95, não sendo ainda admissível a denúncia oral, bem como se faz necessária a juntada do exame de corpo de delito.

▸ **Como esse assunto foi cobrado em concurso?**

No Concurso para Delegado de Polícia (FUNCAB. PC-PA. 2016) foi perguntado se:

A pessoa que se apropria de pensão de idoso, dando-lhe destinação diversa daquela definida como sua finalidade

a) comete crime previsto na Lei nº 10.741, que respeitará o procedimento comum ordinário, embora com a possibilidade de aplicação de transação penal;

b) comete crime previsto na Lei nº 10.741, que respeitará o procedimento comum ordinário, sendo vedada a transação penal;

c) comete crime previsto na Lei nº 10.741, que respeitará o procedimento previsto na Lei nº 9.099, de 1995, inclusive quanto à transação penal;

d) comete crime previsto no código penal, que respeitará o procedimento comum ordinário;

e) comete crime previsto na Lei nº 10.741, que respeitará o procedimento previsto na Lei nº 9.099, de 1995, sendo vedada a transação penal

A alternativa e) foi considerada a correta.

Após o oferecimento da denúncia (escrita), serão obedecidas às **normas procedimentais** da Lei nº 9.099/95:

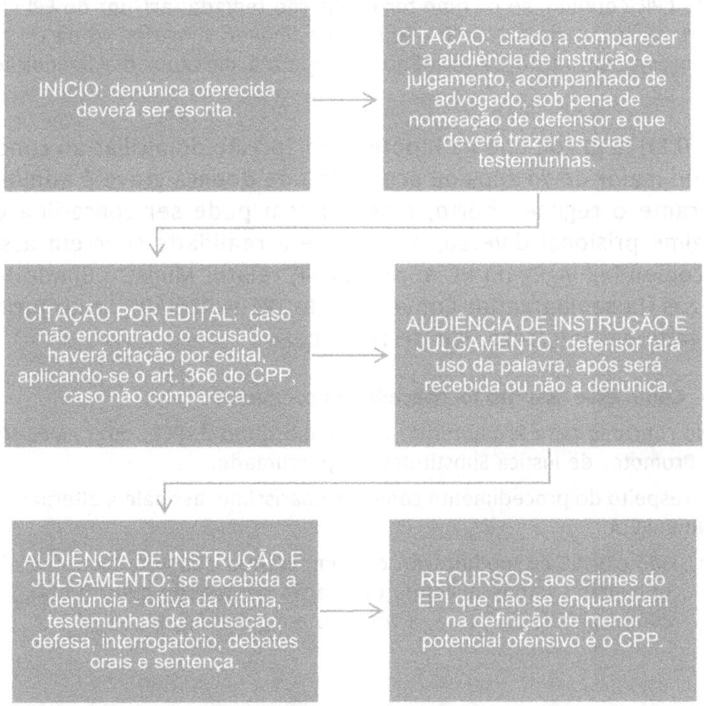

Observações ao procedimento acima mencionado:

1ª) O procedimento **não prevê** o número de testemunhas, aplicando-se, assim, a analogia ao CPP, no máximo 5 (crimes punidos com detenção) e 8 (crimes punidos com reclusão);

2ª) Caso a defesa deseje que as testemunhas da defesa compareçam através de **intimação,** deverá apresentar requerimento para tanto com no mínimo 5 dias antes de sua realização;

3ª) Não há previsão legal do tempo para os debates orais, aplicando-se então o art. 534 do CPP, que estabelece o prazo de 20 minutos para cada parte, sendo possível a prorrogação por mais 10, a critério do juiz;

4ª) Aplica-se o art. 81 da Lei nº 9.099/95, ou seja, poderá o juiz limitar provas protelatórias ou excessivas, lavrar termo de todo o ocorrido na audiência e dispensar o relatório na sentença.

▸ **Atenção!**

Aos crimes previstos no art. 99, § 2º e art. 107 do EPI, o rito que deverá ser seguido será o **comum ordinário**, previsto no art. 394 e seguintes do CPP. Contudo, se o crime for de coação tentada (art. 107 do EPI c/c art. 14, inc. II, do CP), aplica-se o procedimento sumaríssimo da Lei nº 9.099/95, em razão da incidência obrigatória da causa de diminuição de pena.

O STJ já julgou que na hipótese de "prisão domiciliar ao condenado maior de 70 anos ou acometido de doença grave é admitida durante o regime aberto, mas também pode ser concedida em regime prisional diverso, desde que a realidade concreta assim recomende." AgRg no HC n. 725.722/SP, relator Ministro Olindo Menezes (Desembargador Convocado do TRF 1ª REGIÃO), Sexta Turma, julgado em 17/5/2022, DJe de 20/5/2022).

▸ **Como esse assunto foi cobrado em concurso?**

No concurso para Promotor de Justiça Substituto (FAPEC - 2024 - MPE-MS - Promotor de Justiça Substituto), foi perguntado:

A respeito do procedimento comum sumaríssimo, assinale a alternativa INCORRETA.

a) São causas de modificação da competência dos Juizados Especiais Criminais a impossibilidade de citação pessoal do autor do fato, a complexidade da causa, a conexão e a continência.

b) Em se tratando de crimes ambientais, a prévia composição do dano ambiental é pressuposto para a celebração do acordo de transação penal, salvo em caso de comprovada impossibilidade.

c) As consequências jurídicas geradas pela transação penal são essencialmente aquelas estipuladas por modo consensual no respectivo instrumento de acordo, e o único efeito acessório gerado pela sua homologação é o impedimento ao mesmo benefício no prazo de cinco anos.

d) Em relação aos crimes previstos no Estatuto do Idoso, as normas do procedimento sumaríssimo são aplicadas somente àqueles delitos cuja pena máxima em abstrato não seja superior a 2 (dois) anos.

e) Cabe apelação da decisão de rejeição da denúncia, a ser interposta no prazo de 10 (dez) dias, contados da ciência da decisão.

RESPOSTA: D.

As condutas tipificadas no EPI ingressam na dimensão político-criminal denominada de **Direito Penal Promocional**, ou seja, há uma função promocional da intervenção punitiva. Como fundamento promocional, as condutas previstas visam transformar as condições de vida e a consciência do povo no sentido de dar uma direção a determinada finalidade. Têm por objetivo as condutas criminais propostas pelo EPI em incutir uma cultura de proteção ao idoso.

Ainda, os tipos penais descritos no EPI se enquadram no movimento político-criminal conhecido como **Direito Penal Simbólico**, na medida em que a utilização do Direito Penal está servindo para reproduzir de forma intencional efeitos meramente simbólicos na opinião pública, de modo a causar um impacto psicossocial e de tranquilizar o cidadão. A simbologia da intervenção penal é observada quando uma grande massa de sentimentos de medo e insegurança permeia pela sociedade.

No que tange aos crimes previstos no EPI, tanto as dimensões do Direito Penal Promocional, como do Direito Penal Simbólico encontram-se presentes. (Sobre o tema, conferir a abordagem de Eduardo Medeiros Cavalcanti na obra: PINHEIRO, Naide Maria (Coord.). *Estatuto do Idoso comentado*, p. 764).

▸ Como esse assunto foi cobrado em concurso?

No concurso para o cargo de Delegado de Polícia no Estado de São Paulo (Vunesp/Delegado de Polícia - SP/2014), foi perguntado se aos crimes previstos na Lei nº 10.741, de 2003 - Estatuto do Idoso -, aplica-se o procedimento previsto na Lei nº 9.099, de 26 de setembro de 1995, desde que a pena máxima privativa de liberdade não ultrapasse 4 (quatro) anos.

▸ **Como esse assunto foi cobrado em concurso?**

No concurso para Defensor Público do Estado do Amazonas (DP/AM/2013 _ FCC) foi perguntado: O Estatuto do Idoso estabelece que aos crimes em espécie, previstos em seu texto, cuja pena máxima privativa de liberdade não ultrapasse 4 (quatro) anos, aplica-se o procedimento previsto na Lei nº 9.099/95. Com base nos princípios norteadores da Lei nº 10.741/03, é correto afirmar, se a regra permite, tão somente, a aplicação do procedimento sumaríssimo previsto na Lei nº 9.099/95 e não outros benefícios nela previstos.

Os crimes previstos no Estatuto da Pessoa Idosa são de ação penal pública **incondicionada.**

Não se aplica ao Estatuto da Pessoa Idosa os arts. 181 e 182 do CP (escusa absolutória e escusa relativa), ou seja, qualquer delito praticado contra pessoa idosa, seja patrimonial ou não, com ou sem violência ou grave ameaça, a ação será sempre pública incondicionada.

Embora o EPI estabeleça que os crimes nele previstos sejam de ação penal pública incondicionada, ainda é possível que seja ajuizada a **ação penal privada subsidiária da pública** na hipótese de inércia do Ministério Público, pois se trata de garantia constitucional prevista no art. 5º, inc. LIX, da CF, bem como no art. 100, § 3º, do CP e art. 29 do CPP.

▸ **Atenção!**

O art. 183, inc. III, do Código Penal, já prevê a inaplicabilidade dos arts. 181 e 182 do CP se o crime for praticado contra pessoa de idade igual ou superior a 60 anos.

▸ **Como esse assunto foi cobrado em concurso?**

No concurso para Juiz Substituto (VUNESP - 2025 - TJ-RJ - Juiz Substituto), foi perguntado:

A respeito do Estatuto da Pessoa Idosa e da Lei nº 9.099/95, é correto dizer que:

a) com exceção dos crimes que envolvam violência ou grave ameaça, todos os crimes previstos no Estatuto da Pessoa Idosa são de ação penal condicionada à representação.

b) o crime de abandonar pessoa idosa, previsto no artigo 98, será qualificado quando praticado por descendente ou por quem, por lei ou mandato, tenha o dever de prestar assistência.

c) o crime de omissão de socorro ao idoso, previsto no artigo 97 do Estatuto da Pessoa Idosa, diferentemente do crime de omissão de socorro previsto no Código Penal, somente se configura se, da omissão, resultar, ao menos, lesão corporal de natureza grave.

d) aos crimes previstos no Estatuto da Pessoa Idosa não se aplicam as escusas absolutórias, previstas no Código Penal, dos crimes patrimoniais.

e) os crimes apenados com pena privativa de liberdade máxima de até 4 anos, por expressa previsão legal, são de menor potencial ofensivo, aplicando-se a medida despenalizadora da composição civil, mas não a da transação penal.

RESPOSTA: D.

▸ Como esse assunto foi cobrado em concurso?

No concurso para Defensor Público do Estado do Tocantins (DP/TO/2013 - CESPE), foi perguntado se os crimes definidos no Estatuto do Idoso são de ação penal pública incondicionada e se a eles não se aplicam as escusas absolutórias do Código Penal, quando praticados em detrimento de cônjuge, ascendente e descendente. Correto.

▸ Como esse assunto foi cobrado em concurso?

No concurso do MP/PR/ 2019, foi perguntado: Assinale a alternativa ***correta***:

a) O Estatuto do Idoso alterou o prazo prescricional constante do Código Penal, reduzindo pela metade a sua contagem para os maiores de 60 anos na data da sentença.

b) Na hipótese de cometimento de crime de lesão corporal contra pessoa idosa, incidirá tipo penal específico previsto na Lei n. 10.741/03 (Estatuto do Idoso) e não as disposições do art. 129 do Código Penal.

c) O crime de reter o cartão magnético de conta bancária relativa a benefícios, proventos ou pensão de idoso, bem como qualquer outro documento com objetivo de assegurar recebimento ou ressarcimento de dívida é de ação pública condicionada à representação.

d) O Estatuto do Idoso considera crime impedir ou embaraçar ato do representante do Ministério Público ou de qualquer outro agente fiscalizador.

e) Abandonar o idoso em hospitais, casas de saúde, entidades de longa permanência, ou congêneres, ou não prover suas necessidades básicas, quando obrigado por lei ou mandado é considerado crime de menor potencial ofensivo.

Alternativa correta: d

▸ Como esse assunto foi cobrado em concurso?

No concurso para Guarda Municipal, Prefeitura de Moreilândia, Asconprev – 2020 – PE, foi perguntado:

O Estatuto do Idoso, Lei Federal 10.741/03, disciplina no Título VI, Capítulo II os crimes em espécie praticados contra a pessoa idosa. Qual das alternativas a seguir não é um crime contra o idoso disciplinado no Capítulo II do Título VI da Lei 10.741/2003?

a) Discriminar pessoa idosa, impedindo ou dificultando seu acesso a operações bancárias, aos meios de transporte, ao direito de contratar ou por qualquer outro meio ou instrumento necessário ao exercício da cidadania, por motivo de idade

b) Deixar de prestar assistência ao idoso, quando possível fazê-lo sem risco pessoal, em situação de iminente perigo, ou recusar, retardar ou dificultar sua assistência à saúde, sem justa causa, ou não pedir, nesses casos, o socorro de autoridade pública.

c) Expor a perigo a integridade e a saúde, física ou psíquica, do idoso, submetendo-o a condições desumanas ou degradantes ou privando-o de alimentos e cuidados indispensáveis, quando obrigado a fazê-lo, ou sujeitando-o a trabalho excessivo ou inadequado.

d) Induzir pessoa idosa sem discernimento de seus atos a outorgar procuração para fins de administração de bens ou deles dispor livremente.

e) Produzir, processar, embalar, importar, exportar, comercializar, fornecer, transportar, armazenar, guardar, ter em depósito ou usar produto ou substância tóxica, perigosa ou nociva à saúde humana ou ao meio ambiente, em desacordo com as exigências estabelecidas em leis ou nos seus regulamentos.

Alternativa correta: e

▸ Como esse assunto foi cobrado em concurso?

No concurso para Guarda Municipal, Prefeitura de Araçoiaba, ADM&TEC – 2020 – PE, foi perguntado:

Analise as afirmativas a seguir:

I. A violência sexual contra a mulher inclui qualquer conduta que a constranja a presenciar, a manter ou a participar de uma relação sexual não desejada, mediante intimidação, ameaça, coação ou uso da força; que a induza a comercializar ou a utilizar, de qualquer modo, a sua sexualidade; que a impeça de usar qualquer método contraceptivo ou que a force ao matrimônio, à gravidez, ao aborto ou à prostituição, mediante coação, chantagem, suborno ou manipulação; ou que limite ou anule o exercício de seus direitos sexuais e reprodutivos; conforme previsto no artigo 7º, III, da Lei Maria da Penha.

II. A União, no Distrito Federal e nos territórios, e os estados podem criar juizados especiais, providos por juízes togados, ou togados e leigos, competentes para a conciliação, o julgamento e a execução de causas cíveis de menor complexidade e infrações penais de menor potencial ofensivo, mediante os procedimentos oral e sumaríssimo, permitidos, nas hipóteses previstas em lei, a transação e o julgamento de recursos por turmas de juízes de primeiro grau, conforme previsto no artigo 98 da Constituição Federal de 1988.

III. Discriminar uma pessoa idosa, impedindo ou dificultando seu acesso às operações bancárias ou aos meios de transporte por qualquer meio ou instrumento necessário ao exercício da cidadania, por motivo de idade, é um crime previsto na Lei Federal nº 10.741, de 2003, cuja pena é aumentada de 1/3 (um terço) se a vítima se encontrar sob os cuidados ou a responsabilidade do agente, conforme dispõe o § 2º do artigo 96 dessa lei.

Marque a alternativa CORRETA

a) Nenhuma afirmativa está correta.
b) Apenas uma afirmativa está correta.
c) Apenas duas afirmativas estão corretas.
d) Todas as afirmativas estão corretas.

Alternativa correta: d

6.2. DOS CRIMES EM ESPÉCIE

O EPI prevê **diversos tipos penais.**

Dispõe o **art. 96, *caput*, e seus** §§ do EPI:

- Discriminar pessoa idosa, impedindo ou dificultando seu acesso a operações bancárias, aos meios de transporte, ao direito de contratar ou por qualquer outro meio ou instrumento necessário ao exercício da cidadania, por motivo de idade.

O tipo penal tutela as **regras fixadas** em direitos que proíbem a discriminação, consoante disposto nos arts. 2º, 3º, *caput*, 10, §§ 1º a 3º, 26, 27, 49, V e VI, 50, todos do EPI.

- Objeto jurídico: a dignidade da pessoa idosa e o exercício dos seus direitos de cidadão, o tratamento desigual das pessoas idosas, em **função da idade** da vítima, ofendendo dessa forma a igualdade (princípio da isonomia).
- Sujeito ativo: **qualquer pessoa**, inclusive em concurso (crime comum).
- Sujeito passivo: **pessoa idosa**, segundo o EPI.
- Tipo objetivo: tratar mal a pessoa idosa impedindo-o de exercer os seus direitos de cidadão. O legislador não previu todas as formas possíveis da conduta discriminadora, deixando em aberto uma cláusula genérica, admitindo a **interpretação analógica**. Trata-se de crime comissivo e de perigo concreto. É crime de perigo concreto, pois há risco de lesão ao bem jurídico a ser visualizado de forma concreta, sem presunções, demonstrando, assim, o efetivo perigo ao bem jurídico-penal.
- Tipo subjetivo: dolo. Não se pune a conduta culposa.
- Consumação: trata-se de **crime material**, exigindo a realização da conduta descrita no tipo penal.
- Tentativa: admite.
- Pena: reclusão de 6 (seis) meses a 1 (um) ano e multa.

Sobre o crime em questão já decidiu o STJ: "(...) 2. In casu, apura-se no inquérito policial instaurado o cometimento, em tese, de crime praticado por empregado da Caixa Econômica Federal no exercício de suas funções, já que a suposta vítima, pessoa idosa, teria sido discriminada pelo acusado enquanto aguardava atendimento bancário, conduta esta que se subsume ao delito previsto no art. 96 da Lei nº 10.741/2003 (Estatuto do Idoso). 3. Conflito conhecido para declarar-se competente o Juízo Federal da 9ª Vara Criminal da Seção Judiciária do Estado de São Paulo, o suscitante." (CC 97.995/SP, Rel. Ministro JORGE MUSSI, TERCEIRA SEÇÃO, julgado em 10/06/2009, DJe 26/08/2009).

- Na mesma pena incorre quem desdenhar, humilhar, menosprezar ou discriminar pessoa idosa, por qualquer motivo.

Cuida-se do § 1º do art. 96 do EPI.

- Objeto jurídico: a dignidade da pessoa idosa.
- Sujeito ativo: qualquer pessoa, inclusive em concurso (crime comum).
- Sujeito passivo: pessoa idosa, segundo o EPI.
- Tipo objetivo: tratar mal a pessoa idosa impedindo-o de exercer os seus direitos de cidadão. **Não há**, pelo tipo penal, necessida-

de de verificar quais foram os motivos que levaram o sujeito a praticar a conduta criminosa. Trata-se de crime de mera conduta e comissivo.

- Tipo subjetivo: dolo. Não é possível a punição culposa.
- Consumação: com a realização das condutas descritas no tipo penal.
- Tentativa: **não é possível**, pois não é possível haver a interrupção da conduta criminosa. Outros sustentam a possibilidade da tentativa.
- Pena: reclusão de 6 (seis) meses a 1 (um) ano e multa.

• A pena será aumentada de 1/3 (um terço) se a vítima se encontrar sob os cuidados ou responsabilidade do agente.

Trata-se de **causa de aumento de 1/3 (um terço)** se a vítima se encontrar sob os cuidados ou responsabilidade do agente. Não se faz necessário que haja um vínculo de parentesco para a configuração da majorante, bem como é desnecessária relação duradoura ou permanente, podendo ser temporária, desde que haja um tempo juridicamente relevante. Da mesma forma, não há necessidade de que haja uma contraprestação no serviço, configurando a majorante ainda que a relação seja a título de gratuidade.

▸ Como esse assunto foi cobrado em concurso?

No Concurso para Investigador de Polícia (FUNCAB. PC-PA. 2016) foi perguntado se:

Acerca do Estatuto do idoso, Lei nº 10.741, de 2003, é correto afirmar que

a) a limitação expressa no edital de concurso público para o provimento de cargo efetivo, quanto ao limite de idade, afasta a incidência da prática do crime de obstar o acesso de alguém a qualquer cargo público por motivo de idade;

b) o Estatuto do Idoso é destinado a regular os direitos assegurados às pessoas com idade igual ou superior a 65 (sessenta e cinco) anos;

c) admite-se a possibilidade de cobrança de valores diferenciados em razão da idade, sem a caracterização da discriminação do idoso;

d) constitui crime discriminar pessoa idosa, impedindo ou dificultando seu acesso a operações bancárias, aos meios de transporte, ao direito de contratar ou por qualquer outro meio ou instrumento necessário ao exercício da cidadania, por motivo de idade;

e) constitui crime deixar de prestar assistência ao idoso, mesmo quando impossível fazê-lo sem risco pessoal.

A alternativa d) foi considerada a correta.

▸ **Como esse assunto foi cobrado em concurso?**

No Concurso para Escrivão de Polícia (FUNCAB.PC-PA. 2016) foi perguntado se constitui crime discriminar pessoa idosa, impedindo ou dificultando seu acesso a operações bancárias, aos meios de transporte, ao direito de contratar ou por qualquer outro meio ou instrumento necessário ao exercício da cidadania, por motivo de idade.

A alternativa foi considerada correta.

Dispõe o **art. 97, *caput* e parágrafo** único **do EPI:**

- Deixar de prestar assistência à pessoa idosa, quando possível fazê-lo sem risco pessoal, em situação de iminente perigo, ou recusar, retardar ou dificultar sua assistência à saúde, sem justa causa, ou não pedir, nesses casos, o socorro de autoridade pública.

- Objeto jurídico: **vida e a saúde** da pessoa idosa, esse crime assemelha-se com o art. 135 do CP.
- Sujeito ativo: qualquer pessoa (crime comum).
- Sujeito passivo: pessoa idosa.
- Tipo objetivo: delito omissivo, as condutas do tipo penal indicam abstenções (crime omissivo puro ou próprio).
- Tipo subjetivo: dolo de **perigo concreto**; deve haver a comprovação da **efetiva existência** de perigo em face da pessoa idosa. Não se pune a culpa.
- Consumação: no momento em que a omissão é praticada.
- Tentativa: não admite (crime unissubsistente).
- Pena: detenção de 6 (seis) meses a 1 (um) ano e multa.

E se a pessoa idosa se recusar a receber socorro?

Haverá o crime, pois não se pode renunciar aos bens tutelados pela norma penal, mas se a recusa por parte da vítima tornar inviável o socorro, o crime estará excluído. Outros entendem que a recusa da vítima exclui o crime.

Dispõe o **art. 97, parágrafo único:**

- Causa de aumento de pena: aumenta da metade, se da omissão resulta lesão corporal de natureza grave, e triplicada, se resulta a morte.

Embora assemelhado com o art. 135 do CP, o dispositivo previsto no EPI possui requisitos especiais:

Omissão de socorro – CP	Estatuto da Pessoa Idosa – art. 97
Deixar de prestar assistência, quando possível fazê-lo sem risco pessoal, à criança abandonada ou extraviada, ou à pessoa inválida ou ferida, ao desamparo ou em grave e iminente perigo; ou não pedir, nesses casos, o socorro da autoridade pública:	Deixar de prestar assistência à pessoa idosa, quando possível fazê-lo sem risco pessoal, em situação de iminente perigo, ou recusar, retardar ou dificultar sua assistência à saúde, sem justa causa, ou não pedir, nesses casos, o socorro de autoridade pública.
Pena – detenção, de um a seis meses, ou multa.	Pena – detenção de 6 (seis) meses a 1 (um) ano e multa.

Algumas diferenças são possíveis de serem extraídas: a) no Código Penal o sujeito passivo é a criança abandonada ou extraviada, pessoa inválida ou ferida, ao desamparo ou em grave e iminente perigo; enquanto no EPI são os idosos em situação de iminente perigo; e b) no Código Penal a sanção de multa é alternativa, enquanto no EPI é cumulativa.

Trata-se de **causa de aumento de pena.** Necessário que haja o nexo de causalidade entre a omissão de socorro do agente e o resultado exigido no dispositivo, e ainda a conduta ter sido efetiva e capaz de evitar o resultado descrito.

▸ Como esse assunto foi cobrado em concurso?

No concurso para 37 da IBFC - 2023 - CET- Santos para Assistente Administrativo, foi perguntado:

Observando-se o que dispõe o Estatuto do Idoso acerca dos crimes contra o idoso, assinale a alternativa incorreta.

a) Os crimes definidos nesta Lei são de ação penal pública incondicionada

b) Não constitui crime a negativa de crédito motivada por superendividamento da pessoa idosa

c) Lavrar ato notarial que envolva pessoa idosa sem discernimento de seus atos, sem a devida representação legal, configura crime previsto no referido Estatuto

d) No crime de deixar de prestar assistência à pessoa idosa, quando possível fazê-lo sem risco pessoal, em situação de iminente perigo, ou recusar, retardar ou dificultar sua assistência à saúde, sem justa causa, ou não pedir, nesses casos, o socorro de autoridade pública, o agente fica isento da pena, se da omissão não resultar lesão corporal grave ou morte

RESPOSTA: D.

▸ **Como esse assunto foi cobrado em concurso?**

No concurso para Guarda Municipal, Prefeitura de Gravatá, ADM&TEC – 2020 – PE, foi perguntado:

Analise as afirmativas a seguir:

I. Constitui crime punível com reclusão de 6 (seis) meses a 1 (um) ano e multa, recusar, retardar ou dificultar o atendimento ou deixar de prestar assistência à saúde, sem justa causa, à pessoa idosa, conforme disposto na Lei nº 10.741, de 2003, em seu artigo 100.

II. Expor a perigo a integridade e a saúde, física ou psíquica, do idoso, submetendo-o a condições desumanas ou degradantes ou privando-o de alimentos e cuidados indispensáveis, quando obrigado a fazê-lo, ou sujeitando-o a trabalho excessivo ou inadequado, são ações que, à luz do artigo 99 do Estatuto do Idoso, estão sujeitas à pena de detenção de 2 (dois) meses a 1 (um) ano e multa. Se do fato resulta uma lesão corporal de natureza grave, a pena é de reclusão de 1 (um) a 4 (quatro) anos, conforme disposto na Lei nº 10.741, de 2003.

Marque a alternativa CORRETA:

a) As duas afirmativas são verdadeiras.

b) A afirmativa I é verdadeira, e a II é falsa.

c) A afirmativa II é verdadeira, e a I é falsa.

d) As duas afirmativas são falsas.

Alternativa correta: a

▸ **Como esse assunto foi cobrado em concurso?**

No concurso para Guarda Municipal, Prefeitura de Gravatá, ADM&TEC – 2020 – PE, foi perguntado:

Analise as afirmativas a seguir:

I. Deixar de prestar assistência ao idoso em situação de iminente perigo, mesmo quando é possível fazê-lo sem risco pessoal, ou recusar a assistência à sua saúde, sem justa causa, é uma atitude sujeita à pena de multa ou prestação de serviços comunitários. Se da omissão resulta uma lesão corporal de natureza grave ao idoso, a multa é aumentada em 1/3 (um terço), conforme dispõe a Lei nº 10.741, de 2003, em seu artigo 97.

II. Apropriar-se de bens, de proventos, da pensão ou de qualquer outro rendimento do idoso, dando-lhes aplicação diversa de sua finalidade, é uma atitude sujeita à pena de reclusão de 1 (um) a 4 (quatro) anos e multa, conforme determina a Lei nº 10.741, de 2003, em seu artigo 102.

Marque a alternativa CORRETA:

a) As duas afirmativas são verdadeiras.

b) A afirmativa I é verdadeira, e a II é falsa.

c) A afirmativa II é verdadeira, e a I é falsa.

d) As duas afirmativas são falsas.

Alternativa correta: c

Dispõe o **art. 98, *caput*, do EPI:**

- Abandonar a pessoa idosa em hospitais, casas de saúde, entidades de longa permanência, ou congêneres, ou não prover suas necessidades básicas, quando obrigado por lei ou mandado:

- Objeto jurídico: a dignidade e a saúde da pessoa idosa, esse crime se assemelha com os arts. 133 e 244, ambos do CP.
- Sujeito ativo: qualquer pessoa (crime comum). Na segunda parte do dispositivo penal (não prover suas necessidades básicas, quando obrigado por lei ou mandado) trata-se de crime próprio.
- Sujeito passivo: pessoa idosa.
- Tipo objetivo: deixar o idoso sujeito à própria sorte.
- Tipo subjetivo: dolo. Não se pune a culpa. O dolo é de perigo, pois caso a intenção seja da prática de um crime mais grave, por ele responderá.
- Consumação: com o efetivo abandono ou não provimento das necessidades do idoso.
- Tentativa: Na primeira parte é possível a tentativa, pois a conduta do agente **pode ser comissiva.** Já na segunda parte, não se admite, pois se trata de **crime omissivo próprio.**
- Pena: detenção de 6 (seis) meses a 3 (três) anos e multa.

▸ Como esse assunto foi cobrado em concurso?

No concurso para Analista Jurídico do Ministério Público do Estado do Pará (MPE/PA/2012 - FADESP), foi perguntado se abandonar o idoso em hospitais, casas de saúde, entidades de longa permanência ou congêneres, ou não prover suas necessidades básicas quando obrigado por lei ou mandado, sujeita o infrator a pena de detenção de seis meses a três anos, mais multa.

Dispõe o **art. 99, *caput* e §§ 1º e 2º, do EPI:**

• Expor a perigo a integridade e a saúde, física ou psíquica, da pessoa idosa, submetendo-o a condições desumanas ou degradantes ou privando-o de alimentos e cuidados indispensáveis, quando obrigado a fazê-lo, ou sujeitando-o a trabalho excessivo ou inadequado:

- Objeto jurídico: saúde física ou psíquica e a dignidade do idoso. Este crime assemelha-se ao art. 136 do CP.
- Sujeito ativo: qualquer pessoa (crime comum), contudo, para a conduta **"privar de alimentos"**, somente aquele que estiver obrigado a prestar o alimento (crime próprio).
- Sujeito passivo: pessoa idosa.
- Tipo objetivo: praticar as condutas descritas no tipo penal, que podem ser comissivas ou omissivas.
- Tipo subjetivo: dolo de perigo.
- Consumação: **surgindo o perigo**, ou seja, submetendo a pessoa idosa a condutas caracterizadas no tipo penal.
- Tentativa: se comissiva, admite-se; se omissiva não se admite.
- Pena: detenção de 2 (dois) meses a 1 (um) ano e multa.
- **Qualificadoras:** Se do fato resulta lesão corporal de natureza grave, pena de reclusão de 1 (um) a 4 (quatro) anos; se resulta a morte, reclusão de 4 (quatro) a 12 (doze) anos.

Necessária a comprovação de que a conduta do agente tenha exposto a vida ou a saúde da pessoa idosa a um risco concreto, não bastando mera probabilidade de dano, tratando-se, assim, de um crime de perigo concreto.

O art. 99 do EPI possui muita semelhança com o art. 136 do CP, inclusive nas penas:

Maus-tratos – Código Penal	Estatuto da Pessoa Idosa – art. 99
Expor a perigo a vida ou a saúde de pessoa sob sua autoridade, guarda ou vigilância, para fim de educação, ensino, tratamento ou custódia, quer privando-a de alimentação ou cuidados indispensáveis, quer sujeitando-a a trabalho excessivo ou inadequado, quer abusando de meios de correção ou disciplina.	Expor a perigo a integridade e a saúde, física ou psíquica, da pessoa idosa, submetendo-o a condições desumanas ou degradantes ou privando-o de alimentos e cuidados indispensáveis, quando obrigado a fazê-lo, ou sujeitando-o a trabalho excessivo ou inadequado.

Maus-tratos - Código Penal	Estatuto da Pessoa Idosa - art. 99
Pena - detenção, de dois meses a um ano, ou multa.	Pena - detenção de 2 (dois) meses a 1 (um) ano e multa.
§ 1º - Se do fato resulta lesão corporal de natureza grave: Pena - reclusão, de um a quatro anos. § 2º - Se resulta a morte: Pena - reclusão, de quatro a doze anos.	Igual ao EPI.

▸ **Como esse assunto foi cobrado em concurso?**

No concurso para Guarda Municipal, Prefeitura de Ferraz de Vasconcelos, VUNESP - 2020 - SP, foi perguntado:

Nos termos da Lei n° 10.741, de 1º de outubro de 2003 (Estatuto do Idoso), a conduta de expor a perigo a saúde do idoso, privando-o de cuidados indispensáveis, quando obrigado a fazê-lo,

a) é considerada crime sujeita a pena de detenção e multa.

b) tipifica uma infração administrativa sujeita a multa.

c) é considerada crime apenas se resultar em lesão corporal grave do idoso.

d) é considerada atípica para fins penais.

e) é considerada crime apenas se resultar na morte do idoso.

Alternativa correta: a

Dispõe o **art. 100, *caput*, do EPI:**

- Constitui crime punível com reclusão de 6 (seis) meses a 1 (um) ano e multa:

I - obstar o acesso de alguém a qualquer cargo público por motivo de idade;
II - negar a alguém, por motivo de idade, emprego ou trabalho;
III - recusar, retardar ou dificultar atendimento ou deixar de prestar assistência à saúde, sem justa causa, a pessoa idosa;
IV - deixar de cumprir, retardar ou frustrar, sem justo motivo, a execução de ordem judicial expedida na ação civil a que alude esta Lei;
V - recusar, retardar ou omitir dados técnicos indispensáveis à propositura da ação civil objeto desta Lei, quando requisitados pelo Ministério Público.

- Objeto jurídico: Na hipótese do inc. I é a dignidade e o acesso do idoso aos cargos públicos; do inc. II é a dignidade e o acesso do idoso ao trabalho; inc. III é a saúde da pessoa idosa; inc. IV é a administração da Justiça e os direitos das pessoas idosas; já no inc. V é o poder do Ministério Público de requisitar informações.
- Sujeito ativo: no caso do inc. I é qualquer pessoa que tenha o poder de impor impedimento à pessoa idosa; inc. II é qualquer

pessoa, em especial o empregador; inc. III é qualquer pessoa que preste serviços relacionados à saúde; inc. IV e V é qualquer pessoa.

- Sujeito passivo: nas hipóteses dos incisos I, II e III são as pessoas com idade igual ou superior a 60 anos; no inc. IV é o Estado e o idoso; e no inc. V é o Ministério Público e as pessoas idosas.
- Tipo objetivo: a conduta do inc. I consiste em obstar o acesso ao idoso em qualquer cargo público, em razão da idade; a conduta punida no inc. II é negar a alguém, pelo fato de ser pessoa idosa, emprego ou trabalho, desde que o trabalho seja compatível com a condição da pessoa idosa; já o inc. III a conduta é recusar, retardar ou dificultar atendimento ou deixar de prestar assistência à saúde da pessoa idosa; por sua vez, o inc. IV pune a conduta daquele que deixar de cumprir, retardar ou frustrar a execução de ordem judicial expedida nas ações civis a que alude o EPI; por fim, o inc. V pune a conduta daquele que recusa, retarda ou omite dados técnicos indispensáveis à propositura de ação civil, requisitados pelo Ministério Público.
- Tipo subjetivo: trata-se do dolo genérico.
- Consumação: O inc. I consuma-se com o impedimento; o inc. II com a negativa do trabalho ou emprego; o inc. III com a efetiva prática dos atos incriminados; os incisos IV e V com o efetivo descumprimento, retardo, frustração ou omissão.
- Tentativa: No inc. I é possível, nos incisos II e III não é possível, em razão de se tratar de atos unissubsistentes. Já a forma de frustrar é possível. No inc. V não é possível.
- Pena: reclusão de seis meses a um ano e multa.

▸ Como esse assunto foi cobrado em concurso?

No concurso para Guarda Civil (FAUEL - 2023 - Prefeitura de Sengés - PR - Guarda Civil Municipal), foi perguntado:

Assinale a alternativa CORRETA, com base no Estatuto do Idoso (Lei nº 10.741/2003).

a) Os crimes definidos no Estatuto do Idoso são de ação penal pública condicionada à representação do ofendido.

b) O abandono de pessoa idosa em casas de saúde caracteriza crime punível com pena de reclusão de 6 (seis) meses a 3 (três) anos e multa.

c) Aquele que nega, por motivo de idade, emprego ou trabalho ao idoso, pratica crime punível com reclusão de 6 (seis) meses a 1 (um ano) e multa.

d) Constitui crime a negativa de crédito motivada por superendividamento da pessoa idosa.

RESPOSTA : C.

Dispõe o **art. 101, *caput*, do EPI:**

- Deixar de cumprir, retardar ou frustrar, sem justo motivo, a execução de ordem judicial expedida nas ações em que for parte ou interveniente a pessoa idosa:

- Objeto jurídico: administração da justiça e os direitos das pessoas idosas.
- Sujeito ativo: qualquer pessoa.
- Sujeito passivo: o imediato é o **Estado** e o mediato é **a pessoa idosa** que foi prejudicado pela conduta comissiva ou omissiva do agente.
- Tipo objetivo: deixar de cumprir, retardar ou frustrar, sem justo motivo, a ordem judicial expedida nas ações em que a pessoa idosa for parte ou interveniente. A execução de ordem judicial **não se refere** a processo de execução, mas de qualquer tipo de processo em que a pessoa idosa seja parte ou interveniente, em qualquer que seja o momento processual e independente do conteúdo da ordem.

▸ **Atenção!**

Caso a ordem judicial desobedecida tenha sido emanada em ação civil com fundamento nos arts. 78 a 92 do EPI, o crime será aquele previsto no art. 101, IV, do EPI.

Há ainda entendimento de que se a ordem judicial for oriunda de uma ação civil cujo objeto é direito individual indisponível de pessoa idosa, proposta por um dos legitimados ativos do art. 81 do EPI, o crime **praticado é o do art. 100, IV, do EPI, com a pena do art. 101,** que é mais branda, mais favorável ao agente. Sustenta-se que não há razão jurídica para a pena ser mais grave na hipótese de a ação ser proposta pelos legitimados do art. 81 do EPI, e a pena ser menor se idêntica ação for proposta pela pessoa idosa.

▸ **Outra observação necessária!**

Se forem ordens expedidas em ações da Lei nº 7.853/89, que trata dos direitos metaindividuais das pessoas portadoras de necessidades especiais, o crime será o previsto no art. 8º, inc. V, da mencionada Lei.

- Tipo subjetivo: dolo. Não se pune a culpa.
- Consumação: efetivo descumprimento, retardo ou frustração da execução da ordem judicial.
- Tentativa: não admite, salvo nas condutas de retardar e frustrar, que em tese é possível.
- Pena: detenção de 6 (seis) meses a 1 (um) ano e multa.

Por sua vez, dispõe o **art. 102, *caput*, do EPI**:

- Apropriar-se de ou desviar bens, proventos, pensão ou qualquer outro rendimento da pessoa idosa, dando-lhes aplicação diversa da de sua finalidade:

- Objeto jurídico: o patrimônio da pessoa idosa.
- Sujeito ativo: qualquer pessoa (crime comum).
- Sujeito passivo: pessoa idosa.
- Tipo objetivo: apropriar-se de patrimônio da pessoa idosa, com a finalidade de aplicá-lo de forma diversa.
- Tipo subjetivo: dolo.
- Consumação: na apropriação, com a inversão do patrimônio, no desvio, no momento da aplicação diversa.

O ressarcimento do prejuízo, a restituição ou a composição após consumado o crime, não torna a conduta atípica, podendo restar configurado ou arrependimento posterior, se anterior a denúncia, ou atenuante genérica, se posterior. (REsp 843.713/RS, Rel. Ministro FELIX FISCHER, QUINTA TURMA, julgado em 12/12/2006, DJ 12/02/2007, p. 297).

- Tentativa: é **possível.**
- Pena: reclusão de 1 (um) a 4 (quatro) anos e multa.

STJ - "(...) 3. Embora a apropriação do imóvel tenha se dado no ano de 2001, houve nitidamente a prorrogação do momento consumativo, porquanto o Paciente poderia fazer cessar, a qualquer momento, a atividade delituosa e assim não o fez. Trata-se, portanto, de crime permanente, tendo em vista a natureza duradoura de sua consumação. (...)" (HC 111.120/DF, Rel. Ministra LAURITA VAZ, QUINTA TURMA, julgado em 02/12/2010, DJe 17/12/2010)

O art. 102 do EPI assemelha-se com o art. 168 do CP, contudo, há diferenças no objetivo jurídico específico previsto no EPI, bem como em relação ao sujeito ativo:

Apropriação indébita - CP	Estatuto da Pessoa Idosa - art. 102
Apropriar-se de coisa alheia móvel, de que tem a posse ou a detenção.	Apropriar-se de ou desviar bens, proventos, pensão ou qualquer outro rendimento da pessoa idosa, dando-lhes aplicação diversa da de sua finalidade.
Pena - reclusão, de um a quatro anos, e multa.	Idêntica.

Dispõe o **art. 103, *caput*, do EPI:**

- Negar o acolhimento ou a permanência da pessoa idosa, como abrigado, por recusa deste em outorgar procuração à entidade de atendimento:

- Objeto jurídico: saúde e o patrimônio da pessoa idosa.
- Sujeito ativo: responsáveis pelas entidades de atendimento ou outra pessoa que tenha poderes para recusar o abrigamento da pessoa idosa em entidade de atendimento, tratando-se de **crime próprio.**
- Sujeito passivo: **pessoa idosa.**
- Tipo objetivo: praticar a conduta negar, de acordo com o descrito no tipo penal.
- Tipo subjetivo: dolo. Não há punição culposa.
- Consumação: com a negativa ou expulsão do idoso.
- Tentativa: na conduta negar acolhimento não é possível (delito unissubsistente); na conduta negar permanência, em tese, será possível.
- Pena: detenção de 6 (seis) meses a 1 (um) ano e multa.

Já o **art. 104, *caput*, do EPI** dispõe:

- Reter o cartão magnético de conta bancária relativa a benefícios, proventos ou pensão da pessoa idosa, bem como qualquer outro documento com objetivo de assegurar recebimento ou ressarcimento de dívida:

- Objeto jurídico: patrimônio da pessoa idosa.
- Sujeito ativo: qualquer pessoa (crime comum).

- Sujeito passivo: pessoa idosa.
- Tipo objetivo: reter o cartão, nos termos do tipo penal. O tipo penal não exige a apropriação de valores. Caso ocorra a apropriação de valores, a conduta pode deixar de configurar o delito em análise, para o delito previsto no art. 102.
- Tipo subjetivo: dolo.
- Consumação: com a efetiva retenção do cartão.
- Tentativa: não é possível (crime unissubsistente).
- Pena: detenção de 6 (seis) meses a 2 (dois) anos e multa.

Dispõe o **art. 105, *caput*, do EPI:**

- Exibir ou veicular, por qualquer meio de comunicação, informações ou imagens depreciativas ou injuriosas à pessoa idosa:

- Objeto jurídico: a dignidade da pessoa idosa, além da imagem e a honra subjetiva.
- Sujeito ativo: qualquer pessoa (crime comum).
- Sujeito passivo: pessoa idosa.
- Tipo objetivo: conduta de exibir ou veicular informações ou imagens depreciativas ou injuriosas à pessoa idosa. Os meios de comunicação poderão ser por meio televisivo, rádio, fotográfico, ambiente digital, jornalístico entre outros. A conduta depreciar significa rebaixar o valor, desprezar, menoscabar, enquanto a conduta de injuriar é a ofensa ao decoro ou à dignidade de alguém, de forma a atingir a sua honra subjetiva.
- Tipo subjetivo: dolo. Não se pune a culpa.
- Consumação: com a exibição ou veiculação da imagem pelos meios de comunicação.
- Tentativa: admite.
- Pena: detenção de 1 (um) a 3 (três) anos e multa.

O **art. 106, *caput*, do EPI** estabelece que:

- Induzir pessoa idosa sem discernimento de seus atos a outorgar procuração para fins de administração de bens ou deles dispor livremente:

- Objeto jurídico: o patrimônio da pessoa idosa.
- Sujeito ativo: qualquer pessoa (crime comum). Caso serventuários da justiça estejam envolvidos no crime, o tipo penal será o previsto no art. 108 do EPI.
- Sujeito passivo: pessoa idosa que não possua lucidez para discernir os seus atos, não havendo necessidade de que o idoso tenha sido interditado judicialmente.
- Tipo objetivo: a conduta consiste em induzir pessoa idosa sem discernimento de seus atos a outorgar procuração para fins de administração de bens ou deles dispor de forma livre.
- Tipo subjetivo: dolo.
- Consumação: com a outorga da procuração.
- Tentativa: é possível na forma plurissubsistente.
- Pena: reclusão de 2 (dois) a 4 (quatro) anos.

Dispõe o **art. 107, *caput*, do EPI:**

- Coagir, de qualquer modo, a pessoa idosa a doar, contratar, testar ou outorgar procuração:

- Objeto jurídico: liberdade individual e patrimônio da pessoa idosa.
- Sujeito ativo: qualquer pessoa.
- Sujeito passivo: pessoa idosa.
- Tipo objetivo: coagir, constranger, de qualquer forma, a pessoa idosa a doar, contratar, testar ou outorgar procuração.
- Tipo subjetivo: dolo.
- Consumação: com a prática da coação.
- Tentativa: é possível.
- Pena: reclusão de 2 (dois) a 5 (cinco) anos.

Dispõe o **art. 108, *caput*, do EPI:**

- Lavrar ato notarial que envolva pessoa idosa sem discernimento de seus atos, sem a devida representação legal:

- Objeto jurídico: fé pública e a tutela ao patrimônio da pessoa idosa.

- Sujeito ativo: tabelião ou escrivão público, e ainda o escrevente autorizado do cartório de registros públicos. **Crime próprio**.
- Sujeito passivo: imediato o Estado e mediato a pessoa idosa sem discernimento.
- Tipo objetivo: a conduta de lavrar ato notarial que envolva pessoa idosa sem discernimento de seus atos, sem a devida representação legal.
- Tipo subjetivo: dolo.
- Consumação: com a lavratura do ato notarial, lançado em livro próprio no cartório.
- Tentativa: admite.
- Pena: reclusão de 2 (dois) a 4 (quatro) anos.

Dispõe o **art. 109, *caput*, do EPI**:

- Impedir ou embaraçar ato do representante do Ministério Público ou de qualquer outro agente fiscalizador:

- Objeto jurídico: a fiscalização das entidades da pessoa idosa e a atribuição de fiscalização do MP para inspecionar as entidades.
- Sujeito ativo: qualquer pessoa.
- Sujeito passivo: o órgão do MP e os agentes públicos que realizam a fiscalização nas entidades de pessoas idosas.

▸ Atenção!

Segundo NUCCI, o sujeito passivo é a pessoa idosa e de forma secundária o Estado, pois o MP e os outros fiscais não defendem interesse próprio (NUCCI, Guilherme de Souza. Leis Especiais e Processuais Penais Comentadas. São Paulo: Ed. RT, 2006, p.114).

- Tipo objetivo: a conduta de impedir ou embaraçar ato do representante do Ministério Público ou de qualquer outro agente fiscalizador
- Tipo subjetivo: dolo.
- Consumação: com o impedimento ou embaraço.
- Tentativa: não é possível.
- Pena: reclusão de 6 (seis) meses a 1 (um) ano e multa.

▸ **Como esse assunto foi cobrado em concurso?**

No concurso para Promotor de Justiça do Estado de Santa Catarina (MP/SC/2011), foi perguntado, considerado como correto, os seguintes itens: I. Entre as linhas de ação da política de atendimento ao idoso estão as políticas sociais básicas e a proteção jurídico-social por entidades de defesa dos direitos dos idosos. II. Constitui infração administrativa a entidade de atendimento ao idoso não oferecer atendimento personalizado, bem como não diligenciar no sentido da preservação dos vínculos familiares, entre outras medidas.

▸ **Como esse assunto foi cobrado em concurso?**

No concurso para Analista de Promotoria do Estado de São Paulo (IBFC - Analista de Promotoria - Assistente Jurídico - MPE - SP/2013), foi elaborada a seguinte proposição: Constitui crime a conduta de deixar o profissional de saúde ou o responsável por estabelecimento de saúde ou instituição de longa permanência de comunicar à autoridade competente os casos de crimes contra idoso de que tiver conhecimento. A proposição foi considerada incorreta.

DISPOSIÇÕES DO CÓDIGO PENAL

No CP, há algumas disposições que são aplicadas à pessoa idosa, para fins de uma maior proteção, bem como para cumprimento das disposições legais previstas no EPI.

A Lei n. 14.132/21 criou a figura do crime de perseguição (*stalking*). Prevê o art. 147-A que: "Perseguir alguém, reiteradamente e por qualquer meio, ameaçando-lhe a integridade física ou psicológica, restringindo-lhe a capacidade de locomoção ou, de qualquer forma, invadindo ou perturbando sua esfera de liberdade ou privacidade.".

Caso a vítima seja uma pessoa idosa, a pena deverá ser aumentada de metade, conforme o art. 147-A, § 1º, I, do CP.

Na hipótese de furto praticado por meio de dispositivo eletrônico ou informático, conectado ou não à rede de computadores, com ou sem a violação de mecanismo de segurança ou a utilização de programa malicioso, ou por qualquer outro meio fraudulento análogo, a pena deve aumentar de 1/3 ao dobro se a vítima for idosa (art. 155, § 4º-C, II, do CP).

O estelionato praticado contra pessoa idosa também terá a pena aumentada de 1/3 ao dobro, nos termos do art. 171, § 4º, do CP. O delito de estelionato praticado contra vítima maior de 70 anos é de ação penal pública incondicionada, ou seja, não precisa de representação (art. 171, §5º, IV, do CP).

▸ Como esse assunto foi cobrado em concurso?

No concurso para Promotor de Justiça (MPE-SP - 2025 - MPE-SP - Promotor de Justiça), foi perguntado:

A Lei nº 10.741/2003 (Estatuto da Pessoa Idosa) estabelece em seu artigo 1o que sua instituição é destinada "a regular os direitos assegurados às pessoas com idade igual ou superior a 60 (sessenta) anos". Sob a perspectiva da normativa criminalizadora, a referida lei define crimes e estabelece a natureza da ação penal cabível, entre outras providências. Além da proteção penal prevista pelo Estatuto da Pessoa Idosa, pode-se mencionar, entre outros, o crime de estelionato, previsto no artigo 171, § 4o, do Código Penal, que também dá tratamento especial às pessoas idosas. Dito isso, sobre a figura penal ao final referida, assinale a alternativa correta.

a) Procede-se mediante representação, assim como nas demais hipóteses do artigo 171 do Código Penal.

b) A aplicação da causa de aumento prevista no § 4o, do artigo 171, do Código Penal, está condicionada à comprovação documental sobre a condição de vulnerabilidade da vítima idosa.

c) A causa de aumento prevista no § 4o, do artigo 171, do Código Penal, considerado o sistema trifásico de cálculo da pena, será computada na segunda fase e não poderá ultrapassar o máximo da pena prevista para o crime.

d) A ação penal será pública incondicionada se a pessoa idosa for maior de 70 (setenta) anos.

e) A ação penal será pública incondicionada caso a vítima seja pessoa idosa, nos termos do que dispõe a Lei no10.741/2003, ou seja, com idade igual ou superior a 60 (sessenta) anos.

RESPOSTA: D.

Bibliografia

ALEXANDRINO, Marcelo, e PAULO, Vicente. *Direito Administrativo Descomplicado*. 20 ed. rev. atual. Rio de Janeiro: Forense; São Paulo: Método, 2012.

BOAS, Antonio Vilas, *Estatuto do Idoso Comentado*. 4º ed. Rio de Janeiro: Forense, 2014.

CARVALHO FILHO, José dos Santos. *Manual de Direito Administrativo*. 25 ed. São Paulo: Editora Atlas, 2012.

CONSELHO NACIONAL DO MINISTÉRIO PÚBLICO. *Manual de atuação funcional*: o Ministério Público na Fiscalização das Instituições de Longa Permanência para Idosos. Brasília: 2016. Disponível em: ‹http://www.cnmp.mp.br/portal/images/Publicacoes/documentos/2016/manual-de-atuacao-funcional.pdf›.

CUNHA JR., Dirley da. *Curso de Direito Administrativo*. 11º ed. rev. ampl. atual. Salvador: Editora Juspodivm. 2012.

DI PIETRO, Maria Sylvia Zanella. *Direito Administrativo*. 26ª ed. São Paulo: Atlas, 2013.

FELIX, Renan Paes, *Estatuto do Idoso*, 7º Ed. Salvador: Editora Juspodivm, 2015.

FIGUEIREDO, Lúcia Valle. *Curso de Direito Administrativo*. 6ª ed. rev. ampl. e atual. São Paulo: Malheiros. 2003.

GARCIA, Maria; LEITE, Flávia Piva Almeida; e SERAPHIM, Carla Matuck Borba. *Comentários ao Estatuto do Idoso*. São Paulo: Saraiva, 2016.

GASPARINI, Diógenes. *Direito Administrativo*. 17ª ed. São Paulo: Saraiva, 2012.

JUSTEN FILHO, Marçal. *Direito Administrativo*. 8ª ed. rev. ampl. e atual. Belo Horizonte: Editora Fórum, 2012.

LEITE, George Salomão; LEITE, Glauco Salomão; MENDES, Gilmar Ferreira; MUDROVITSCH, Rodrigo de Bittencourt (coord.). *Manual dos direitos da pessoa idosa*. São Paulo: Saraiva, 2017.

MARINELA, Fernanda. *Direito Administrativo*. 5º ed. rev. ampl. reformada e atual. Niterói: Editora Impetus, 2012.

MAZZA, Alexandre. *Manual de Direito Administrativo.* 3ª ed. São Paulo: Saraiva, 2013.

MEDAUAR, Odete. *Direito Administrativo Moderno.* 16ª ed. rev. e atual. São Paulo: Editora Revista dos Tribunais, 2012.

MELLO, Celso Antônio Bandeira de. *Curso de Direito Administrativo.* 30º ed. rev. atual. ampl. São Paulo: Malheiros, 2013.

MIRELLES, Hely Lopes. *Direito Administrativo Brasileiro.* 39º ed. atual. São Paulo: Malheiros, 2013.

MEIRELLES, Hely Lopes. *Direito Municipal Brasileiro.* 14 ed. São Paulo: Malheiros, 2014.

MOREIRA NETO, Diogo de Figueiredo. *Curso de Direito Administrativo.* 14ª ed. rev. ampl. e atual. Rio de Janeiro: Forense, 2006.

NOHARA, Irene Patrícia. *Direito Administrativo.* 2ª ed. atual. e rev. São Paulo: Atlas, 2012.

NUCCI, Guilherme de Souza. *Leis Especiais e Processuais Penais Comentadas.* São Paulo: Ed. RT, 2006.

PINHEIRO, Naide Maria e RIBEIRO, Gabrielle Carvalho (Coord.). *Estatuto do Idoso comentado,* 4º ed. Campinas: Editora Servanda, 2016.

EDITORA
JusPODIVM
www.editorajuspodivm.com.br

JUS1839

COLOR
system